Eva Maria Hoffmann

ANGEFANGEN, ABGEBROCHEN, NEU ERFUNDEN

33 wahre Geschichten von Menschen, die ihr Leben von heute auf morgen geändert haben

W0072555

SCHWARZKOPF & SCHWARZKOPF

INHALT

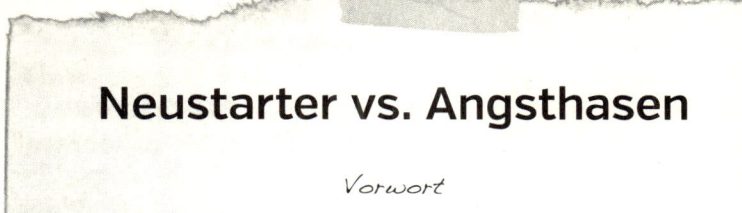

Neustarter vs. Angsthasen

Vorwort

W er von uns hat nicht schon einmal mit dem Gedanken gespielt, noch einmal ganz von vorn zu beginnen? Das alte Ich einfach in die Ecke zu stellen (am besten mit dem verheulten Gesicht zur Wand), den nervenden Partner am Frühstückstisch zurückzulassen und den verhassten Job endlich an den Nagel zu hängen?

Vielleicht bewundern wir gerade deshalb jene, die diesen Schritt wagten. Ganz besonders dann, wenn sich auf dem mühsam verfolgten Weg immer mehr Steine sammeln, die das Vorankommen beschwerlich gestalten. Zumindest war das bei mir so. Ich wurde jedes Mal hellhörig, wenn ich wieder einmal durch Zufall von einem »Neubeginner« erfuhr, wünschte mir auch ein Fünkchen mehr Mut und wollte mehr wissen. Warum gibt es Veränderungsmuffel, die jahrelang an einer unglücklichen Beziehung und/oder einem deprimierenden Job festhalten, die sich abends vor dem Einschlafen nichts sehnlicher wünschen als ein muskulöses Sandmännchen, das doch bitte den schnarchenden Gatten schultern und aus dem Zimmer tragen würde (und wenn schon nicht den, dann zumindest den schimpfenden Chef mit einer Überdosis Sand versorgen), während andere wiederum auf Konventionen pfeifen und einfach so ins kalte Wasser springen? Was also ist es, das den furchtlosen Neustarter von dem gemeinen Angsthasen unterscheidet? Um dieser Sache auf den Grund zu gehen, spitzte ich Ohren und Bleistift und verbrachte sechs Monate damit, bei ehemaligen »Schlussstrichziehern« an die Tür zu klopfen, um mal genauer nachzufragen.

Was folgte, war eine Vielzahl von erstaunt gehauchten »Ist nicht wahr!«, »Wirklich? Einfach so?« und »Hattest du keine Angst?« meinerseits, vor Stolz strahlende Gesichter auf Seiten meiner Protagonisten und die Erkenntnis, dass es jeder schaffen kann. Um das Ruder noch mal herumzureißen, bedarf es nämlich keiner übersinnlichen Kräfte, keiner besonderen Fähigkeiten und meistens braucht man dazu nicht mal Geld. Man muss nur ganz fest an sich selbst glauben, das Knie anwinkeln, das Bein vorstrecken und – schwupps – schon ist der erste Schritt ins neue Leben getan.

Und weil mich all diese gesammelten Geschichten wahnsinnig beeindruckten, weil ich vor vielen meiner Protagonisten ehrfürchtig den Hut ziehe und selbst ein Kitzeln in meinem Unterschenkel verspürte, beschloss ich, diese Storys niederzuschreiben.

Das Resultat hältst du, liebe Leserin, lieber Leser, nun in deinen Händen: ein buntes Potpourri an »Mutmach-Geschichten«. Bestehend aus Veränderungen wie jene von Hubert, der auf seinem Weg zum Marathonläufer sein Übergewicht und seine Gier nach Zigaretten hinter sich ließ. Oder die von Franziska, die viele Jahre zuvor als kleiner Franz das Licht der Welt erblickte. Und von Anja, die sich nun – statt weiter ein Leben als Labormaus zu fristen – um die Versorgung von Leseratten bemüht.

All diese Menschen kümmerten sich nicht im Geringsten um die Meinung der anderen, sondern hörten auf ihr Bauchgefühl und auf ihr Herz. Und auch wenn ich weiter oben geschrieben habe, dass »Neubeginner« keine Superkräfte benötigen – Superhelden sind sie für mich trotzdem!

Eva Maria Hoffmann

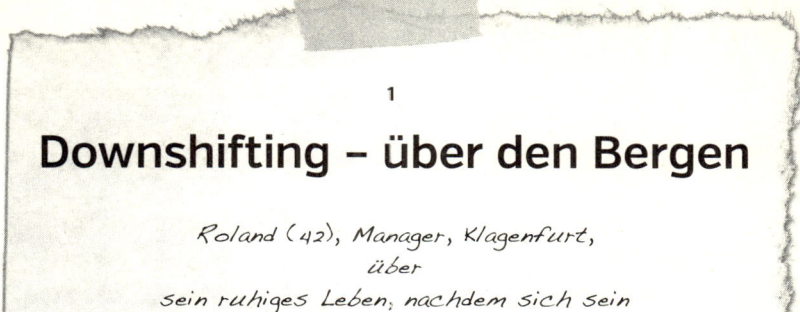

1
Downshifting – über den Bergen

Roland (42), Manager, Klagenfurt,
über
sein ruhiges Leben, nachdem sich sein
beruflicher Stress in (Berg-)Luft auflöste

Wenn es um die Verteilung von Arbeit ging, stand ich schon immer in der ersten Reihe und schrie: »Hier!« Manchmal hob ich dabei sogar winkend die Arme. Ich wollte das ganze Lob allein einheimsen, sehnte mich nach Anerkennung, träumte davon, auf den Schultern meiner Kollegen getragen zu werden … (Gut, das war jetzt vielleicht ein wenig übertrieben).

Mein Leben gehörte damals der Arbeit. Ich gab immer 180 Prozent und war daher nicht sonderlich überrascht, als mich eines Tages mein Boss in einer wichtigen Angelegenheit zu sich rufen ließ. Männer seines Alters galten normalerweise als weise, mein Vorgesetzter hingegen war ein grauer Mann. Graubärtig, grauhaarig und grau im Gesicht. Einzig und allein seine blauen Augen boten einen Kontrast zu der fahlen Wand hinter seinem Schreibtisch und verhalfen ihm zu einer gewissen Präsenz in dem düsteren Raum.

Passend in einen grauen Anzug gekleidet, ließ ich mich ihm gegenüber an dem Schreibtisch nieder.

»Roland, ich mach's kurz.« Das schienen schon einmal gute Neuigkeiten zu sein, denn wenn Herr Lang einmal zu reden begonnen hatte, kam er nur selten auf den Punkt. Ich nickte erleichtert. »Wie du ja weißt, werde ich zum Ende des Jahres meine Dienste in dieser Firma beenden.«

Wieder nickte ich.

»Aus diesem Grund würde ich dir gern meine Nachfolge anbieten.« Er strahlte mich an.

Und da ich in der Werbeagentur der Einzige war, dem man eine solche Position zutrauen konnte, fragte ich: »Wo soll ich unterschreiben?«

Kein halbes Jahr später siedelte ich von meinem kleinen Zimmer in das Chefbüro über. Voller Stolz spazierte ich vor den mit Ordnern gefüllten Regalen auf und ab, fotografierte mit meinem Smartphone die Aussicht aus dem zwölften Stock, schickte das Bild per MMS an meine Frau Carina und war einfach nur glücklich.

Bis mich das Läuten des Telefons aus meinen Gedanken riss. Bei meinem ersten Gespräch als Big Boss war ich noch voller Freude.

»Roland Peil, was kann ich für Sie tun?«,

Doch sobald das Läuten zu einem festen Bestandteil meines Arbeitstages wurde, verging mir der Spaß und der gute Umgangston schloss sich ihm an. Genauso meine Freizeit – von ihr fehlte von einem Tag auf den nächsten jede Spur.

Ich arbeitete durchgehend und blieb bis zum späten Abend im Büro, um Deadlines einzuhalten, war ständig »on fire«. Der Druck, die oberste Chefetage zufriedenzustellen, wuchs. Statt der gewohnten 180 bot ich 300 Prozent. Ich wurde missmutig, bekam Herzflattern, träumte nachts von versäumten Meetings und erwachte regelmäßig schweißgebadet.

In den darauffolgenden Monaten verlief jeder Tag auf dieselbe Weise: Frühmorgens erreichte ich als Erster die Firma, schuftete, bis mir der Kopf zu platzen drohte, und brauste spätnachts als Letzter mit meinem Firmenwagen nach Hause, um mich vorsichtig zu meiner Frau unter die Bettdecke zu schummeln. Dann wärmte ich meine kalten Füße an ihren warmen Unterschenkeln und schwor mir, wie jeden Tag, sehr bald sehr viel mehr Zeit mit ihr zu verbringen.

»Herr Peil, Ihre Frau ist am Apparat«, flüsterte meine schüchterne Assistentin eines Tages ins Telefon.

»Stellen Sie sie durch!« Das Geräusch zerbrechenden Porzellans vom anderen Ende der Leitung verriet mir, wieder einmal den falschen Ton angeschlagen zu haben.

»Wusstest du, dass Manuel schon wieder Vater wird?«, fragte mich Carina. Sie war aufgeregt und ihre Frage implizierte einen aufdringlichen Vorwurf.

Manuel und ich hatten vor gefühlt hundert Jahren in demselben Fußballclub gespielt. Wir waren gute Freunde, hatten unsere Leibchen und Mädchen getauscht und gemeinsam komatöse Partys gefeiert. Seit ich jedoch mein Leben gegen meinen Job eingetauscht hatte, sahen wir uns nur noch sehr selten. Und wenn, schien seine Frau jedes Mal ein neues Baby auf dem Arm zu tragen, fast so als könnte man mittlerweile zur Babykleidung auch das passende Wunschkind im Internet bestellen. »Nein, wusste ich nicht«, antwortete ich.

»Ich habe ihn heute Morgen zufällig im Supermarkt getroffen. Er meinte, er würde uns gern am Wochenende zum Wandern einladen. Was hältst du davon?«

Trotz der Entfernung konnte ich Carinas Erwartung nahezu spüren. »Wieso eigentlich nicht? Allerdings komme ich erst am Samstag von der Dienstreise zurück«, erklärte ich.

»Herr Peil, Ihr Zwölf-Uhr-Termin wartet«, flüsterte die Assistentin vorsichtig in mein Zimmer.

»Carina, ich muss Schluss machen.« Damit legte ich auf und eilte ins nächste Meeting.

An dem Sonntag unserer Wanderung war der Himmel blau, die Freude über das Wiedersehen mit meinem alten Freund groß und der Aufstieg zum Gipfel zu steil, zumindest für Manuel. Kaum waren wir losgegangen, atmete er schon schwer und erzählte trotzdem unermüdlich von seinem Familienglück. »Weißt du, wie schön es ist, wenn du die ersten Schritte deines Sohnes beobachten darfst? Wahnsinn … Nenn mich ruhig einen Waschlappen, aber ich hab vor Glück geheult«, keuchte er. Carina schmachtete dahin, ich hatte keinen Bock auf diese Gefühlsduseleien und ließ mich ein paar Meter zurückfallen.

Ich hörte das Knirschen des Bodens unter meinen Wanderschuhen, sog die klare Luft tief in meine Lungen und ließ meine blasse Haut von der Sonne wärmen. Ehrfürchtig blickte ich auf die Berggipfel, die um mich herum in den Himmel ragten. Schon seit Ewigkeiten hatte ich mich nicht mehr so frei gefühlt.

700 Höhenmeter später erreichten wir ziemlich verschwitzt die Almhütte, derentwegen wir diese ganzen Strapazen auf uns genommen hatten. Von nichts umgeben als reiner Natur stand sie auf einer grünen Wiese und sah wunderschön aus. In der Sonne hatte man Holzbänke platziert und hinter ihr studierten Kühe die Konsistenz der Gräser.

»Griaß eich!«, begrüßte uns eine blonde Frau im Dirndlkleid, die aussah, als wäre sie der Reklame eines Erfrischungsgetränkes entsprungen, und versorgte uns mit Wasser, Wein und dampfendem Apfelstrudel.

»Wahnsinn, dieser Ausblick!«, schwärmte meine Frau.

»Ich würde ja auch ganz gern mal mit den Kindern und der Michaela hier …« Um Manuel zum Schweigen zu bringen, streckte ich ihm ein Glas Wein entgegen. Dies alles war viel zu schön, ich wollte es in aller Ruhe genießen und jetzt nichts anderes hören.

Das Läuten der Kuhglocken ließ mich jedoch hochfahren. Mein Handy!, schoss es mir durch den Kopf. Hektisch durchwühlte ich meine Taschen, fand das kleine, rechteckige Gerät und hielt es in die Luft. Kein Empfang! Ich wurde nervös. Das durfte wohl nicht wahr sein! Wie von der Tarantel gestochen, sprang ich von der

Holzbank auf, hielt mein Telefon nach oben und umkreiste auf der Suche nach den erlösenden fünf vollen Balken auf meinem Display die alte Hütte. Nichts. Schweiß rann über meine Stirn und sammelte sich in meinen Augenbrauen. Ich schnappte wie ein Fisch auf dem Trockenen nach Luft.

»Ich bin nicht erreichbar! Das ist eine Katastrophe!« Dieser Zustand fühlte sich nahezu an wie Folter. Hastig drängte ich Carina und Manuel dazu umzukehren.

Als ich, kaum zu Hause angekommen, jedoch keine Nachrichten auf meiner Mailbox vorfand, normalisierte sich langsam mein Puls.

In meinem ledernen Fernsehsessel sitzend, ließ ich den Tag Revue passieren. Dachte an die sonnigen Berggipfel, die dichten Wälder und die geruhsam kauenden Kühe und erlitt meine erste Sonntagsdepression. Ich wünschte mir, nicht mehr in dieses Büro gehen, mich nicht mehr beweisen, um keine Aufträge mehr kämpfen zu müssen.

Gegenüber Carina erwähnte ich das nicht, sie hätte für meinen Zwiespalt kein Verständnis aufgebracht. Als freie Mitarbeiterin in einer Werbeagentur konnte sie den Stress, den meine Position mit sich brachte, nicht einmal erahnen.

Und obwohl mich allein der Gedanke an den nächsten Tag zum Verzweifeln brachte und ich mich immer wieder nach Stille und klarer Höhenluft sehnte, fuhr ich fort wie bisher.

Es vergingen noch viele Monate, bis mir die Notwendigkeit einer Veränderung ausgerechnet während des Zähneputzens bewusst wurde. In der Mitte meines Kopfes, direkt am Haaransatz entdeckte ich ein weißes Haar. Mehr Aufmerksamkeit hätte es nur noch durch das Schwingen einer roten Fahne mit der Aufschrift »ALT« auf sich lenken können. Je eingehender ich es betrachtete, desto deutlicher sah ich das Gesicht meines ehemaligen Chefs vor mir. In diesem Moment verstand ich, dass es nun an mir war, die Wandfarbe meines Büros anzunehmen.

Mein Atem und mein Puls beschleunigten sich, und erst als ich das Mahnmal mit Carinas Pinzette an der Wurzel packte und ausriss, beruhigte ich mich wieder. Mit ausreichend Wasser verabschiedete ich es in die Kanalisation. Doch das, was dieses Erlebnis in mir auslöste, hätte kein Abflussrohr der Welt abtransportieren können.

Etwas später an diesem Tag, als ich allein im Büro und vor meinem Computer saß, schlichen sich meine Gedanken zurück in das weiß gefliste Badezimmer und ich trauerte all den verlorenen Jahren nach.

Durch das riesige Bürofenster beobachtete ich die aufgehende Sonne und betrachtete dann den Berg an Arbeit, der sich vor mir auftürmte – und wie von selbst wanderten meine Finger über die Tastatur. Ganz vorsichtig, als fürchteten sie, sofort wieder aufgehalten zu werden. *Almhütte gesucht*, schrieben sie. Kurz darauf klickte ich mich durch die Gipfel dieser Welt, anstatt mich auf das nächste Meeting vorzubereiten.

Endlich verstand ich, was ich zu tun hatte, um wieder glücklich zu werden: Ich musste hier raus! Das Telefon läutete ununterbrochen, doch ich hielt das nicht mehr aus. Nein, ich WOLLTE das nicht mehr. Ich wollte Zeit mit meiner Frau verbringen, solange ich noch körperlich dazu in der Lage war. Ich wollte in der Sonne sitzen und all die Bücher lesen, die sich in meinen Regalen angesammelt hatten, auf Wiesen starren und nicht nur Geschäftstermine im Sinn haben.

Voller Euphorie fasste ich einen Entschluss: Ich würde noch einmal von vorn beginnen. Nur diesmal ohne Stress.

Gesagt, getan. Es genügte ein Telefonat mit meinem Bankberater. Darauf folgte ein Besichtigungstermin hoch oben auf der Alm und danach eine schriftliche Kündigung.

Drei Monate später war es endlich so weit.

Ich erwachte und hielt für einen Moment inne. Aufmerksam lauschte ich in den Raum … und hörte nichts, mit Ausnahme von Carinas Atemzügen und des aufgeregten Zwitscherns einiger Vögel in weiter Ferne. So leise wie möglich stieg ich aus dem Bett und verließ das Schlafzimmer. Die Kälte des Holzbodens stach schmerzhaft in meine Fußsohlen, aber ich wollte nicht umdrehen, nur um die Hausschuhe zu holen. Wäre Carina erst einmal wach, würde ihr Kommunikationsbedürfnis den Zauber des Morgengrauens zerstören. Da war es doch angenehmer zu frieren.

In der kleinen, zweckmäßig eingerichteten Küche braute ich mir einen starken Kaffee, wickelte zwei karierte Geschirrtücher um meine nackten Füße, schlüpfte in meine Schuhe und trat hinaus vor unsere Hütte.

Ich setzte mich auf die Bank, gleich rechts neben die Tür, streckte meine Nase in Richtung Himmel und ließ mir die kühle Haut von den frühen Sonnenstrahlen wärmen. So verbrachte ich meinen Morgen am liebsten. Um mich herum die grünen Wiesen, ein paar grasende Kühe und das Läuten der Glocken um ihren Hals. An mein Handy dachte ich dabei schon lange nicht mehr.

Vor einem Jahr noch hätte ich bereits seit Stunden in meinem Büro gesessen und so viel Arbeit um mich herum gestapelt, dass ich den Wald vor lauter Bäumen nicht gesehen hätte. Schmunzelnd ließ ich meinen Blick über das angrenzende Waldstück streifen. Ich hatte den Absprung geschafft!

»Da bist du ja! Guten Morgen. Wir müssen uns beeilen, die ersten Gäste kommen bald.« Carina gab mir einen flüchtigen Kuss auf die Wange und flitzte – mit einer Milchkanne bewaffnet – zu unserem nächstwohnenden Nachbarn. In einer halben Stunde würde sie wieder zurück sein. In der Zwischenzeit würde ich die Zimmer auf eventuelle Mängel kontrollieren, Holz zum Heizen vorbereiten und genügend Lebensmittel aus dem Keller in die Küche bringen.

Anfangs hatte der Gedanke, auf einer Alm eine Ruheoase für ausgebrannte Manager zu gründen, nur als verschwommene Idee in meinem Kopf existiert, doch kaum hatte ich Carina davon erzählt, war er wie ein Funken auf sie übergesprungen. Mittlerweile schlug unser kleines Idyll bei unseren Gästen ein wie eine Bombe.

Nachdem ich den Rundgang durch die Zimmer beendet und die Bänke in der Sonne platziert hatte, begann sich das Haus auch schon zu füllen. Carina wuselte eifrig in der Küche herum, ich übernahm die Bedienung.

»Für mich den Gelassenheits-Kräutertee und einen Topfenstrudel für die Seele«, gab eine Frau Mitte 40 ihre Bestellung auf. Ihr Haar war grau, Tränensäcke hingen tief über ihren Wangen und lange Falten an den Mundwinkeln verliehen ihr Ähnlichkeit mit einer Marionette.

»Und für Sie?« Meine Frage galt einem Mann an demselben Tisch, der verzweifelt versuchte, sich mit seinem Tablet-PC ins Internet einzuloggen.

»Jetzt nichts«, schnauzte er mich an.

Auf dem Weg in die Küche blieb ich für einen Augenblick vor dem Spiegel in der Stube stehen. Die vormals graue Haut in meinem Gesicht hatte sich an den Wangen rot gefärbt und die Sorgenfalten waren von Lachfalten abgelöst worden. Bevor ich nach weiteren grauen Haaren suchen konnte, unterbrachen Kinderstimmen meine selbstkritische Musterung.

Ich spähte durch das Fenster und entdeckte vier kleine Jungs über die Wiese auf unsere Hütte zutollen. Die hohen Berggipfel schickten das Lachen als Echo zurück.

Hinter den Kindern und mit verschwitztem Hemd trat Manuel über die Kuppel – an seiner Seite seine schwangere Frau.

Während wir unsere Besucher begrüßten, sprang der Mann mit seinem Tablet-PC auf, durchwühlte hektisch seine Hosentaschen, ergriff sein Mobiltelefon und lief mit ausgestrecktem Arm panisch um das Häuschen. Und ich lachte.

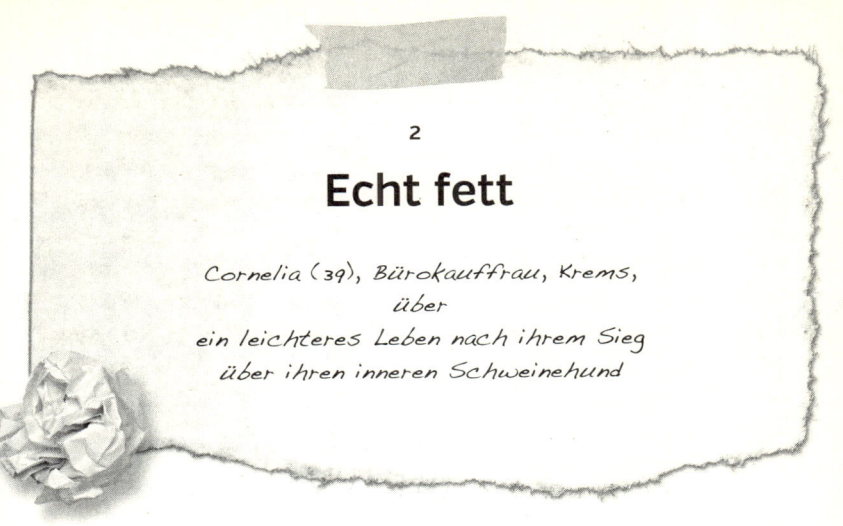

2

Echt fett

Cornelia (39), Bürokauffrau, Krems,
über
ein leichteres Leben nach ihrem Sieg
über ihren inneren Schweinehund

Im Gegensatz zu anderen Mädchen meines Alters freute ich mich schon im Kindergarten nicht auf das Tanzen, Singen oder etwa auf das Puppenspielen, sondern auf 9.30 Uhr, denn das bedeutete Jausenzeit. Das Knistern des Butterbrotpapiers und der Duft der frischen Wurst, der mir beim Auspacken in die Nase stieg – all das versetzte mich in Hochstimmung. In diesen Minuten war ich glücklich. Und dick.

Mehr als 30 Jahre später war mir es gelungen, eine Festung aus Fett um mich herum aufzubauen, in der beinahe jeder Zentimeter meines Körpers ein ganzes Kilo wog. Die gute Nachricht dabei ist, dass ich mit 1,50 Meter nicht gerade groß gewachsen bin. Und obwohl mein Leben nicht immer leicht war – wie auch, immerhin brachte ich 140 Kilogramm auf die Waage –, hatte ich mich ganz gut damit arrangiert. Ich absolvierte eine kaufmännische Ausbildung, arbeitete in einem kleinen Büro, wohnte in einer kleinen Wohnung und fuhr ein kleines Auto. Kurzum, ich war zufrieden,

17

und meistens gelang es mir, mich in meinem »erfüllten« Leben wohlzufühlen.

Meine Geschichte begann an einem schicksalhaften Mittwochmorgen im Juni. Zuerst sorgte das Verschließen des Klettverschlusses an meinen Schuhen für einen Schweißausbruch, dann streikte auch noch mein Wagen und ich musste zu minderen Mitteln greifen, um rechtzeitig zur Arbeit zu gelangen. Mitteln, deren Existenz ich erfolgreich seit Jahren ignorierte: öffentliche Verkehrsmittel. Für mich das Sinnbild des Bösen.

Nach einem fünfminütigen Fußmarsch zur Haltestelle schmerzten meine Knie und ich japste nach Luft. Mit einem Taschentuch entfernte ich den Schweiß von meiner Stirn und hob den Rock ein wenig an, um meine geschwollenen Beine zu belüften.

Zwei coole 13-jährige Jungs, die am Bushäuschen lehnten und sich lässig eine Zigarette teilten, waren auf mich aufmerksam geworden.

»Angenehm kühl, jetzt wo wir im Schatten stehen, ne?«, stellte einer der pickligen Knaben fest und erntete von dem anderen einen anerkennenden Schlag auf die Schulter. Ich hätte ihm gern ein blaues Auge verpasst. Zum Glück wurde das pubertäre Gelächter wenig später von den quietschenden Bremsen des Busses verschluckt. Mühsam hievte ich mich die drei Stufen hinauf ins Innere, spürte die verachtenden Blicke der Menschen und steckte in der Menge fest. An meinen rechten Oberarm wurde der Junge gepresst, der sich zuvor noch über mich amüsiert hatte, und zumindest für diesen kurzen Augenblick verging ihm das Lachen. In der nächsten Kurve, in der er noch enger an mich gedrückt wurde, schrie er aus Leibeskräften: »Hilfe, ich versinke!« Die anderen Mitfahrer grölten vor Lachen, der Bus hielt an der nächsten Station, öffnete seine Türen und spuckte mich aus. Nie wieder, so schwor ich mir, würde ich ein solches Gefährt betreten. Verschwitzt und traurig entfernte ich mich mit kleinen Schritten von der Haltestelle.

»Ich habe gehört, was da drinnen passiert ist. Das tut mir leid.«
Auf den Nachsatz »… dass Sie so fett sind« wartend, ignorierte ich
die Stimme und setzte meinen Weg zum Büro fort.

»Hören Sie?! Entschuldigung? Darf ich kurz mit Ihnen
sprechen?«

Also drehte ich mich zu dem sehr großen, sehr schlanken Mann
um. In der Hand hielt er eine Aktentasche, die nicht so ganz zu
seinen sportlichen Nikes passen wollte. Sein dichtes, schwarzes
Haar war ordentlich frisiert und unter seinem Oberlippenbart
prangte ein sympathisches Lächeln – ebenso wie auf dem Aufdruck
auf seinem T-Shirt. Verlegen strich ich meine braunen Haare hinter
meine Ohren und antwortete höflich: »Was haben Sie mir denn
bitte zu sagen?«

»Dass ich Sie toll finde … Und dass ich Sie gern kennenlernen möchte«, lautete seine Antwort. Ich glaubte ihm natürlich
kein Wort, doch mir fehlte die Zeit, um mit dem fremden Herrn
darüber zu diskutieren. Daher drückte ich ihm schnell meine
Visitenkarte in die Hand und eilte weiter, konnte aber den ganzen
Tag an nichts anderes denken. Was, wenn es dieser Mann ernst
meinte? Sollte dem so sein, musste ich abnehmen! Endlich hatte
ich einen triftigen Grund dafür, denn wenn Heinz – so hieß er,
wie ich später erfuhr – an mir interessiert sein sollte, durften ihm
nicht 140 Kilogramm Fett den Weg zu meinem Herzen versperren.

Später, als ich zu Hause auf dem Sofa saß, durchforstete ich all
meine alten Frauenzeitschriften nach Diäten, die ich noch nicht
getestet hatte. Schließlich entschied ich mich für die Hollywood-
Diät. Verwendete Colaflaschen als Hanteln – was durchaus seine
Vorteile hat, wenn man während des Trainings durstig wird –,
aß tagelang bereits zum Frühstück Steaks und Eier und wog eine
Woche später zwei Kilogramm mehr. Also stieg ich auf diese
wundersame Kohlsuppen-Diät um und wurde am dritten Tag
von meinem Chef darauf hingewiesen, mit diesem Gestank seine
Kunden zu vertreiben.

Heinz, mit dem ich mich bereits mehrmals auf ein Glas Wasser und erste wilde Knutschereien getroffen hatte, erzählte ich nichts von meinem Unterfangen. Ihn wollte ich mit meinem immer schlanker werdenden Körper überraschen. Aber ab dem Moment, an dem es zwischen uns ernst wurde, schlugen all meine Diätversuche fehl. Sobald ich Heinz sah, überraschte er mich mit kleinen bunten Cupcakes, mit einem selbst gekochten Abendessen oder einer neuen Sorte Schokolade. Für ihn ging Liebe eben durch den Magen und ich genoss es in vollen Zügen. Anfangs. Dann wurde es beschwerlich. Meine Kleider wurden mir zu eng, meine Waage streikte, ich hatte Probleme, mich zu waschen, und selbst für kurze Fußmärsche reichte meine Energie nicht aus – kurzum: Ich fühlte mich elend. Nicht einmal das Essen machte mehr Spaß und das passierte normalerweise nur dann, wenn ich bereits richtig, richtig, richtig viel gegessen hatte.

»Liebe Frau Cornelia, könnten Sie bitte einen Brief beim Portier der Versicherungsanstalt abgeben? Es ist dringend!«, bellte mein Chef ins Telefon. Wieder einmal fragte ich mich, warum ich nicht einen anderen Beruf erlernt hatte. Irgendeinen, in dem es nicht erlaubt wäre, dass mich ein kahlköpfiger Macho unmotiviert von A nach B hetzen konnte. Doch statt mich zu wehren, würgte ich die aufsteigende Wut mit zwei grünen und einem roten Gummibärchen hinunter und begab mich mit dem Brief auf den Weg. Keine zehn Minuten später betrat ich das Gebäude der Versicherung. Neugierig schlich ich mich in den großen Veranstaltungsraum, da hier bei Konferenzen immer wahnsinnig leckere Buffets ausgerichtet wurden.

Alle Plätze waren besetzt, das Licht war gedämpft und ganz vorn stand eine junge, überschminkte Frau. Mit einem roten Laserstrahl zeigte sie auf eine Herzabbildung, die auf eine weiße Wand projiziert wurde.

»75,2 Prozent der Betroffenen leiden an Bluthochdruck. Bei knapp zehn Prozent kann Übergewicht zu einem Herzinfarkt führen.« Mit dem kleinen Schalter in ihrer Hand klickte sie weiter und ein neues Bild erschien auf der Wand. Fettkügelchen, die Blutgefäße verstopften … Mir wurde nicht nur schwindlig, mir wurde sogar ganz anders zumute. Ich spürte die Angst in meinem Nacken sitzen und der kalte Schweiß rann über meinen Rücken. Hektisch griff ich nach einem freien Stuhl, setzte mich und konnte nicht mehr aufhören, der jungen Ärztin zu lauschen.

Als sie ihren Vortrag beendet hatte, besaß mein Feind einen Namen: Diabetes mellitus. Und seine Bedrohung war so spürbar, dass ich mir einbildete, den Tod an meiner Seite atmen zu hören. Ich musste meine überschüssigen Kilos loswerden. Besser heute als morgen. Nur lautete die Frage: Wie?

Darum wartete ich neben der automatischen Glastür am Ausgang auf die junge Frau in dem weißen Kittel. Mein Atem beschleunigte sich, als ich das Klacken der hohen Absätze auf dem Marmorboden hörte. Dann stand sie vor mir – meine Hoffnung.

»Können Sie mir bitte helfen?«, fragte ich sie zurückhaltend. Irritiert starrte sie mich an. Sie schüttelte sich, als wollte sie meine Frage so schnell wie möglich loswerden. Voller Verzweiflung flehte ich sie an: »Können Sie mir bitte helfen? Ich habe Ihren Diabedings-Vortrag gehört und ich glaube, ich habe ein Problem. Hören Sie, ich will keinen Herzinfarkt bekommen. Ich will noch nicht sterben.« Dicke Tränen kullerten über meine Wangen und ich vergrub mein Gesicht in meinen Händen.

Unendlich lange Sekunden später nickte die Frau Doktor zustimmend und erwiderte: »Gut. Hier haben Sie meine Karte. Vereinbaren Sie einen Termin mit meiner Assistentin. Sagen Sie, es wäre dringend. Wir sehen uns.« Schon war sie verschwunden.

Zurück in meinen eigenen vier Wänden, fühlte ich mich zum ersten Mal in meinem Leben leicht und unbeschwert. Ich saß auf meiner Couch, suchte im Internet nach Informationen über die Folgen von Übergewicht und vereinbarte einen Termin bei dieser netten Ärztin. Eigentlich war sie gar nicht so stark geschminkt gewesen, überlegte ich mir.

Das Einzige, was mich nun doch beunruhigte, war Heinz. Nicht nur einmal hatte er erwähnt, wie sexy er meine Kurven fand und wie hässlich im Gegensatz dazu die Magermodels in Heidi Klums Castingshow doch wirkten. Würde er mich verlassen? Als ich an diesem Abend das Schließen der Wohnungstür hörte, suchte ich nervös nach einem Schokoriegel, der meine Nerven beruhigen konnte. Vor Aufregung fiel er mir jedoch aus der Hand, sobald Heinz das Zimmer betrat.

»Hab ich dich gestört?«, fragte mich mein Freund mit einem belustigten Ton in der Stimme. Noch bevor ich darauf antworten konnte, brach ich in Tränen aus. Unter Schluchzen erzählte ich von meinem Erlebnis. Kaum hatte ich meinen Bericht beendet, sah mich Heinz verstört an.

»Aber Conny, du bist doch wunderschön, so wie du bist. Ich verstehe überhaupt nicht, was du hast.«

»Was ich habe? Was ich habe? Also jetzt verarsch mich mal nicht! Ich bin eine kleine Frau und habe das Gewicht eines Elefantenbabys. Was genau kommt dir daran nicht eigenartig vor? Ich habe solche Angst, Heinz. Mein Rücken schmerzt mir bei jeder Bewegung und vor Kurzatmigkeit schaffe ich es kaum noch, zur Arbeit zu gehen. Ich stinke. Und die Leute lachen mich aus. Glaubst du, es macht Spaß, so auszusehen?« Ich wies auf meinen überdimensionalen Körper. Dann begann ich wieder zu heulen.

»Alles wird gut, mein Schatz. Ich wusste das nicht. Es tut mir leid. Hörst du? Wir schaffen das schon«, redete er beruhigend auf mich ein und strich besorgt über meinen Kopf.

Schon am nächsten Tag brachte mich Heinz zu der sehr dezent geschminkten und freundlichen Ärztin. Nachdem sie mir etwas Blut abgenommen hatte, erklärte sie mir: »Frau Engelsmann, ich rede jetzt nicht lange um den heißen Brei herum – Sie sind nicht krank. Noch nicht. Aber Sie müssen dringend abnehmen, hören Sie?«

»Das will ich ja ständig, aber es klappt nicht!«, jammerte ich.

Die Ärztin überlegte kurz und erzählte mir dann von Menschen, die es durch eine Ernährungsumstellung geschafft hatten, erfolgreich abzunehmen. Es klang ganz einfach: drei Mahlzeiten täglich, keine Softdrinks, keine Süßigkeiten, abends keine Kohlenhydrate, mehr Fisch als Fleisch und so weiter. Das würde ich wohl schaffen. Oder zumindest versuchen.

Die erste Zeit war mehr als hart. Nachts weckte mich mein knurrender Magen und ich hievte mich aus dem Bett, trank ein Glas Wasser nach dem anderen – in der Hoffnung, das Hungergefühl darin zu ertränken. Tagsüber zogen mich Bäckereien magisch an. Nur um mir die Nase am Schaufenster platt drücken zu können, verzichtete ich sogar auf mein Auto.

Nicht nur einmal kaufte ich eine Tafel Schokolade, löste unter Rascheln das Papier, hielt den süßen Schokotraum in meinen Händen und roch daran. Ich war voll auf Entzug. Doch auch wenn ich auf köstliche Süßigkeiten verzichten musste, zog ich mein Vorhaben durch.

Ein Jahr später:

»Heinz? Hast du die Taucherbrille eingepackt?«, rief ich in Richtung Küche, während ich meinen Badeanzug in den Koffer legte.

Heinz und ich flogen nämlich in den Urlaub, denn das gehörte zu den Dingen, die ich neuerdings machen konnte: fliegen. Also nicht persönlich, aber ich konnte mich in einen dieser Sitze setzen, die für Menschen mit »Normalgewicht« entworfen wurden. Einige Monate zuvor hätte allein die Vorstellung daran Panikattacken ausgelöst. Aber diese Zeiten sind nun vorbei.

Durch konsequentes Umstellen meiner Ernährung und den Beitritt in eine Nordic-Walking-Gruppe sind meine Kilos dahingeschmolzen. Und je dünner ich wurde, desto mehr motivierte mich das.

»Ich soll dich daran erinnern, deine Sandalen einzupacken«, ertönte Heinz' Stimme aus einem anderen Teil der Wohnung. Stimmt, die Sandalen! Als ich mich nach unten beugte, um diese filigranen Schühchen mit den goldenen Spangen aufzuheben, dachte ich daran zurück, dass diese Art von Bewegung bis vor einiger Zeit nicht möglich gewesen wäre. Früher hatte ich meine Schuhe – mit Klettverschluss – auf dem Garderobenschrank abgestellt, damit sie sich auf erreichbarer Höhe befanden. Klettverschluss! Daran will ich mich gar nicht mehr zurückerinnern. Andererseits wäre die Alternative gewesen, gar keine Schuhe zu tragen, und das hätte den Leuten erst recht Grund zum Lästern gegeben.

»Schatz? Bist du fertig? Unser Taxi kommt in fünf Minuten.«

»Augenblick noch«, antwortete ich und stellte mich vor den Spiegel, um noch schnell meine Wimpern zu tuschen. Seit ich abgenommen hatte, wirkten meine Augen viel größer. Überhaupt strahlten sie heller und auch meine Haare schimmerten in einem gesunden Braun. Rasch besprühte ich meine rasierten Achseln mit wohlriechendem Deo, um auf der Reise nicht ins Schwitzen zu geraten. Auch das hatte ich zuvor nicht machen können. Achselhaare wegzurasieren, geht nämlich nicht, wenn Fettpölsterchen das Erreichen des anderen Armes verhindern.

»Schatz?«

»Ich komme schon!«, rief ich, drehte mich noch einmal vor dem Spiegel im Kreis, genoss es, dabei nirgends anzustoßen, griff nach meinem Koffer und atmete tief durch. Jetzt war ich bereit, all das kennenzulernen, was mir mein Gefängnis aus Fett all die Jahre über verwehrt hatte.

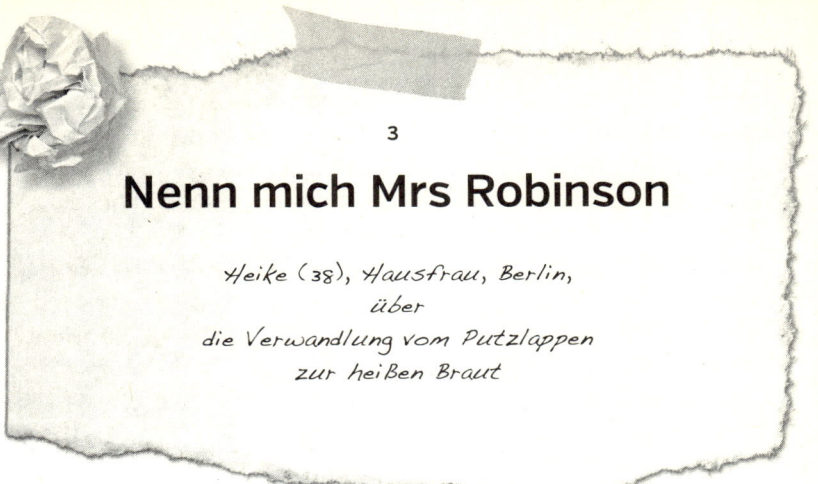

3

Nenn mich Mrs Robinson

Heike (38), Hausfrau, Berlin,
über
die Verwandlung vom Putzlappen
zur heißen Braut

Montag: Squash. Dienstag: Pokerabend mit den Kumpels. Mittwoch: Mittwochs-Meeting im Büro. Donnerstag: Fitnessstudio. Freitag: Besuch bei seinen Eltern. So sah sie aus, die unfassbar anstrengende Woche meines Gatten Stefan, die mir als Hausfrau unsagbar aufregend erschien. Aber Stefan freute sich nicht über seine vielfältigen Beschäftigungen – er jammerte darüber. Und das provozierte regelmäßig Streit.

»Sei froh, dass du zu Hause bleiben darfst. Mein Tag war eine Katastrophe«, erklärte er mir eines Abends, als ich ihm das Essen servierte. Den Schweinebraten zuzubereiten hatte mir sämtliche Kraftreserven abverlangt, denn während des Kochens hatte sich meine Tochter Lucy übergeben. Eine halbe Stunde lang flitzte ich zwischen Badezimmer und Küche hin und her, um abwechselnd den Zustand des Kindes und den des Schweins im Ofen im Auge zu behalten. Und obwohl mir mit jedem Schwall an Übelkeit, dessen sich meine Tochter entledigte, der Appetit immer gründlicher verging, beschwerte ich mich nicht. Immerhin feierten wir unseren achtzehnten Hochzeitstag. An den ich immerhin gedacht hatte und weshalb Stefan heute etwas Besonderes und nicht das abgedroschene »Essen steht im Kühlschrank« aufgetischt bekam. Und daher wollte ich heute kein »Sei froh, dass du zu Hause bist«, sondern ein »Danke, Schatz, happy Hochzeitstag« hören.

Mit einem »Na ja, mein Tag war auch nicht so berauschend« versuchte ich fast schon verzweifelt, ein paar Worte der Anerkennung aus meinem Mann herauszukitzeln.

»Da bin ich mir sicher«, lächelte er süffisant, »wahrscheinlich hast du dich, kaum war ich zur Tür raus, wieder ins Bett gelegt. Hier fehlt übrigens Salz.« Er schubste die Kartoffeln von seinem Teller und ich wünschte, ich besäße die Kraft, ihn genau so über die Stufen hinaus in die Freiheit zu befördern. Ich hörte sogar schon das Geräusch, das sein aufschlagender Körper 16 Stufen lang von sich geben würde.

Mit einem lauten Knall platzierte ich den Salzstreuer neben seinem Teller und marschierte aus der Küche, um nach meinem kranken Kind zu sehen. Natürlich hatten früher sehr viel häufiger auch glückliche Momente unser Verhältnis geprägt.

Stefan und ich waren noch keine 20, als sich unsere Wege kreuzten. Zwei Sekunden, nachdem ich ihn zum ersten Mal gesehen hatte, fuhr ich bereits voll auf ihn ab – und zwar im wahrsten Sinne des Wortes, denn Stefan war mein Fahrlehrer. Er beeindruckte mich mit seiner spritzigen Art, mit seinem charmanten Lächeln, mit seinem unheimlich coolen Vokuhila (in den Achtzigerjahren war das so), eine Frisur, die heutzutage mehr unheimlich als cool wirken würde.

Wir verliebten uns ziemlich schnell und ziemlich heftig ineinander und beschlossen etwas überstürzt zu heiraten. Darauf folgten die nächsten logischen Schritte: Kredit, Hausbau, Kinderwunsch, Wunschkind. Und auch wenn wir in den darauffolgenden Jahren immer mehr an Eigentum dazugewannen, die Verbindung zwischen uns ging verloren.

In Momenten der Verzweiflung wandte ich mich an meine Freundin Maria. Kaffee trinkend und Kuchen essend tauschten wir uns in meiner wunderschönen Designerküche über die alltäglichen Begebenheiten des Lebens aus.

»Ich halte ihn nicht mehr aus.« Wie schon seit Jahren begann unser Kaffeeklatsch auch nach dem enttäuschenden Hochzeitstag mit diesen Worten.

»Was ist es diesmal?«

»Nichts Neues. Ich ertrage ihn einfach nicht mehr. Würde die kleine Lucy nicht zwischendurch ›Mama‹ rufen und wieder mit dem Geschrei aufhören, sobald ich den Raum betrete – ich hätte das Gefühl, aus Luft zu sein.«

Marias Nicken interpretierte ich als Aufforderung weiterzusprechen.

»Er fragt nicht, wie es mir geht. Er interessiert sich für gar nichts. Wenn er zu Hause ist, sitzt er so lange vor seinem PC, bis ihm die Augen zufallen, dann geht er schlafen. Das Einzige, was ich von ihm bekomme, ist seine Schmutzwäsche und eventuell Geld für den Lebensmitteleinkauf.«

»Hast du ihm je gesagt, dass du unglücklich bist?« Maria fixierte mich mit ihren großen, dunklen Augen.

Ich schüttelte verlegen den Kopf. »Das nicht, aber zu meiner Verteidigung muss ich sagen, dass er mich auch nie danach fragt! Ich fühle mich nicht wie eine Frau. Ich fühle mich wie ein Putzfetzen mit blondierten Strähnen.« Filmreif trocknete ich mit einer Serviette meine Tränen.

»Okay, Heike, hör zu. Samstagabend lassen wir es ordentlich krachen. Die Kleine gibst du zu deiner Mutter und dann lassen wir die Sau raus.«

Sie musste mich nicht lange dazu überreden.

Als ich das »Kleine Schwarze« aus dem hintersten Winkel meines Kleiderschranks fischte, entdeckte ich dort noch nie getragene Dessous. Verschwommen erinnerte ich mich daran, sie für unseren vierten Hochzeitstag gekauft zu haben. Stefan hatte jedoch überraschend eine geschäftliche Auslandsreise antreten müssen und die heiße Wäsche war unbenutzt im Schrank gelandet und dort vergessen worden. Genau das Richtige für den heutigen Abend.

Der rote Lippenstift bot einen wunderbaren Kontrast zu meiner blassen Haut und meine langen, blonden Haare hatte ich zu einer lockeren Hochsteckfrisur angeordnet. Mit offenem Mund betrachtete ich mein Spiegelbild, und hätte Maria nicht schon vor dem Haus gehupt, hätte ich mir noch Kusshände zugeworfen.

Aufgekratzt wie Teenager betraten wir einen Club. Für einen Moment stockte mir der Atem. Weiße Lichtblitze ließen die Menschen auf der Tanzfläche wie Spastiker wirken und die Go-go-Girls aktivierten bei näherer Betrachtung meine Muttergefühle. Elegant ließen wir uns an der Theke nieder und mir gelang es, das aufkeimende Gefühl, nicht in diese Umgebung zu passen, zu unterdrücken. Zumindest, bis uns der Barkeeper den Cocktail »Dirty Mother« empfahl.

Irgendwann gesellte sich ein junger Mann zu uns. Seine blonden Haare trug er gescheitelt, sein Charme traf mich jedoch ungeteilt und selbst im Dunkeln sah man das helle Blau seiner Augen leuchten. »Darf ich dir einen Drink ausgeben?«, fragte er mich. Ungläubig und verlegen kicherte ich, ließ mich aber von dem Jungen einladen. »Ich bin Heimo, ich studiere Kunst. Und du?«, schrie er mir ins Ohr. Seine Aufmerksamkeit schmeichelte mir. »Heike.« Freundlich reichte ich ihm die Hand. »Ich bin Managerin eines kleinen Familienunternehmens.« Er zeigte sich beeindruckt. Ich freute mich über meine dumme Imitation der Werbung für Haushaltsgeräte und ließ ihn in dem Glauben, ich wäre eine erfolgreiche Geschäftsfrau.

»Wollen wir tanzen?« Zaghaft berührte er mein Knie und blickte mir tief in die Augen. Nach kurzem Zögern willigte ich ein und folgte Heimo auf die Tanzfläche. Behutsam legte er seine Arme um mich und schunkelte mit mir zu einer Melodie, die nur in unseren Köpfen existierte, denn in Wirklichkeit erfüllten die eigenwilligen Klänge von House-Musik den Raum. »Du bist so wunderschön«, brüllte mir Heimo ins Ohr und Gänsehaut breitete sich über meinem Rücken aus. Er zog mich ein wenig fester an sich und plötzlich trafen seine Lippen auf meine. Für eine einzelne Sekunde war ich gewillt, den Jungen von mir zu stoßen, nach Hause zu fahren und weiter meinem langweiligen Leben zu frönen. Aber dann erwiderte ich seinen Kuss. Und konnte mich nicht daran erinnern, jemals zuvor so leidenschaftlich gewesen zu sein. »Ich will dich«, raunte er. Und genau das wollte ich auch. Die Kombination aus Alkohol und in Wallung gebrachten Hormonen lähmte mein Gehirn und ließ nur noch einen Gedanken zu: Ich will Sex mit diesem Kerl. Am besten sofort!

In der Absicht, möglichst unwiderstehlich zu wirken, legte ich meine Hand auf seinen Knackarsch und antwortete: »Dann nimm mich.« Von jener Nacht sind mir nur vereinzelte Erinnerungs-fetzen geblieben. Eine kleine, spartanisch eingerichtete Studenten-wohnung … ein quietschendes Bett, unter mir … ein sehr lauter Kerl auf mir. Schwitzende Körper, ungezügelte Lust und der Wunsch, der nächste Tag möge niemals über mich hereinbrechen. Doch das wäre wohl zu viel verlangt gewesen.

Als ich erwachte, hatte sich der Blondschopf an meine Schulter gekuschelt und ich spürte den (Muskel-)Kater am ganzen Körper. Was hatte ich nur getan? Wie hatte es so weit kommen können? Die Schuldgefühle lasteten auf mir und verursachten zusätzliche Qualen.

»Guten Morgen, schönste Frau der Welt«, nuschelte der Junge in meinen Oberarm.

»Guten Morgen«, antwortete ich etwas verhalten.

»Hast du Bock auf Kaffee? Ähm … Wie war noch mal dein Name?« Er rieb sich die Augen, rollte sich auf den Bauch und starrte mich über seinen blauen Polster hinweg an.

»Nenn mich einfach Mrs Robinson«, schmunzelte ich und blickte in sein faltenfreies Gesicht. Für einen kurzen Moment war ich froh darüber, nicht in meines schauen zu müssen.

»So nenn ich dich sicher nicht. Heike, oder?«

Ich zwinkerte bestätigend. Wahrscheinlich kannte er nicht einmal den Film, auf den ich mich bezogen hatte.

»Also, Kaffee?« Mittlerweile stand er, lediglich mit knappen Boxershorts bekleidet, vor dem Bett. Seine Muskeln wölbten sich hervor, als er sich streckte, um den Schlaf aus seinen Gliedern zu vertreiben, und ich wünschte mir, einfach hier und bei ihm bleiben zu können. Aber ich musste zurück in mein richtiges Leben.

»Ich kann nicht. Ich muss nach Hause.« Eilig schälte ich mich aus dem Bett und begann, meine Kleider vom Boden zu sammeln.

»Warum? Du kannst gern hierbleiben ... Oder wiederkommen?« So, wie er aussah, meinte er es ernst. Und so, wie er mich ansah, wollte ich gar nicht mehr gehen. Aber als Ehefrau und Mutter ... Das funktionierte nicht! Ich kannte meine Verpflichtungen und daher verließ ich diesen jungen Kerl, der mir die heißesten Stunden der letzten 15 Jahre beschert hatte, und kehrte ernüchtert nach Hause zurück.

Die Tür fiel mit einem Knall hinter mir ins Schloss. Ich ging ins Badezimmer, wusch die Spuren der Nacht von meinem gerädertem, alten Körper. Was soll ich nur machen? Diese Frage stellte ich mir immer wieder. Fortfahren wie bisher? Einfach das Vorgefallene ignorieren? Nein, das konnte ich nicht. Ich hatte Blut geleckt. Jetzt musste ich die Konsequenzen tragen.

Im Jogginganzug und mit einem Handtuchturban auf dem Kopf betrat ich die Küche.

»Mami, Mami!«, jubelte die kleine Lucy und umklammerte mein Bein. Voller Schuldgefühle küsste ich ihre Stirn, dachte daran, dass mein letzter Kuss Heimo gegolten hatte, und spürte Schmetterlinge in meinem Bauch. Er war doch noch so jung ...

Stefan blickte von seinem PC auf und nickte mir zu. Kein »Wo warst du so lange?«, kein »Geht es dir gut?«. Ein läppisches Nicken, mehr war ich ihm nicht mehr wert. Auf all das verspürte ich keine Lust mehr. Ich wollte mich wieder als Frau fühlen, oder zumindest als Lebewesen. Müde betrachtete ich Stefans Gesicht und versuchte, den spritzigen Fahrschullehrer von damals zu erkennen, in den ich mich verliebt hatte. Aber alles, was ich entdecken konnte, hatte ich schon tausendmal gesehen und brachte meine Libido auf Suizid-gedanken.

Nachdem ich Lucy in ihr Zimmer gebracht hatte, ging ich zu Stefan zurück. Fest entschlossen, meinem ganzen Leiden ein Ende zu setzen.

»Stefan?«, begann ich vorsichtig.

»Hmmm«, brummte er und starrte auf seinen Laptop.

»Ich kann so nicht mehr weitermachen …«

»Was?« Diesmal blickte er auf, strafte mich mit einem bösen Blick.

»Ich kann so nicht mehr weitermachen. Ich bin unglücklich. Das funktioniert so nicht! Du schenkst mir keine Aufmerksamkeit, dir ist doch alles egal …«

»Was zum Teufel willst du denn noch?«, schrie er mich aus heiterem Himmel an. »Ich habe dir ein Haus gebaut, ein Kind geschenkt … Du bist genauso undankbar wie deine Mutter!« Mit rotem Kopf schlug er seinen Laptop zu, fischte eine Jacke von der Garderobe und verließ das Haus. Nachdem Stefan gegangen war, fühlte ich mich schuldig, zweifelte an der Richtigkeit meiner Ent-scheidung, empfand unsagbare Angst. Ich saß, das Gesicht in den Händen verborgen, am Esstisch und bekam diese leuchtenden Augen nicht aus dem Sinn. Das Signal einer SMS läutete – im wahrsten Sinne des Wortes – eine neue Ära ein. *Danke für die wunderschöne Nacht, ich vermisse dich jetzt schon. Kuss Heimo.*

Und plötzlich war alles so klar. Und so einfach.

Ich nahm meine kleine Tochter, von der ich inständig hoffte, sie bereits nachts zuvor erwähnt zu haben, und einen Koffer mit den wichtigsten Dingen. Den Jogginganzug tauschte ich gegen ein schlichtes schwarzes Kleid, rief ein Taxi und fuhr zusammen mit Lucy zu Heimos Wohnung. Nach einem kurzen Klopfen öffnete er die Tür … und staunte nicht schlecht.

»Hi«, flüsterte ich, »ich weiß, das kommt jetzt etwas spontan, aber ich habe meinen Mann verlassen. Und da dachte ich …«

Ich musste gar nicht weitersprechen, denn Heimo trat einen Schritt zur Seite und meinte: »Bitte, kommt doch herein.« Und so war es dann auch. Bis heute sind wir nicht mehr weggegangen, denn hier fühlen wir uns wohl. Am Montag wird gemeinsam gekocht. Am Dienstag gehen wir ins Kino. Am Mittwoch wird geputzt, am Donnerstag getanzt und am Freitag treiben Heimo und ich andere Dinge … Aber die ganze Zeit über fühle ich mich wie eine wunderschöne, begehrenswerte Frau.

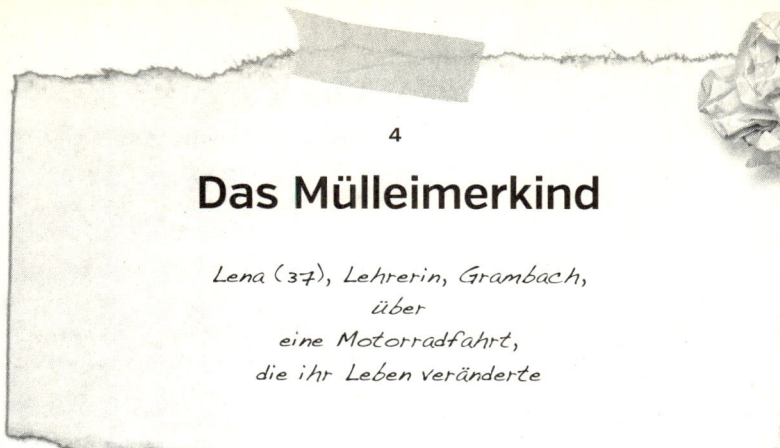

4

Das Mülleimerkind

Lena (37), Lehrerin, Grambach,
über
eine Motorradfahrt,
die ihr Leben veränderte

Ich bin das dritte von fünf Kindern und demnach laut psycho-logischer Fachliteratur ein »Sandwichkind«. Das Kind, dem nachgesagt wird, es würde ständig um Aufmerksamkeit kämpfen, wenn nicht sogar darum betteln. Doch falls ich etwas niemals in meinem Leben tun musste, dann war es, Erinnungskärtchen mit meinem Namen darauf zu verteilen. Mit ihrem Kummer kamen sämtliche Familienmitglieder immer zu mir. Das galt für meine älteste Schwester Anna und ihre beruflichen Sorgen. Für meinen großen Bruder Dirk, der mir regelmäßig von der Spitze seines Schuldenbergs aus zuwinkte. Für die kleine Ella und ihre Männer-geschichten. Aber auch für Nesthäkchen Thomas und meine Eltern, die seit Jahren ihren Rosenkrieg ausfochten und dafür als Austragungsort – wie sollte es auch anders sein – mein Kinder-zimmer wählten.

So kam es, dass ich im Laufe der Zeit vom Sandwichkind zum Mülleimerkind mutierte. War der ganze Mist erst mal bei mir deponiert, konnte sich der Verursacher erleichtert zurückziehen, während ich allein zurückblieb. Den anderen war es egal, ob ich am Gestank des Fremdmülls ersticken würde oder nicht. STOPP! FALSCH! HALT! Es gab natürlich jemanden, dem nicht egal war, was mit mir passierte. Nämlich Niklas.

Niklas und ich fanden uns bereits als Jugendliche. Schon den Umstand, dass wir uns trotz der modischen Fauxpas der frühen Neunzigerjahre ineinander verliebten, werte ich als Wunder. Niklas – damals 18-jährig – sprach mich in der Disco an. Sein lockiges Haar war zu einem Pferdeschwanz gebunden, in seinem Gesicht zeichnete sich so etwas Ähnliches wie ein Bart ab und er trug eine Jeansjacke, auf deren Rückenseite das lederne Abbild eines Adlers prangte. In diesem Aufzug schlenderte er, im glitzernden Licht der Discokugel, auf mich zu. Ich wurde nervös und spielte mit meinem braunen, dauergewellten Haar. Als ich mir gerade wünschte, er würde an mir vorbei und weiter zu den Toiletten gehen, blieb er vor mir stehen.

»Willst du tanzen?«

Ich brachte kein Wort heraus. Die Mädchen um mich herum kicherten wie blöde, daher griff ich mit zittrigen Fingern nach Niklas' Hand – und ließ sie nicht mehr los. Bis heute nicht.

Denn Niklas und ich, wir waren auf der gleichen Wellenlänge. Wir teilten den gleichen Musikgeschmack, denselben Freundeskreis und bald auch seine größte Leidenschaft: das Motorradfahren.

»Lass uns morgen eine richtige Motorradtour unternehmen«, schlug mir mein Freund eines Nachmittags mit verschwörerischer Miene vor. Ich zögerte. Was, wenn sich bei meiner Familie während meiner Abwesenheit etwas Wichtiges ereignete? Sollte ich mitfahren? Oder nicht?

Niklas entging mein innerer Kampf natürlich nicht. »Warum denkst du nicht ein einziges Mal an dich?« Fragend hob er seine Augenbraue. »Der Flori und der Max werden uns begleiten. Das wird eine tolle Ausfahrt, wie es eine richtige Motorradgang machen würde. Komm schon … Du darfst auch zwischendurch mal Spaß haben.« Dieses Argument leuchtete sogar mir ein und mit einem »Du hast recht, ich muss hier raus!« stimmte ich ihm zu. Trotzdem hoffte ich still bei mir, die Welt würde sich auch ohne mein Zutun weiterdrehen.

Am nächsten Morgen zurrte ich den Verschluss meines Helmes fest und beobachtete dabei, wie die ersten Sonnenstrahlen den Himmel orange färbten.

»Bereit?«, erklang Niklas' Stimme durch das Visier seines Helms gedämpft.

»Bereit!«, quiekte ich vergnügt und schlang meine Arme fest um seinen Bauch.

Die ersten Kilometer unserer Route legten wir eher langsam zurück. Der Frühverkehr spülte uns ins Nachbardorf, wo sich uns Flori und Max laut hupend anschlossen. Gemeinsam brausten wir über Wiesen und durch Wälder, die Sonne lachte von dem blauen Himmel und ich genoss den Fahrtwind in meinem Gesicht. Der Geruch von Benzin erzeugte ein Kribbeln in meiner Nase und brachte mein Herz dazu, Purzelbäume zu schlagen. Leider sollte es dabei allein nicht bleiben …

Wir fegten gerade einen Berg hinauf, legten uns – den Kurven entsprechend – nach rechts und links, ich jauchzte: »Jippiieeehhh«, als der Wald plötzlich lange Schatten auf die Straße warf, die die Sicht einschränkten.

Niklas schrie: »SCHEEEEEIIISSE!«

Die Bremsen quietschten … Es folgte ein Ruck … und alles um mich herum wurde schwarz.

Alles ist gut, war mein erster Gedanke, als ich langsam zu mir kam. Ich hatte von meiner Mutter geträumt, von eigenartigen Dingen, an die ich schon ewig nicht mehr gedacht hatte, und von ganz viel hellem Licht. Doch an das, was mit mir geschehen war, konnte ich mich nicht erinnern. Ich wusste nicht, dass sich ein Holzstück im Vorderrad des Motorrads verkeilt hatte und ich rund

70 Meter durch die Luft katapultiert wurde, und genauso wenig, dass ich bei diesem Flug beinahe im Himmel geblieben wäre, hätte man mich nicht auf brutale Art und Weise ins Leben zurückgeholt.

Das konstante Piepen von irgendeinem Gerät zu meiner Linken beschleunigte sich und ich fühlte mich wie in eine Wolke eingehüllt. Leicht, warm und ein bisschen schwebend. Letzteres rührte vielleicht auch daher, dass meine Beine – leblos, geschwollen und in einem merkwürdigen Winkel – an der Decke über mir befestigt waren. Schließlich bemerkte ich Niklas. Seine Augen waren gerötet, sein Gesicht wirkte eingefallen und grau. Als er meinen Blick auf sich ruhen spürte, erwachte er sofort aus seiner Starre. Langsam beugte er sich über mich und flüsterte: »Hey … Guten Morgen!«

»Was … Was ist … geschehen?«, wisperte ich nahezu ton- und atemlos.

»Pssssst. Du musst dich ausruhen. Wir haben noch genug Zeit, um über alles zu sprechen.« Vorsichtig stützte er mit seiner Hand mein Kinn und flößte mir zuckersüßen Kakao ein. Dann ließ er sich wieder erschöpft auf dem hölzernen Stuhl neben mir nieder. Wir litten beide – nur eben jeder auf seine Art. Ich unter den körperlichen Schmerzen, Niklas unter seinen Schuldgefühlen.

Gerade als ich ihm irgendetwas Tröstendes sagen wollte, ertönte aus der Koje neben mir: »I really would like to see a doctor … Immediately!«, im schönsten britischen Englisch. Ich warf Niklas einen verblüfften Blick zu. Natürlich hatte ich die weißen Plastikvorhänge um meinem Bett herum wahrgenommen, aber dass sich dahinter noch jemand befinden könnte, hatte ich nicht in Erwägung gezogen.

Wenig später wurde der besagte Vorhang mit einem Ratsch! zur Seite geschoben. »Guten Morgen, ich komme zur Wundversorgung!«, trällerte der blondierte Pflegehelfer und begann, die offenen Wunden an meinen Beinen mit einer farblosen Flüssigkeit zu betupfen.

»Was ist eigentlich dem Engländer im Nebenbett zugestoßen?«, fragte ich schüchtern, um mich von meinen Schmerzen abzulenken.

»Schädelhirntrauma nach einem Motorradunfall. Bis jetzt konnten wir seine Verwandten leider nicht ausfindig machen.«

Ich nickte nachdenklich. Plötzlich brachen meine Bedenken aus mir heraus: »Aber meine Verwandten konnten Sie benachrichtigen?«

Er sah mich mit großen Augen an. »Aber natürlich, Kindchen.« Kurz darauf stopfte er den blutigen Wattebausch in einen Abfallsack, warf seine Plastikhandschuhe hinterher und verließ mit einem »Schönen Tag noch und nicht weglaufen« das Zimmer.

»Hast du mit ihnen gesprochen?«, fragte ich Niklas und wollte die Antwort eigentlich gar nicht hören. Sein Blick verfinsterte sich. Nach kurzem Zögern erklärte er mir: »Ich soll dir liebe Grüße bestellen. Sobald sie alle mehr Zeit haben, wollen sie nach dir sehen.« Dieser Satz gab mir zu denken und die Intensität des Schmerzes, den er verursachte, glich dem meiner gebrochenen Beine.

Eine Woche später, an einem Tag, an dem sich das gesamte Fernsehprogramm stetig zu wiederholen schien, standen meine Geschwister – ohne unsere Eltern, die hatten einen Termin beim Anwalt – in meinem Zimmer. Der Engländer von nebenan schrie im schönsten Englisch um Hilfe und die Krankenschwester nahm sich des Blumentopfes an, den mir meine Geschwister als Mitbringsel überreicht hatten. Wunderlicherweise hatte Blumenerde nämlich selbst im 21. Jahrhundert noch immer nichts in sterilen Krankenhauszimmern zu suchen.

Nachdem die offensichtlichsten Angelegenheiten besprochen worden waren (»Nein, ich weiß nicht, ob mein dicker Schenkel jemals wieder normal aussehen wird …«) und sich ein unangenehmes Schweigen ausgebreitet hatte, erlangte Anna als Erste ihre Fassung wieder.

»Weißt du, Lena, ich würde ja einiges dafür geben, wenn ich mich ein wenig ausruhen könnte. Einfach abschalten und nicht von einem

Termin zum nächsten hetzen.« Dabei strich sie sich den dunklen Pony aus dem Gesicht und blickte auf ihre teure neue Uhr.

»Oder sich darüber ärgern müssen, wie sich der Jakob am Wochenende aufgeführt hat«, mischte sich Ella ein.

Konnte das denn wahr sein? Sprachen sie an meinem Krankenbett ernsthaft über ihre Probleme? War das alles, was ich bekam – neue Sorgen und einen Blumentopf? Ich spürte, wie sich in mir etwas zusammenbraute. Ohne dass ich sie aufhalten konnte, folgte unvermittelt die schon seit Jahren unterdrückte Explosion.

»Sagt mal, geht es euch noch gut? Ich liege als körperliches Wrack im Krankenhaus, bin dem Tod gerade noch von der Schippe gesprungen und niemand kann mir sagen, ob ich mein Studium abschließen kann, ob ich jemals ohne Rollstuhl mobil sein werde … und ihr glaubt, ich würde hier liegen und darauf warten, mit neuem Müll versorgt zu werden? Was seid ihr nur für eine egoistische Meute? Verschwindet sofort aus meinem Zimmer! Raus! Ich will euch hier nicht mehr sehen!« Das Piepsen zu meiner Linken wurde so schnell, dass es als Surren durchgehen konnte.

»Aber Lena …«, fiel mir Dirk ins Wort.

»Nichts aber Lena. Raus. SOFORT!« Ich brüllte und durch mein wildes Gestikulieren wackelte das Bett. Niklas öffnete meinen Geschwistern höflich die Tür. Nur wenige Sekunden später waren sie weg. Ich sank erschöpft in meine Kissen zurück und eigenartigerweise fühlte ich mich unheimlich befreit.

So war das also mit meiner Familie. Ein Mülleimerkind, das mit seinen eigenen Problemen vollgestopft war, konnte niemand gebrauchen. Niemand half mir, als es mir schlecht ging. Keiner schenkte mir sein offenes Ohr, als ich es gebraucht hätte, und niemand hielt mir seine Zimmertür auf, damit ich meine Sorgen abstellen konnte.

Darum lehnte ich auch weitere Besuche von meiner Familie ab. Ich wollte meine Energie in meine Genesung stecken und, mal ganz ehrlich, warum sollte ich mich in meinem Zustand mit einem zusätzlichen Klotz am Bein belasten?

Eine gefühlte Ewigkeit später hatte sich meine gesundheitliche Lage verbessert. Ich übte mit dem Rollstuhl zu fahren, büffelte für meine Abschlussprüfungen und schließlich lernte ich, durch die Hilfe eines brillanten Physiotherapeuten (»Sie müssen den Quadriceps femori anspannen, dann bewegt sich der Unterschenkel fast von allein!«), wieder das Laufen. Und als ich es schon fast nicht mehr für möglich hielt, durfte ich eines Tages das Krankenhaus verlassen.

Niklas hievte mich vorschriftsmäßig in den Rollstuhl und marschierte mit mir in Richtung Ausgang. Dabei passierten wir das Bett des Engländers. Seine Haare standen ihm in dunkelblonden Locken vom Kopf ab und sowohl seine Wangenknochen als auch seine Nase waren sehr markant.

»Bye, Bye! Get well soon!«, winkte ich ihm zu.

Für einen kurzen Moment blickte er mich irritiert an, dann antwortete er: »Deutsch?« Nun war ich meinerseits völlig verwirrt. Niklas schob mich näher an das Bett des vermeintlichen Briten. »Was, Deutsch? Sie sprechen doch das schönste Englisch, das ich je gehört habe.«

Der Lockenmann bekam ein rotes Gesicht und herrschte mich wütend an: »Jetzt hören Sie mir mal zu: ICH. KANN. KEIN. ENGLISCH. Das habe ich bereits den Ärzten, den Schwestern und den Krankenpflegern gesagt. Ich war in Fremdsprachen schon immer schlecht. Also hören Sie bitte auf, mich zu verarschen!« Da er eindeutig nicht mehr mit mir reden wollte, hob ich die Hand zum Gruß und ließ mich nachdenklich aus dem Zimmer fahren. Irgendwann dämmerte mir, dass wir Menschen manche Dinge wohl niemals verstehen werden.

Zum Beispiel verstand ich nicht, wie sehr sich zu Hause alles geändert hatte. Der Respekt, den ich mir mit meinem Wutausbruch erkämpft hatte, hielt an und niemand belastete mich mit nicht enden wollenden Geschichten über Arbeit, Männer und Geld. Meine Geschwister kehrten ihre Sorgen neuerdings unter ihre eigenen Teppiche und selbst meine Eltern verlegten ihren Kriegsschauplatz in ein anderes Zimmer. Plötzlich hatte ich jede Menge Zeit für mich – und ich wusste sie zu nutzen.

Auf Krücken balancierend, absolvierte ich meine mündlichen Abschlussprüfungen, wenige Monate später bekam ich meine eigenen Schüler und ich spezialisierte mich auf Kinder mit körperlicher Beeinträchtigung. Immerhin wusste ich nun, was es bedeutet, auf die Hilfe anderer angewiesen zu sein. Niklas und ich waren uns darüber einig, dass uns nach dem überstandenen Unfall so schnell nichts mehr erschüttern würde, und daher beschlossen wir zu heiraten. Im Großen und Ganzen hatte sich also mein Leben, seit ich von dem hellen Licht geträumt (?) hatte, zum Guten gewandt.Und auch wenn ich nie zuvor an eine göttliche Macht geglaubt hatte, weckten meine nun selbstständig Müll entsorgende Familie und die englischsprechende Fremdsprachenniete so etwas wie Hoffnung. Wenn das alles möglich war, musste wohl etwas Höheres dahinterstecken. Oder nicht?

5

Mein Freund, sein Onkel und ich

*Rosa (31), Holzdesignerin, Villach,
über
den Austausch des Herzbuben
gegen ihren Herzkönig*

Ich bemalte meine Lippen in dem schönsten Rot, das ich finden konnte: Mystery. Kein banaler Lippenstift, sondern eine Lebenseinstellung. Auf jeden Fall passte es perfekt zu meinen grünen Augen und meinem kinnlangen, braunen Haar. Ich schüttelte den Kopf, um Letzterem mehr Volumen zu verleihen, und – Ta-Ta! – schon war ich fertig. Mit einem flüchtigen Blick checkte ich ein letztes Mal mein Spiegelbild und befand es als passabel. Zumindest würde niemand auf Anhieb erraten, dass sich hinter dem tiefen Ausschnitt meines Dirndls ein zerschmettertes Herz befand. Als ich die Tür der WC-Anlage öffnete, wurde mir sofort wieder bewusst, wie sehr ich den Kirchtag hasste. Überall liefen betrunkene Menschen ineinander, der rosafarbene Zuckerwattehimmel ertränkte die Szenerie in Kitsch und alle waren so wahnsinnig glücklich. Oder taten zumindest so. Wäre es nach mir gegangen, würde man an den Süßigkeitenständen gebrochene Lebkuchenherzen mit dem rosa Schriftzug *Seitenspringer* verkaufen. Aber mich fragte ja niemand.

In dieser Stimmung, mit der verglichen sieben Tage Regenwetter wie zwei Wochen Cluburlaub an der Mittelmeerküste wirkten, traf ich auf einen jungen Mann, der irgendwie so aussah, als könnte er das Ganze genauso wenig ertragen wie ich. Sein blondes Haar war kurz geschnitten und trotz seines Dreitagebarts wirkte er wie ein zu groß geratenes Kind in Lederhosen. Er stand allein vor der Achterbahn und sein Blick hatte etwas Trauriges. Also blieb ich vor ihm stehen.

»Hallo, ich bin die Rosa!« Ich bemühte mich gar nicht erst, enthusiastisch zu wirken, und reichte ihm meine Hand.

»Max«, erwiderte er beeindruckend wortgewandt. Kurz darauf verzogen wir uns an die nächste Bar, und während wir Wein aus Plastikbechern schlürften, erzählte er mir von sich. Er studierte irgendetwas mit Wirtschaft und spielte Golf. Mit seinen 23 Jahren war er drei Jahre jünger als ich, er liebte Pferde und seine Freundin, die dumme Stute, hatte ihn vor zehn Tagen wegen eines – angeblich – geileren Hengstes verlassen. Wir verstanden uns gut und nach wenigen Wochen wurden wir ein Paar. Unsere Beziehung sollte allerdings komplizierter verlaufen, als ich es mir jemals vorgestellt hätte. Schon kurze Zeit nachdem wir uns kennengelernt hatten, zog Max bei mir ein und damit änderte sich ziemlich schnell ziemlich viel. Erstens erwartete mein Mitbewohner von mir, ihn ständig zu umsorgen. Zweitens verfügte ich dabei über keinerlei Freizeit mehr. Ich erledigte die Einkäufe, den Haushalt und das Waschen seiner schmutzigen Socken. Wahrscheinlich begann die Sache zwischen uns deshalb ziemlich rasch abzukühlen. Wobei – richtig heiß aufeinander waren wir ohnehin nie. Das Einzige, was in unserem Schlafzimmer an Sex erinnerte, blieb das Samstagnachtgestöhne aus Nachbar Webers Wohnung.

Natürlich war ich mit der Situation unzufrieden, aber an eine Trennung dachte ich nicht. Denn Max hatte auch seine guten Seiten. Er konnte unglaublich gut kochen, brachte mich zum

Lachen und besaß einen erstaunlichen Sinn für seine Familie, die ich schließlich bei einem gemeinsamen Skiausflug kennenlernte.

Als ich über die Piste fegte und die Sonne vom Himmel lachte, wäre alles so herrlich idyllisch gewesen – hätte man das Gegröle zu DJ Ötzis *Ein Stern* ausblenden können. Bis heute ist mir nicht klar, warum und wann sich der Text zu diesem Song in mein Hirn eingebrannt hatte.

»… der deinen Namen trägt …«, summte ich vor mich hin und kam mit einem eleganten Schwung vor der Skihütte zum Stehen. Der Schnee spritzte auf die Gäste, die sich auf Holzbänken sitzend die Sonne ins Gesicht scheinen ließen. Ein spitzer Schrei folgte, ich winkte entschuldigend in die Runde und stampfte Max mühevoll hinterher zu seiner Familie.

»Rosa, das ist meine Mutter.« Eine Frau mit blauem Stirnband und blonden Locken streckte mir ihren Handschuh entgegen.

»Freut mich sehr«, antwortete ich artig und wiederholte das Spiel ungefähr zehnmal – nur eben mit anderen Handschuhen. Niemals hätte ich auch nur eines dieser Gesichter auf der Straße wiedererkannt. Keines – mit Ausnahme von einem Paar.

Eine Frau, die aussah, als hätte sie in eine Zitrone gebissen, säuselte in nasalem Tonfall: »Ich bin Susanne. Das ist mein Gatte Hannes und das sind SEINE Söhne – aus SEINER ersten Ehe, wohlgemerkt.« Sie deutete geringschätzig auf zwei Jungs, die für einen Kinder-machen-glücklich-Werbespot geeignet gewesen wären, dann fuhr sie fort: »Hannes ist der Onkel von Max. Sie müssen wissen, wir haben uns gerade gestritten. Immerhin hätte er …«

»Ich glaube nicht, dass sich Rosa dafür interessiert«, unterbrach sie der Mann mit den freundlichen blauen Augen und dem netten Lächeln. Ich bedachte ihn mit einem dankbaren Blick und konnte mir nicht vorstellen, dass dieser Mann je etwas falsch machen würde.

Nach diesem Kennenlernen hatte ich erst mal genug von Max' Familie, in der Regel reichte mir nämlich meine eigene. Daher war ich, ganz unter uns, nicht besonders begeistert, als mich mein Freund ein paar Wochen später bat, ihn zu einer Adventsfeier ins Domizil seines Onkels zu begleiten. Aber was macht man nicht alles aus Liebe? Selbst wenn man von ihr nicht besonders überzeugt ist. Also streifte ich mir ein elegantes Cocktailkleid über und setzte, dazu passend, mein schönstes Lächeln auf.

Die Räume des riesigen Hauses wirkten kalt und unfreundlich und die Gastgeber hatten ihren Umgang miteinander darauf abgestimmt. Susanne schoss ihre Giftpfeile quer durch die Familie, Hannes' gute Laune wurde schwer getroffen und stürzte sich aus dem Fenster. Nicht einmal der weihnachtlichen Vorfreude SEINER beiden Werbespot-Kids gelang es, die Stimmung zu heben. Ich fühlte mich unwohl, versuchte aber – das Punschglas fest umklammert –, freundlich zu lächeln und mich mit dem Austausch von Plätzchenrezepten abzulenken. Vorsichtig und immer häufiger begann ich, Hannes' Blicke zu suchen, und genoss das wärmende Gefühl, das mich durchströmte, wenn er sie erwiderte. Was passierte hier bloß mit mir?

Bereits eine Stunde nach dem Essen verließen Max und ich das Anwesen des Onkels, drei Monate nach uns ging Susanne. Wir verlangten nur nach unseren Mänteln, sie nach der Scheidung.

Ab diesem Moment ging es mit Hannes' Laune erst recht bergab. Um ihn abzulenken, luden wir ihn zum Essen ein, zogen mit ihm um die Häuser und unternahmen alles Mögliche, um ihn auf andere Gedanken zu bringen. Nachdem mich Max' infantiles Gelaber über Studentenpartys langsam zu nerven begann, genoss ich die Gesellschaft von Hannes sehr. Er war ein Mann, mit dem man reden konnte, der einem die Welt erklärte, der mit mir das große Sommergolfturnier spielen wollte. Max hingegen war ein Student, der nebenher als Aushilfskellner jobbte und mit seinen Kumpels gern einen über den Durst trank.

Eines Abends war Max durch seinen Job verhindert und bat mich, allein für Hannes' Ablenkung sorgen. Anfangs sträubte ich mich mit Händen und Füßen dagegen, schließlich willigte ich jedoch ein, mit ihm essen zu gehen. Meine Nerven lagen blank. Bereits das Läuten der Türglocke hätte fast ausgereicht, um einen Herzinfarkt auszulösen. Mit zitternden Fingern griff ich nach meiner Jacke, rannte aus der Wohnung und die zwei Stockwerke zum Parkplatz hinunter.

»Hi«, brachte ich mit trockenem Mund hervor. Mehr schaffte ich nicht, denn er sah fantastisch aus. Sein schwarzes Haar schimmerte in der Abendsonne, seine Augen leuchteten in einem tiefen Blau und er hatte einen Körper … einen Körper … Okay, genug davon.

»Hallo Rosa. Danke, dass du mir deine Zeit schenkst«, sagte er, öffnete mir – ganz Gentleman – die Tür seines Wagens und beseitigte auch sämtliche nachfolgenden Hindernisse. Im Restaurant angekommen, bestellte er den besten Wein der Karte und wir sprachen über das Wetter, das Essen, Golf – die Klassiker des Small Talks eben. Mit einem Mal unterbrach er sich und sagte unvermittelt: »Ich habe mich in dich verliebt … So, jetzt ist es raus.« Er seufzte und sah mich erwartungsvoll an. Ich konnte nicht atmen. Was war das denn bitte? Schrecklicherweise hinterging mich auch noch mein Körper und entließ eine Armee von Schmetterlingen in meinen Bauch.

Verwirrt stammelte ich: »Das kann ich echt nicht bringen … Max ist dein Neffe … Du bist sein Onkel …« Entsetzt schüttelte ich den Kopf. »Bitte, bring mich nach Hause. SOFORT!« Und das machte er auch.

Am nächsten Morgen drehte ich mich schlaftrunken auf Max' Seite des Bettes, wollte ihn – ausnahmsweise und vom schlechten Gewissen getrieben – mit einem Guten-Morgen-Kuss wecken. Als ich aber auf die linke Seite des Bettes tastete, war diese leer und Max verschwunden. Panik stieg in mir auf. Hatte ich im Schlaf geredet? Hatte ich mich irgendwie verraten? Auf wackeligen Beinen tappte ich in die Küche, wo mir ein banaler weißer Zettel auf dem Küchentisch den Boden unter den Füßen wegriss. *Bin bei Hannes –*

gibt etwas zu besprechen, stand dort in krakeliger Schrift. Alles begann sich zu drehen. Das durfte doch nicht wahr sein!

Eine Stunde später, in der ich kurz davor stand, an meinen Angstzuständen zu sterben, kehrte mein Freund zurück und sagte: nichts. Kein Sterbenswörtchen. Ich umkreiste ihn wie ein Haifisch seine Beute, fragte ihn, wie es denn gewesen sei, was es zu besprechen gegeben hatte.

»Kommst du mit auf den Balkon? Ich brauche eine Zigarette.« Ängstlich folgte ich ihm. Wusste er Bescheid? Würde er mich hinunterschubsen? Mit großen Augen sah ich ihn an. »Und?«, fragte ich scheinheilig.

»Hannes hat mir gestanden, dass er sich in dich verliebt hat, und mich gebeten, dich von ihm fernzuhalten.« Sein Blick haftete auf mir, ein Lächeln umspielte seinen Mund.

»Wirklich?« Ich schluckte. »Und was hast du ihm geantwortet?«

»Dass du bestimmt nicht auf so alte Männer stehst.«

Ich nickte nachdenklich und war froh, dass Max sich seiner Sache so sicher war. Hörbar atmete ich auf. Alles war gut.

»Trotzdem möchte ich, dass du den Kontakt zu ihm abbrichst. Hörst du? Das Turnier mit ihm kannst du noch spielen, aber das war es dann. Versprich es!«

Also versprach ich es ihm. Was hatte ich denn bitte für eine andere Wahl?

Die Kontaktsperre zu Hannes entfaltete ihre grausame Wirkung bereits am darauffolgenden Tag. Ich dachte ausschließlich an ihn. Beim Aufwachen, beim Mittagessen, beim Schlafengehen. Mein Herz verhielt sich wie ein Hamster auf LSD, meine Hände zitterten … Und egal, was Max anstellte, ich fand ihn lächerlich und kindisch. Ich hielt ihn nicht mehr aus. Bis zu dem ersehnten Golfturnier fehlten nur zwei Wochen und dennoch schlich die Zeit in einem Tempo voran, über das noch gehbehinderte Schnecken lauthals gelacht hätten. Irgendwann war es endlich so weit.

Ich erwachte bereits, als es noch dunkel war, fast noch Nacht. Bei dem Gedanken daran, Hannes wiederzusehen, verkrampfte sich mein Magen, und wäre mein Leben ein Zeichentrickfilm gewesen, hätte man Herzchen über meinem Kopf kreisen sehen. Schnell sprang ich aus dem Bett und unter die Dusche, versuchte zu frühstücken und stellte – nachdem ich gerade noch verhindern konnte, mich zu übergeben – mein angebissenes Brötchen in den Kühlschrank. Max befand sich zum Glück bereits auf Arbeit und bekam nicht mit, wie ich drei Outfits ausprobierte, bevor ich endlich losging. An die Fahrt zum Golfclub erinnere ich mich nicht mehr. Erst als ich mit quietschenden Reifen auf dem Parkplatz zum Stehen kam und dabei die behüteten Damen in eine Staubschicht hüllte, kam ich wieder zu mir. Mit schweißnassen Händen öffnete ich die Fahrertür, als plötzlich mein Telefon läutete. MAX! Auch das noch.

»Max, ich will jetzt nicht mit dir reden«, herrschte ich ihn an. So knapp vor dem Ziel konnte ich nicht auch noch seinetwegen kostbare Zeit verlieren.

»Es ist aber wichtig.«

»Du hast eine Minute. Sollte es länger dauern, lege ich auf.« Mit einem Taschentuch betupfte ich meine feuchte Stirn.

»Du hättest nicht herumerzählen sollen, dass der Patrick bei unserer Party so betrunken war.«

Mir fiel vor Entsetzen das Taschentuch aus der Hand. Bitte was? »Was hab ich getan?« Ich konnte nicht glauben, mit welchem Schwachsinn er mich zu belästigen wagte. Als er dazu ansetzte, seinen Vorwurf zu wiederholen, brach sämtlicher Unmut über unsere Beziehung aus mir heraus: »Max, hör zu. Ich sag es nur ein einziges Mal, dafür aber laut und deutlich: Es ist aus. Ich kann nicht mehr.« Als sich eine ältere Dame nach mir umdrehte, schloss ich mit einem lauten Knall die Autotür.

»Wenn du mit mir Schluss machst, werde ich alles über dich und Hannes dem Opa erzählen!«, quengelte er wie ein Baby. Und das war sein Todesstoß. Welcher 23-Jährige petzte schon bei seinem Großvater?

»Pass gut auf, wie ich das kann. Mach's gut, Max!« Unbarmherzig drückte ich auf die rote Taste.

Als ich die Tür zum zweiten Mal öffnete, stand Hannes vor mir. Er lächelte mich an, und hätte ich nicht gesessen, ich wäre umgekippt.

»Ist alles okay?«, fragte er mit besorgter Stimme. Ich nickte und hätte am liebsten vor Freude geheult.

»Ich habe mich soeben von Max getrennt«, flüsterte ich.

»Wirklich?« Mehr sagte er nicht. Langsam beugte er sich zu mir herab, und als sich unsere Lippen trafen, stockte mir der Atem. Vorsichtig legte ich meine Arme um seinen Hals, zog mich zu ihm hoch und genoss es, ihn endlich zu berühren. Als sich unsere Lippen für einen Moment voneinander lösten, blickten wir uns tief in die Augen und ich wusste, dass ich den Richtigen gefunden hatte.

Seither sind fünf Jahre vergangen. Zu Max und dem Rest des Clans haben wir keinen Kontakt mehr, dafür gründeten wir unsere eigene kleine Familie und renovierten das »Anwesen des Grauens« zu einem bewohnbaren Schmuckstück. Hier fröstelt bestimmt niemand mehr so schnell. Zumindest ich nicht.

Aber vielleicht liegt das auch daran, dass es bei uns richtig heiß hergeht. Wenn Sie wissen, was ich meine …

6

It's all about money?

Ina (34), Assistentin PR-Management, Graz,
über
den Verlust ihrer Firma und ihren
beruflichen Neustart

Vor acht Jahren gebaren mein damaliger Arbeitskollege Philip und ich die Idee für unser gemeinsames Unternehmen. Der Firmensitz war schnell gefunden, das Konzept perfekt durchdacht und die Aufgaben entsprechend unserer Fähigkeiten verteilt. Philip war der Mann für die Zahlen, ich übernahm die Führung des Personals. So weit, so gut. Nur gab es leider einen Haken an der Sache: Philip! Denn so viel Begabung er in beruflichen Belangen auch zeigte, im täglichen Leben erwies er sich als unsympathisch. Er war ein hünenhafter blonder Mann mit einem Faible für Kampfsport und schnelle Autos und auch er selbst war innerhalb weniger Sekunden von null auf hundert.

Blendete ich allerdings die fehlende Sympathie aus, harmonierten wir perfekt miteinander. Im Büro funktionierten wir wie zwei ineinandergreifende Zahnräder. So geschah schließlich das, was in jedem mittelmäßigen Hollywood-Streifen auch passiert wäre: Ich verliebte mich. In Philip, in unser Leben als erfolgreiche Geschäftsführer und in das Geld, das sich in rasanter Geschwindigkeit auf unseren Konten vermehrte. Fünf-Sterne-Luxusurlaub in Mexiko, Shoppingtouren durch die Boutiquen aller namhaften Designer, Autos im Wert eines Wochenendhauses – all das stellte für uns kein Problem mehr dar und »Was kostet die Welt?« erhoben wir zu unserem Lebensmotto. Gemeinsam genossen wir das Leben und kamen uns dabei immer näher. Schon bald bemerkte ich gar nicht mehr, wenn Philip sich anderen gegenüber ruppig verhielt, wenn er grundlos wütend wurde oder sich über Kleinigkeiten beschwerte. Denn mich überhäufte er mit Geschenken, immer wieder bereitete er mir kleine Überraschungen oder unternahm spontan mit mir einen Wochenendausflug in ein idyllisches Wellnesshotel auf dem Land. Unser Leben war perfekt.

Eines Abends, während wir in einem edlen Restaurant saßen, legte Philip sein Besteck beiseite und räusperte sich. Beim Anblick seines feierlichen Gesichtsausdrucks stieg Panik in mir auf.

»Ina, willst du mich heiraten?«

Tränen der Rührung sammelten sich in seinen Augen und ich konnte einfach nicht anders, als »Ja, okay!« zu antworten. In dem Moment war ich viel zu abgelenkt, denn auf unseren Schreibtischen stapelten sich die Aufträge und ich wollte noch die Agenda der nächsten Woche mit ihm besprechen. Auch ohne seinen Antrag hätten wir dafür mehr Zeit benötigt, als uns ein banales Abendessen bieten konnte.

Zeit bildete ohnehin ein rares Gut in unserem Leben. Die Geschäfte florierten und forderten unsere uneingeschränkte Aufmerksamkeit. Daher legte ich die Vorbereitung unserer Hochzeit in die erfahrenen Hände eines Wedding-Planners und hetzte weiter zur nächsten Vorstandssitzung.

An einem schönen Sommertag war es dann so weit – Philip und ich heirateten. Als Location hatten wir ein kleines Schloss ausgewählt, zur Unterhaltung diente eine Band, die seither vermutlich im Geld schwimmt. Ich trug eine prunkvolle 30.000-Euro-Brautkleidkreation und Philip mich noch einen Abend lang auf Händen. Denn nach diesem Tag ging es mit unserer Beziehung nur noch bergab und Philips Lächeln blieb nur auf den gestellten Hochzeitsfotos präsent. Er verhielt sich zunehmend aggressiv, cholerische Schreianfälle bestimmten seinen normalen Umgangston und hin und wieder schlug er mich auch.

Und wie reagierte ich? Ich ignorierte diese Missstände, verkroch mich in meinem Büro und ließ mir immer mehr Arbeit auf die Schultern laden. Doch während andere Menschen unter dieser Last zerbrochen wären, blühte ich auf. Noch nie zuvor hatte ich besser ausgesehen. Das Gefühl, gebraucht zu werden, die Verantwortung allein zu tragen und für alles zuständig zu sein, ließ mich erstrahlen. So vergingen die Jahre. Jeder Tag glich dem vorangegangenen, nie geschah etwas Unvorhergesehenes. Bis unsere Tochter Aileen zur Welt kam. Von diesem Augenblick an offenbarte Philip sämtliche Facetten seiner Grausamkeit.

Die Schweißtropfen der Geburt glänzten noch auf meiner Stirn, als er das Krankenzimmer betrat. In der Hand hielt er einen großen braunen Teddy, sein eiskalter Blick streifte mich flüchtig. Mir wurde unbehaglich zumute und ich betete zu Gott, er möge meinen Mann erfassen und zurück vor die Tür stellen. Nachdem jedoch einige Sekunden lang nichts dergleichen geschehen war, hauchte ich: »Hi.« In der Hoffnung, Philip damit aufzuheitern, hielt ich den in meinen Armen schlafenden Wurm ein wenig höher.

Anstelle von Freudentränen erntete ich jedoch folgende Anweisung: »Schatz, nun, da du Mutter bist, solltest du beruflich wirklich kürzertreten.«

Ich verstand nicht sofort und stammelte: »Aber … Aber … Das schaffst du doch nicht alles allein. Ich kann wirklich arbeiten. Ich nehme den Zwerg einfach mit ins Büro.«

»Kommt gar nicht infrage, mein Kind wächst in keinem Büro auf. Du bleibst daheim. Aus. Schluss. Ende!« Ich versuchte noch ein paar Mal, zu widersprechen, aber Philip blieb hart. Damit war das letzte Wort gesprochen und ich quasi arbeitslos. Dementsprechend nutzlos fühlte ich mich in den darauffolgenden Wochen, in denen ich allein in unserer prunkvollen Eigentumswohnung saß und die einzige Deadline, die ich einhalten musste, aus dem nächsten Fütterungseinsatz bestand. Wäre es nach mir gegangen, wäre ich ab dem ersten Tag nach Aileens Geburt in die Firma zurückgekehrt.

So verging die Zeit im Rhythmus von Windelwechseln und Füttern, bis eines Tages eine banale E-Mail meine Welt ins Wanken brachte: *Erbitte Gesprächstermin, ASAP. Michi*

Das war mein Steuerberater.

Hocherfreut über die willkommene Abwechslung warf ich mir hektisch ein billiges Kleid über, bemalte meine Lippen in einem viel zu dunklen Rot und gab die kleine Aileen in die Obhut der alten Nachbarin. Motiviert von dem Gedanken, endlich wieder über geschäftliche Themen diskutieren zu können, betrat ich das Büro. Hatte ich mich jedoch lediglich auf ein langweiliges Gespräch mit meinem Steuerberater eingestellt, wurde ich nun von der Tatsache überrascht, dass auch mein Anwalt mit am Tisch saß. Mir stockte der Atem. Was war denn hier los?

»Ina! Wie schön, dass du es geschafft hast!« Michael schüttelte mir überschwänglich die rechte Hand. In die andere drückte er mir ein Glas mit Scotch.

»Brauche ich das?«, fragte ich erstaunt und lächelte in die Runde. Betroffenes Schweigen genügte als Antwort, um mich endgültig aus der Ruhe zu bringen. »Ist etwas passiert?«

Daraufhin zupfte der Anwalt verlegen an seiner altmodischen Krawatte und entgegnete: »Ist dir denn etwas aufgefallen?«

Ich sah mich um. »Hmmm … Meinst du etwa das neue Bild dort an der Wand?« Ich verstand nicht, was genau sie von mir wollten … Wegen eines neuen Kunstwerkes hätten sie mich wohl kaum so eilig hierher zitiert. Irgendetwas war hier doch faul.

»Nein, ich meine zu Hause. Gibt es etwas Neues? Finanziell vielleicht?«, fragte der Steuerberater.

»Nichts Erzählenswertes. Ich habe in den letzten Monaten nicht viel gebraucht …«

»Habe ich bemerkt«, hakte er ein.

»Was hast du bemerkt? Ich habe wirklich kaum etwas gebraucht. Sieh mich an – ich bin genauso breit wie hoch. Wofür hätte ich Geld ausgeben sollen?«

In diesem Augenblick öffnete sich die Kanzleitür und mein Gatte betrat den Raum. Seine Haut war von der Sonnenbank gebräunt, sein blondes Haar frisch gestylt und der schwarze Anzug eindeutig neu.

»Guten Tag, Philip. Schön, dass du es auch noch geschafft hast. Hast du bereits die Zeit gefunden, mit deiner Frau zu sprechen, oder sollen wir das für dich übernehmen?«, begrüßte ihn der Anwalt.

Philip überreichte der Sekretärin wie nebenbei sein Jackett und seine Autoschlüssel, bewahrte allerdings die Contenance. Er nahm Platz und nuschelte kopfschüttelnd: »Ihr könnt mit ihr reden.«

»Gut, dann machen wir es kurz und schmerzhaft: Ina, seit letzter Woche ist eure Firma pleite.« Die Blicke aus sechs Augenpaaren hafteten auf mir. Ich griff nach dem Scotch und leerte ihn in einem Zug. Dreimal atmete ich tief durch, dennoch verlor ich die Beherrschung. Wie von der Tarantel gestochen, sprang ich auf, fuchtelte mit den Händen in der Luft herum, in der Hoffnung, dadurch die richtigen Worte zu finden, und rief schließlich aus: »Wie konnte das passieren? Was heißt, seit einer Woche? Warum hat mich niemand informiert?«

Mein Mann reagierte überhaupt nicht. Lediglich mein Anwalt stotterte etwas von »Babypause« und »dich nicht belästigen wollen«. Ich verlangte nach den Papieren, die die finanziellen Einbußen belegen konnten. Sofort verschlug es mir die Sprache. Philip war es doch tatsächlich gelungen, unsere Firma in den Ruin zu treiben. Und als ob er damit nicht genug Schaden angerichtet hätte, hatte mein Ehemann auch noch, mit einer schlechten Imitation meiner Unterschrift, sämtliche Machenschaften in meinem Namen durchgeführt. Wir waren ruiniert. Am Ende. Unser Unternehmen gab es nicht mehr. Das Leben, das ich bisher geführt hatte, war verloren. Mein Herz raste, wie Ameisen wuselten die Gedanken in meinem Kopf hin und her und meine Knie wurden weich.

»Gebt mir mehr Alkohol« war alles, was ich sagen konnte. Danach verlangte ich die Scheidung.

An diesem Tag hatte ich fast alles verloren: mein Geld, meine Firma und das Vertrauen in die Menschheit.

Die darauffolgenden Monate verliefen ziemlich trostlos und die aufmunternden Worte, mit denen mich meine Eltern und Freunde bedachten, drangen nicht bis in mein Bewusstsein. Gespräche trösteten mich nicht darüber hinweg, dass ich keine Aufgabe hatte und nichts tun konnte. Ich fühlte mich, als wäre ich geistig gelähmt. Für Aileen suchte ich einen Betreuungsplatz in einer Kinderkrippe, um möglichst viele Stunden vor dem Fernseher verbringen zu können. Während ich sinnlos in den Kasten starrte, musste ich wenigstens nicht nachdenken. An manchen Tagen hatte ich Glück, dann erzählte ein Talkshow-Gast von Problemen, die noch schlimmer schienen als meine, verzogen sich meine Lippen zu einem schmerzhaften, schadenfreudigen Lächeln. Davon abgesehen, gab es kaum etwas, worauf ich Lust verspürte. Keine Lust zu schlafen, keine Lust zu essen, keine Lust, auch nur einen Schritt vor die Wohnungstür zu setzen. Und während ich so ums Überleben kämpfte, war es nicht die Trennung vom Luxus oder der Verlust von allen Designerkleidern, dem teuren Schmuck und den coolen Autos, der mich traurig stimmte. Nein – mir fehlte die Verantwortung. Und die berufliche Herausforderung, die früher bereits beim Aufwachen ungeduldig auf mich gewartet hatte.

Einige Monate später, ich weiß es noch, als ob es gestern gewesen wäre, stand ich eines Morgens auf und spürte, dass sich etwas verändert hatte. Ich wollte nicht mehr den ganzen Tag im Liegen verbringen, ich wollte hinaus. Anstelle schwarz verlaufener Ränder sollte Eyeliner meine Augen betonen. Und vor allem brauchte ich ein Ziel, etwas, was meinem Alltag wieder Sinn verlieh.

»Wer bin ich denn, dass ich mich so gehen lasse?«, schimpfte ich mich selbst. Ich rief mir ins Gedächtnis, dass ich in meinem Leben schon viele Baustellen beseitigt, vielen Geschäftsmännern das Fürchten gelehrt hatte. Im Gegensatz zu anderen war ich noch jung. Aufgeben? Nein, das wollte ich nicht mehr.

Ein wenig beschwingter als an all den Tagen zuvor brachte ich Aileen in ihre Kinderkrippe und kaufte mir auf dem Nachhauseweg eine Zeitung. In eine Decke auf meiner Couch gekuschelt, begann ich, darin zu lesen.

»Wäre doch gelacht, wenn es für eine Frau mit meiner Erfahrung keine Chance auf einen neuen Job geben würde«, sprach ich mir selbst Mut zu. Seite für Seite studierte ich die Inserate, blätterte weiter, dann wieder zurück – so lange, bis meine Finger die Farbe der Druckerschwärze annahmen. Und plötzlich entdeckte ich folgende Anzeige: *PR-ManagerIn für 20 Stunden gesucht. Erfahrung in Mitarbeiterführung wünschenswert ...* Überrascht, tatsächlich so schnell etwas Passendes gefunden zu haben, rieb ich mir die Augen – hatte nun wieder schwarze Ränder darunter –, holte mein Telefon und rief sofort an.

Keine drei Wochen später stöckelte ich auf meinen höchsten High Heels und mit einem grünen Kleid, das nach dem vorangegangenen Stress richtig locker saß, zu meiner neuen Firma, die sich kaum fünf Minuten zu Fuß von meiner Wohnung entfernt befand. Ich war nervös und meine Gedanken drehten sich im Kreis. Wie wird es sein, nicht mehr als Chefin zu arbeiten? Werde ich genug gefordert? Was ist, wenn die anderen mich nicht ausstehen können? Und wenn ich völlig versage!? Meine Hände schwitzten, als ich vorsichtig an die Bürotür klopfte. Zögernd trat ich ein.

»Sie müssen Ina sein, nicht wahr? Kommen Sie, Kindchen, kommen Sie!« Eine grauhaarige Dame steuerte auf mich zu. Ihr Lächeln legte ihr Gesicht in Falten. »Mein Name ist Silvia, Sie werden sozusagen meine Nachfolgerin. Und bis dahin werde ich Ihnen zur Seite stehen und Ihnen alles zeigen. Das hier ist Ihr Platz«, fügte sie hinzu und führte mich zu einem Schreibtisch. Ein Strauß rosafarbener Tulpen stand darauf. »Kaffee?« Mit diesen Worten verzogen sich die kreisenden Gedanken aus meinem Kopf, mir fiel ein Stein vom Herzen und die Herausforderung stand, sich noch schläfrig die Augen reibend, endlich wieder neben mir.

Heute, vier Jahre später, hat sich Silvia bereits in den Ruhestand zurückgezogen und ich meistere alle Aufgaben allein. Ich leite unser Online-Magazin, kümmere mich um die Pressearbeit und unterstütze meine Chefin bei der Organisation von Veranstaltungen. Kann man ihr Glauben schenken, erledige ich meine Aufgaben wirklich gut. Vor allem aber – und das ist das Wichtigste – bin ich glücklich mit der neuen Verantwortung.

Und von dem geringeren Gehalt einmal abgesehen, bringt es auch zahlreiche Vorteile, keine Chefin zu sein. Ich habe viel Zeit für meine Tochter, für das Konsumieren von Talkshows, die meine Seele streicheln, und für das Durchforsten von preiswerten Modeläden. Wenn mich meine Vergangenheit eines lehrte, dann war es wohl, dass Geld allein wirklich nicht glücklich macht.

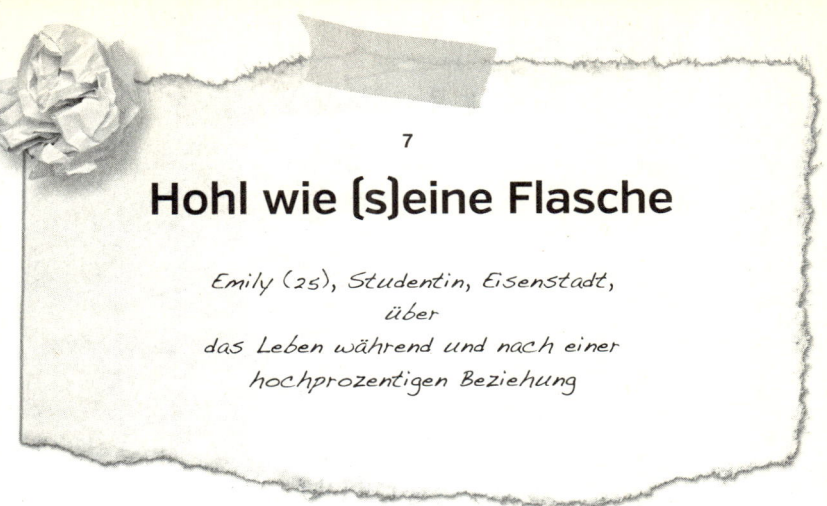

7

Hohl wie (s)eine Flasche

Emily (25), Studentin, Eisenstadt,
über
das Leben während und nach einer
hochprozentigen Beziehung

Vor dem ersten Date mit Felix lagen meine Nerven blank, und das, obwohl mich unser Kennenlernen – klassisch im Club, zwei Tage zuvor – nicht direkt auf Wolke sieben katapultiert hatte. Wie auch? Seine Augen waren vom Alkohol gerötet, er nannte mich ständig Mona, obwohl ich ihm immer wieder »E-mi-ly« ins Gesicht schrie, und er wankte von links nach rechts. Dass er vielleicht so unkoordiniert tanzte, schließe ich jetzt einfach mal aus.

Meine Nerven lagen also blank, was bei mir jedoch nicht wirklich ungewöhnlich ist. Ich gehöre zu dieser Sorte Mensch, die bei jedem noch so kleinen Anlass unglaublich ins Zittern gerät. Sag mir, dass ich am nächsten Morgen einen Termin bei meinem Professor habe, und ich werde die ganze Nacht nicht schlafen. Dementsprechend heftig schlug auch mein Herz, als ich den Parkplatz des noblen Restaurants erreichte, auf dem wir uns verabredet hatten. Viel zu früh. Kein Felix in Sicht. All die Eile – völlig umsonst. Meine Wahl für das Outfit für diesen Abend war auf das klassische »Kleine

Schwarze« gefallen und dieses pfiff auf sein Versprechen, Leute heiß zu machen. Stattdessen klapperten jetzt meine Zähne. Nebelschwaden hingen in der Luft und von irgendwoher erklang der Ruf einer Eule. Von Felix fehlte jede Spur. Ich gewöhnte mich schon fast an den Gedanken, wieder unverrichteter Dinge nach Hause zu fahren, als plötzlich dumpfe Bassgeräusche die Stille durchbrachen und ein roter BMW mit quietschenden Reifen um die Ecke bog.

Bitte mach, dass das nicht Felix ist, flehte ich zu Gott. Doch seit ich als Ministrantin gelegentlich Zwei-Euro-Münzen aus dem Körbchen der Kirche stibitzt habe, ist Gott nicht mehr besonders gut auf mich zu sprechen. Deshalb verwunderte es mich auch nicht, dass das rote Auto direkt vor mir bremste und dabei peinliche schwarze Muster auf den Asphalt zeichnete. Wenn ich etwas nicht leiden konnte, waren es Männer mit einem Faible für schnelle Autos. Und für rote Autos sowieso. Die Fahrertür öffnete sich und heraus kletterte Felix – mit vor Creme glänzendem Gesicht, das schwarze Haar mühevoll nach hinten gekämmt und den Kragen seiner Barbour-Jacke bis über die Ohren geklappt. Als er mit festen Schritten auf mich zukam, versuchte ich verkrampft zu lächeln. Seine Miene blieb ausdruckslos. Er beugte sich zu mir herab und hauchte mir rechts und links ein Küsschen über die Schulter. Statt einem Knistern lag Hochprozentiges in der Luft.

»Hey, freut mich«, begrüßte ich ihn.

Er nickte nur, legte seine Hand zwischen meine Schulterblätter und führte mich mit leichtem Druck ins Lokal.

»Und, wie war dein Tag?«, versuchte ich, das Gespräch in Gang zu bringen, nachdem wir uns einen Platz gesucht und bestellt hatten.

»Normal. Arbeiten eben«, folgte die einsilbige Antwort, danach nahm er unsicher einen großen Schluck von seinem Wein.

Der Kellner unterbrach für einen Moment unsere mühsame Konversation und servierte das Essen.

»Was machst du dort genau?« Hartnäckig stocherte ich weiter nach Antworten und nach den Oliven in meinem Salat.

»Versicherungen.«

Gut, das reichte dann selbst mir. Und auch wenn ich es nicht für möglich gehalten hätte, gelang es dem lauwarmen Small Talk im Laufe des Abends, noch weiter abzukühlen. Felix lachte über keinen meiner Witze, die sich so geistreich anfühlten, und freiwillig redete er nur mit dem Kellner, um wiederholt Weißwein nachzubestellen. Ich war eifersüchtig. Was hatte der Herr Ober, was ich nicht hatte? Einen Weinkeller – aber woher hätte ich das wissen sollen?

Drei Stunden und die doppelte Anzahl an Getränken später war Felix dann so locker, um mich am Ende des Dates an sich zu ziehen und auf den Mund zu küssen. Heftig knutschend lehnten wir an seinem roten (würg) Auto, und auch wenn er zuvor zurückhaltend und still gewesen war – vom Küssen verstand Felix etwas, das musste man ihm lassen.

Dennoch hatte ich nicht vor, ein Treffen und somit die Schweigestunden mit ihm zu wiederholen. Küssen vielleicht, aber dazu hätten ich ihn ja auch treffen müssen.

Am nächsten Tag schickte mir Felix Blumen, und da ich nun mal ein wohlerzogenes Mädchen war, rief ich ihn an, um mich bei ihm zu bedanken. Aber leider kam es gar nicht dazu, denn nachdem ich zu sprechen begonnen hatte, wiederholte Felix ungefähr 200 Mal lallend meinen Namen – und ich legte auf. Zutiefst bestürzt. Mir schwörend, ihm nie wieder zu nahe zu kommen. So etwas hatte ich doch nicht nötig. Dachte ich.

Wie schon angedeutet, bildete eines meiner Hauptprobleme meine massive Nervosität. Dazu gesellte sich allerdings auch noch ein Hang zu verrückten Typen. Je extremer, umso besser. Und Felix war extrem. Mit einer Hartnäckigkeit, die ich überhaupt nicht verstehen konnte, gelang es ihm ein paar Wochen später, mich erneut zu einem Treffen zu überreden. Und danach zu einem nächsten … und so weiter. Mit jedem Mal schlug mein Herz etwas höher und ich verliebte mich in ihn. Irgendwann empfand ich den

Umstand, in seiner Gegenwart nicht so viel sprechen zu müssen, als willkommenen Ausgleich zu meinen Seminaren. Denn war es nicht ein Anzeichen für große Liebe, wenn man sich »stumm verstand«? Irgendjemand hätte mir sagen können, dass es »sich blind verstehen« hieß.

Damals war ich mir noch nicht im Klaren darüber, was mir in den darauffolgenden Jahren blühen würde. Denn Felix fuhr nicht nur unheimlich auf mich, sondern auch auf das Konsumieren von Alkohol ab. So führte ihn der erste Weg nach vollbrachter Arbeit direkt an die Tanke und erst zwölf Bier später weiter nach Hause. Nicht nur einmal führten wir deshalb am Telefon alkoholgeschwängerte Diskussionen.

»Felix, wo bist du?«

»Dss geht disch nichts an.«

»Felix, bitte nicht! Bitte sei nicht schon wieder betrunken. Du hast es mir doch versprochen. Komm doch nach Hause.«

»Ja, ja.« Damit legte er auf. Aber er kam nicht nach Hause, und als ich zwei Stunden später erneut seine Nummer wählte, war sein Handy aus. Vor Sorge um ihn starb ich mehrere Tode.

»Geh schon ran. Heb ab! Heb ab!«, flehte ich verzweifelt in mein Telefon. Aber es passierte nichts. Außer, dass mein Herz ausflippte und sich mein Atem beschleunigte. Was, wenn ihm etwas zugestoßen war? Waren die Leute, mit denen er trank, klug genug, ihm den Autoschlüssel abzunehmen? Meine Finger zitterten und in solchen Nächten war an so etwas wie Schlaf nicht zu denken. Zumindest nicht, ohne dem Sandmann nachzuhelfen. Ich war mit meinen Nerven am Ende.

Nach einer dieser unruhigen Nächte schreckte ich in der morgendlichen Dämmerung auf. Irgendetwas hat mich doch gestern beunruhigt, dachte ich noch, dann war ich plötzlich hellwach und suchte nach meinem Telefon. Elf Mal musste ich ihn anrufen, ehe er, völlig verschlafen und mit einer Stimme, die an einen kranken Bären erinnerte, ans Telefon ging. Ich schrie: »Sag mal, bist du von allen guten Geistern verlassen? Was ist denn bitte in dich gefahren? Ich dachte schon, du wärst gestorben!«

»Vor dir muss ich mich nicht rechtfertigen. Du bist ja an allem schuld, schließlich hattest du keine Zeit für mich«, brummte er.

Ich wurde hysterisch. »Sag mal, hast du gestern getrunken? Ich halte das echt nicht aus ...«

»Ach, komm schon. Emily ... Em. Emi. Jetzt sei nicht so«, unterbrach er mich. Und dann war ich eben nicht mehr so und der Spuk hatte ein Ende. Wieder einmal. Von Schuldgefühlen gebeutelt, fuhr ich zu Felix und redete mir ein, dass wir ja alle schon mal einen über den Durst getrunken hatten. In dieser Phase warf ich ihm noch zwei Aspirintabletten ins Wasserglas – statt Vorwürfe an den Kopf – und stützte ihm beim Trinken der Medizin das Kinn.

Und obwohl ich mich während all der Zeit nicht auf Felix verlassen konnte und täglich um sein Wohlergehen bangte, zog ich mit ihm in eine gemeinsame Altbauwohnung. Seitdem setzte ich keinen Fuß mehr freiwillig vor die Tür, denn Felix nutzte jede unbeobachtete Minute, um zu trinken. Als Konsequenz schwirrte ich nur noch um ihn herum wie die Motten um das Licht. Das Überwachen von Felix und seinem Alkoholvorrat wurde zu meiner Hauptbeschäftigung. Ich war besessen davon. Und ich hasste ihn dafür. Ich hasste es, wie seine Haut rote Flecken bekam. Wie er völlig ferngesteuert mit einer Zigarette im Mund gegen die Türrahmen rannte und der Promillegehalt seines Blutes seine Augen zum Schielen brachte. Aus Angst, während meiner Abwesenheit könnte etwas Schlimmes passieren, ging ich nicht mehr aus, stornierte meinen Yogakurs, schraubte all meine Bedürfnisse zurück. Nur damit Felix, um seine zu stillen, keine Flaschen aufschrauben musste.

Immer häufiger wünschte ich mir sehnlichst mein altes Leben zurück. Allein zu sein, war eigentlich gar nicht soo schlimm, denn mal ehrlich, wer wollte schon hauptberufliche Flaschendetektivin sein? Und hätte ich Felix nicht absurderweise geliebt, wären die nächsten Schritte ganz klar gewesen. Für mich waren sie es aber nicht. Irgendwann begann ich, meinen Freund zu verabscheuen. Ich lag neben ihm auf der Couch, starrte auf den Fernseher, beobachtete aus dem Augenwinkel, wie Felix an seiner Bierflasche nuckelte, und ekelte mich. Seine Nähe verursachte Schmerzen. So ähnlich musste es sich anfühlen, zu lange vor einem undichten Atomreaktor zu stehen. Zuerst merkt man nichts, dann stirbt man.

Während ich fasziniert beobachtete, wie sich sein Gesicht verzog, wenn er den Zigarettenrauch in Barbara Saleschs Gesicht blies, verlor ich die Angst. Denn genau an diese war ich wie eine Marionette mit unsichtbaren Fäden gebunden. Genau diese trieb mich dazu, die hölzernen Händchen vor meine Knopfaugen zu legen und so zu tun, als merkte ich nicht, was mit Felix los war. Ich fürchtete, alles zu verschlimmern, würde ich ihn mit seiner Sucht konfrontieren.

Auf einmal begann eine überdimensionale Wut in mir zu wachsen. Warum hatte Felix keine Angst davor, mich mit seinem Alkoholkonsum zu konfrontieren? Warum hatte er so wenig Respekt vor mir? Warum tat er mir das an? Als würde ein Schalter in meinem Kopf umgelegt, aktivierte dieser Moment alle Gefühle, die ich in die hinterste Ecke meiner Seele gesperrt hatte. Mit einem Schlag war ich böse, traurig und vor allem eines – ich war zum ersten Mal egoistisch genug, an mich zu denken. Ich legte die Fernbedienung neben meinem Freund ab, erhob mich von der Couch und verließ stumm die Wohnung.

Mir war klar, dass er durchdrehen würde, wenn ich mich nicht bei ihm abmeldete. Doch ich konnte ihm nicht einfach hier, vor dem Fernseher, gestehen, dass ich die Nase voll von ihm hatte. Er musste derjenige sein, der am Ende die Schuld trug, sonst würde ich ihn niemals loswerden.

Stundenlang lief ich durch die Nachbarschaft. Vor der Kirche blieb ich kurz stehen und steckte, als Wiedergutmachung für das Stehlen der Euro-Münzen und weil ich Gottes Hilfe wirklich gebrauchen konnte, einen Zehn-Euro-Schein in die schmale Öffnung der Sammelbox.

Mein Magen schrumpfte auf die Größe einer Pflaume zusammen und vor Nervosität knabberte ich an der Haut um meine Fingernägel, bis sie blutete. Als es zu dämmern begann, kehrte ich um. Die Angst saß wieder auf meiner Schulter. Mir graute vor dem, was mich erwarten würde.

Vorsichtig öffnete ich die Wohnungstür und scheußliche Musik schlug mir entgegen. Ich atmete tief durch, trat ins Vorzimmer ein – und erstarrte. Auf dem Fliesenboden lagen verstreut die dunklen Glasscherben einer Bierflasche. Die gelbe Flüssigkeit breitete sich bereits über die Fugen im ganzen Zimmer aus. Aus dem Raum am Ende des Flurs kam nun ein Poltern. Mein Herz raste. Immer wieder sagte ich mir: »Sei stark, du schaffst das.« So tapste ich vorsichtig in die Richtung, aus der der Lärm drang.

»Felix!«, rief ich und wünschte mir, er würde nicht antworten. Langsam umfasste ich die metallische Klinke und öffnete die Tür zu seinem Computerzimmer. Und da stand er. Mitten im Raum. In Boxershorts und, wahrscheinlich, damit er so richtig psycho wirkte, seiner Motorradlederjacke. Damit kombinierte er geschätzte fünf Promille, verzichtete aber auf seine Schuhe und wankte in einem Scherbenmeer aus zerbrochenen Flaschen. Erst nach einigen Sekunden nahm er mich wahr. Mit zitternden Fingern drehte ich die Musik leiser und sprach mit fester Stimme: »Ich ertrage dich nicht mehr. Es ist aus. Hörst du? Ich verlasse dich!«

Wütend blinzelte er mir entgegen, stammelte: »Vschwnd du Schla …« Was genau er noch hatte sagen wollen, weiß ich bis heute nicht. Seine Zunge lag zu schwer in seinem Mund, um die Worte vernünftig zu artikulieren. Rückwärts verließ ich den Raum, rückwärts verließ ich die Wohnung, den Klang der nächsten zerbrochenen Flasche noch in den Ohren.

Draußen angekommen, setzte ich mich auf die Kante einer Blumenwanne und dachte nach. Nein, schlechtes Gewissen hatte ich keines. Auch meine Schuldgefühle waren verschwunden und hatten einem erleichternden Gefühl von Stolz Platz gemacht.

Ich hatte es geschafft.

Die Zeit, nachdem ich mich selbst aus unserer Wohnung geworfen hatte, war eine denkwürdige. Wann immer mir danach war, kramte ich meine Laufschuhe aus meinem neuen Garderobenschrank, genoss die Zeit an der frischen Luft und atmete tief durch. Ich konnte einfach rausgehen, ohne das flaue Gefühl im Bauch, nicht zu wissen, in welchem Zustand sich Felix bei meiner Rückkehr befinden würde. Ohne darüber nachzudenken, wie viele Liter Bier in einen menschlichen Magen passten, bevor er platzte. Ich begann wieder damit, mich beim Yoga zu verrenken, und gegen die Einsamkeit abends vor dem Fernseher teile ich meine Couch mit Oskar. Der sieht tierisch gut aus, ist ein kleines bisschen kommunikativer als Felix, bringt aber weniger Mäuse nach Hause. Wenn er trinkt, dann ist es Milch, und wenn er einen Kater hat, dann nur aus dem Grund: weil er einer ist.

8

Drei kleine Schritte

*Lotte (28), Biochemikerin, Wien,
über
ein negatives Praktikum
mit positiven Folgen*

Wie jeden Tag balancierte ich in meiner linken Hand den braunen Plastikbecher mit Kaffee – heiß, schwarz und frisch aus dem Automaten – und watschelte damit, wie immer total unmotiviert, durch die Empfangshalle der Technischen Universität. Seit mittlerweile zwei Jahren arbeitete ich hier und wer den den Film *Und täglich grüßt das Murmeltier* kennt, versteht, wie mein Leben verlief.

Jeden Tag schenkte ich dem Portier ein freundliches Lächeln und kämpfte mit bekannten Gesichtern um den besten Platz im Aufzug. Alle total motiviert. Alle bereit, die Welt zu verändern. Alle total unsympathisch. In diesen Kreisen grüßte man nicht – hier nickte man. Auch ich musste mich erst daran gewöhnen, dass meine euphorischen »MORGEN!«-Rufe niemals Beachtung finden würden. Akademiker verschwendeten eben nicht unnötig viele Worte an Menschen, mit denen sie kein Meeting abhielten. Also nickte ich in die Runde und zumindest der dicke Chemiker in dem weißen Kittel und mit Hornbrille auf der Nase nickte zurück. Ihn mochte ich. Wenn er den Lift benutzte, roch es köstlich nach seinem Parfum. Als ich endlich im zehnten Stock ankam, war mir schlecht. Nach dem Verlassen des klapprigen Lifts blieb ich an der Glasfront zu meiner Rechten stehen und blickte wehmütig auf den morgendlich blauen Himmel. Die Sonne war bereits über den Horizont geklettert und ließ erahnen, dass sie uns einen heißen Tag bescheren würde. Was würde ich nur dafür geben, einfach umzudrehen? Die Forschung Forschung sein zu lassen, mit meiner Freundin Anna ins Freibad zu gehen und knackige Jungs beim Volleyballspielen anzufeuern? Wieder einmal waren es diese verdammten drei kleinen Schritte – von der Glasfront bis zum Aufzug –, für die ich zu schwach war. Etwa zweimal pro Woche brachte ich den Mut auf, wieder in den Fahrstuhl einzusteigen, doch darin angekommen, verließ mich meine Entschlossenheit jedes Mal, bevor ich das schwarze »E« in die Freiheit drücken konnte. Resignierend seufzte ich, angelte meinen Schlüsselbund vom Mittelfinger und schritt in mein Büro. Mit hängenden Schultern nahm ich an meinem Schreibtisch Platz, startete meinen Computer und tauschte meine hübschen rosa Flipflops angewidert gegen die öden weißen Laborschlappen.

Als ich das nächste Mal auf meinen Bildschirm schaute, bemerkte ich, dass eine Mail von meinem Chef eingegangen war: *Frau Weber, kommen Sie bitte um 14 Uhr in mein Büro. Prof. Steinert und ich müssen mit Ihnen über Ihre weitere Finanzierung sprechen.*

Ich traute meinen Augen nicht. Denn als ob ein Meeting mit dem Boss allein nicht schon schlimm genug wäre, sollte nun auch noch Professor Steinert anwesend sein! Der Mann mit dem schleimigsten Lächeln der gesamten Uni! Eigentlich war ich immer der Meinung, Männer mit einer Körpergröße von 1,50 Meter hätten wenig bis gar keine Gründe zum Lachen. Von ihm hingegen wurde ich immer wieder eines Besseren belehrt.

Nachdem die Zeit nun mal eine hinterlistige Schlange war und immer dann zu schnell verging, wenn sie es eigentlich nicht sollte, musste ich mich nun beeilen, um pünktlich im Büro des Chefs zu erscheinen. Beim Betreten des Raumes stach mir das Sonnenlicht in die Augen. Reflexartig presste ich meine Lider zusammen und versuchte, dabei dennoch kompetent auszusehen.

»Guten Tag!«, sagte ich und spürte ein Trommeln in meinen Ohren, als würde mein Herz seit Neuestem Schlagzeugunterricht nehmen.

»Sie sehen heute wieder einmal blendend aus, Frau Weber«, erwiderte mein Chef und lachte so herzlich, dass sein dicker Bauch bebte und ich befürchtete, seine Brille würde ihm von der Nase hüpfen. Natürlich war seine Bemerkung nur eine Anspielung auf den kleinen Sonnenstrahl, der mir mitten ins Gesicht schien. Nach zwei Jahren am Institut kannte ich seinen Humor und bedankte mich für Komplimente dieser Art nicht mehr. Eigentlich wollte ich etwas Lustiges antworten, aber da die Zeit, in der es noch schlagfertig gewirkt hätte, seit ungefähr 20 Sekunden abgelaufen war, beschloss ich, die Klappe zu halten und mich über mich selbst zu ärgern.

»Wo haben Sie denn den Klaus gelassen, Frau Weber?«, grinste er. Klaus, so nannten seine Freunde Professor Steinert.

»Ähm, ähm … Ich habe ihn heute noch nicht gesehen«, entgegnete ich ehrlich.

In diesem Moment ging zum zweiten Mal an diesem Tag die Sonne auf – nur dieses Mal im Gesicht meines Chefs. Elegant in seinem blauen Hemd aus der Kinderabteilung von Ralph Lauren, dazu eine passende Jeans und das rote Haar im Nacken zum Zopf gebunden, betrat Professor Steinert den Raum. Langsam wurde ich nervös.

»Morgen, Harald! Morgen, Frau Weber!«, strahlte er in den Raum und eilte schnellen Schrittes voran. Seine kurzen Ärmchen griffen nach einem Stuhl und zogen diesen unter dem Tisch hervor. Er schwang sich darauf und blickte dem Boss erwartungsvoll in die Augen.

»Morgen«, grüßte ich ihn etwas spät zurück.

»Na, Klaus, was habt ihr denn gestern wieder gehabt? Zwei zu fünf verlieren, das könnte für diese Saison knapp werden, ne?« Der Big Boss spielte mit einem Kugelschreiber in seinen Fingern und machte das Gesicht eines dreijährigen Jungen, der gerade seinen Lolli wiederbekommen hatte. Professor Steinert streckte seinen Rücken durch, um besser über die Tischkante sehen zu können, und debattierte irgendetwas über Leiberltausch und unfähige Schiedsrichter. Anfangs hatte ich mich wirklich bemüht, dem Gespräch zu folgen, aber welche Frau hält das schon länger als fünf Sekunden lang durch? Also saß ich stumm daneben, grinste und fragte mich, warum die Besprechung nicht erst nach der *Sportschau* angesetzt worden war.

»… und darum, Frau Weber, wären wir Ihnen nicht böse, wenn Sie beginnen würden, sich etwas anderes zu suchen.«

Hmmm? Was bitte? War Fußball jetzt schon vorbei oder wie? Anscheinend hatte ich den maßgeblichen Teil der Unterhaltung versäumt, denn sowohl Professor Steinert als auch mein Boss blickten mich fragend an.

»Entschuldigen Sie bitte – wie war das jetzt noch mal?«, fragte ich irritiert.

»Sie wissen ja, dass es für uns alle harte Zeiten sind.«

»Sehr harte Zeiten«, warf Professor Steinert ein und nickte dem Chef zu.

»… und nachdem Sie, liebe Frau Weber, alle Ergebnisse, die Sie benötigen, um Ihr Projekt abzuschließen, ja ohnehin schon beisammen haben, wäre es von Vorteil, wenn Sie die verbleibende Zeit dafür nutzen würden, unsere neuen Studentinnen einzuweisen. Ihr jungen Dinger macht euch das schon aus.« Ein Lächeln huschte über sein Gesicht und anscheinend war ich nicht die Einzige, die es gesehen hatte, denn plötzlich begann es zu meiner Linken: »Hahaha, Harald, da hast du recht. Hahaha …«

»Also, habe ich Sie richtig verstanden? Ich soll mein Projekt übergeben?«

»Genau.«

»Mit allem Drum und Dran?« Ein schriller Ton schlich sich in meine Stimme.

»Ja, mit allem Drum und Dran«, sagte der Boss.

»Ja, mit …«, kam es von links.

»Und darf ich mir noch eine Frage erlauben?«, unterbrach ich die Zustimmung des Kollegen Steinert.

»Natürlich. Allerdings haben wir in zehn Minuten ein Meeting mit Ihrer Nachfolgerin, um die weiteren Schritte in ihrem neuen Projekt zu besprechen.« Steinert nickte eifrig.

»Und Sie beide sind also der Meinung, dass ich mir einen neuen Job suchen, mein Projekt übergeben und meine verbleibende Zeit damit verbringen soll, Studenten einzuschulen? Was verstehen wir unter ›verbleibende Zeit‹?« Ich fühlte mich, als hätte man mir einen Kübel Eiswasser über den Kopf geschüttet. Mein Herz raste, ich schnappte nach Luft und hoffte noch immer, dass irgendwo jemand hervorspringen und »Alles nur Spaß« brüllen würde. Bei dem verschrobenen Humor, den Wissenschaftler an den Tag legen, konnte man ja nie wissen.

Doch mein erwartungsvolles Umschauen blieb ohne Ergebnis.

»Nun ja, wir dachten, bis Ende des Jahres. Wir sind ja keine Unmenschen, ne?«

»Nein, Unmenschen sind wir nicht«, versicherte auch der kleine Mann in dem großen Stuhl, und wenn es nicht so unprofessionell gewirkt hätte, hätten die beiden jetzt eingeschlagen. Aber wahrscheinlich warteten sie damit nur, bis ich das Büro verlassen hatte. Ich stellte mir vor, wie sie, sobald ich durch die Tür gegangen war, aufsprangen und ihre Fäuste aneinanderstießen. Der Big Boss kehrte Steinert mit einer geübten Drehung den Rücken zu, legte seine Arme mit der Handfläche nach oben darauf, bereit zum Einschlagen. Der Professor reagierte auch prompt, drehte sich schwungvoll um und hielt die Ärmchen auf den Rücken, dann tippte der Boss vorsichtig auf dessen Finger und beide fielen sich um den Hals. Wobei

Klaus eigentlich eher den Bauch vom Boss umklammert hielt. Mit aller Kraft schluckte ich den Kloß in meinem Hals und die ihn begleitenden Tränen hinunter und starrte meinen Chef an. Mein Kopf begann ganz von allein, in kleinen Nickbewegungen zu wippen, und an die restlichen sechs Minuten in der Höhle des großen und des kleinen Löwen kann ich mich nachträglich nicht mehr erinnern.

Ich musste wohl von irgendwoher einen Karton bekommen und all mein Zeug darin verstaut haben. Zumindest stand am nächsten Morgen der gesamte Inhalt meines Schreibtisches in meiner Küche. Es war 10.30 Uhr und eigentlich sollte ich bei der Arbeit sein, die neuen Studenten in mein Projekt einschulen und gute Miene zum bösen Spiel machen – aber darauf verzichtete ich. Es machte eben einen großen Unterschied, ob man freiwillig ging oder gegangen wurde. Zumindest für mein Ego, das nun auf die jämmerliche Größe einer Erbse geschrumpft war und sich hinter meinem gekränkten Stolz versteckt hatte. In der Uni würde ich nicht mehr erscheinen.

Gedankenverloren angelte ich eine Zigarette aus der kleinen Schachtel, spürte, wie sich der Rauch in meinen Lungen ausbreitete, und fasste einen Entschluss: Wenn die mich nicht mehr länger haben wollten, wollte ich auch nicht mehr dorthin. Wütend griff ich nach dem Telefon, wählte die Nummer des Instituts und meldete mich krank. Wie lange? Das wusste ich zu dem Zeitpunkt noch nicht, aber ich erwähnte irgendetwas von »bis Ende des Jahres«. Als ich die rote Taste drückte und die Verbindung trennte, fühlte ich mich frei. Ein Felsbrocken fiel von meinem Herzen und ich war überrascht, dass diese unbekannte mutige Seite in mir das Ruder an sich reißen konnte. Wieder flogen meine Finger über die Tasten des Handys und bereits beim zweiten Tuten meldete sich Annas vertraute Stimme: »Hallo, Lotte? Ist was passiert? Du rufst doch nie um diese Uhrzeit an!«

»Ich habe meinen Job hingeschmissen. Wollen wir schwimmen gehen?«

Wenig später saßen wir lachend am Beckenrand des Frei-
bads, ließen unsere Füße im Wasser baumeln, aßen Eis und beobachteten die braun gebrannten Jungs beim Volleyballspielen. Die
Sonne schien in mein Gesicht und mir wurde bewusst, dass dies
der erste Tag seit zwei Jahren war, an dem ich nicht bis spätabends
im Büro saß.

In den nächsten Wochen lernte ich, mein Leben zu genießen.
Ich wurde Stammgast im Freibad, in den städtischen Gastgärten
und auch in einigen Museen. Natürlich startete ich immer wieder
Versuche, mein Projekt schriftlich zusammenzufassen, doch jedes
Mal, wenn ich den Computer hochfuhr, um damit zu beginnen,
blieb ich auf Seiten sozialer Netzwerke oder bei diversen Karten-
spielen hängen. Ich konnte mich nicht dazu durchringen, mich
mit dem Thema zu beschäftigen. Sobald ich es versuchte, erschien
vor meinem inneren Auge das Gesicht meines Chefs und es wurde
begleitet von dem kleinen Gesicht seines kleinen Kollegen.

Irgendwann, als der Sommer sich zusammen mit meinen Erspar-
nissen dem Ende zuneigte, begannen meine Eltern, richtig Stress
zu machen. Und als dann auch noch mein Freund auf meinen hart
erarbeiteten karibischen Teint eifersüchtig wurde, wusste ich, dass es
an der Zeit war, einen neuen Job zu suchen. Keinen in der Forschung.
Keinen, der mich zu 100 Prozent in Beschlag nahm und in dem ich
stundenlang über sinnloses Zeug fachsimpeln musste. Das hatte ich
lange genug getan und dorthin wollte ich nie wieder zurück.

Problematisch an der Sache war nur, dass ich keine Ahnung
hatte, wohin ich wollte, was ich konnte, und ob es die richtige
Entscheidung war, alles hinter mir zu lassen und ganz neu zu
beginnen. In Momenten der absoluten Verzweiflung tröstete ich
mich mit dem Gedanken: Mein Job wird mich schon finden.

Und so war es dann auch.

»Frau Weber, Sie haben keine Arbeit, oder?«, erkundigte sich
die alte Trafikantin, bei der ich täglich meine Zeitung und mein
Päckchen Zigaretten kaufte.

»Nö, zur Zeit nicht. Aber ich suche«, antwortete ich etwas verlegen. Seit wann kümmerte 70-jährige Kioskverkäuferinnen die Lage auf dem österreichischen Arbeitsmarkt?

»Wenn Sie Interesse hätten, mein Sohn hat eine Firma und der bräuchte jemanden, der sich um die Büroarbeit kümmert. Sie kennen sich eh mit diesen neumodernen Computersachen aus?«

»Sicher. Wer kennt sich heutzutage nicht damit aus?« Als ich bemerkte, wie sich das Gesicht der alten Frau in Falten legte, ergänzte ich schnell: »In meinem Alter, meine ich.«

»Frau Weber, dann gebe ich Ihnen die Nummer vom Fredi und Sie reden einfach selbst mit ihm.« Zwei Sekunden später gesellte sich Fredis Visitenkarte in den Plastikbeutel zu meiner Zeitung und den Zigaretten.

Nach langem Überlegen und einigen Zweifeln griff ich nach dem Telefon und rief schließlich in dieser Firma an.

Und siehe da. Dem Fredi war es egal, dass ich in Wirklichkeit Technikerin war. Den Herrn Fredi ließ es kalt, dass ich mit fast 30 einen neuen Beruf lernen wollte. Dem Herrn Fredi war es wichtig, dass die Arbeit gemacht wurde – mehr nicht.

Und so konnte ich bereits eine Woche später als Projektmitarbeiterin in seiner Firma beginnen.

Hier grüßten sich die Menschen sogar, anstatt nur zu nicken, und ich war mein eigener Chef. An keinem einzigen Tag stand ich am Fenster des Büros, um mich sonst wohin zu wünschen, und schnell erkannte ich, dass man mit einer kleinen Portion Mumm viel weiter als nur drei Schritte gehen kann.

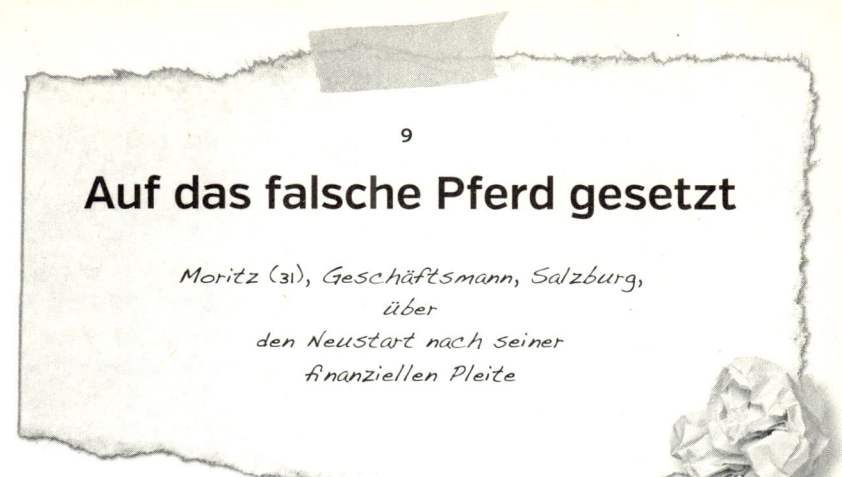

9

Auf das falsche Pferd gesetzt

Moritz (31), Geschäftsmann, Salzburg,
über
den Neustart nach seiner
finanziellen Pleite

Da das Glücksspiel in unserer Familie eine lange Tradition hatte, lag es klar auf der Hand, dass ich früher oder später in die Fußstapfen meines alten Herrn treten würde. Ich hatte das nie hinterfragt. Warum auch? Ich war jung (knapp über 20), sah gut aus (Haare: dunkel, Augen: dunkel, Augenbrauen: eigenständig, also nicht in der Mitte zusammengewachsen, Körperbau: muskulös, die Besuche im Fitnessstudio zahlten sich langsam aus) und arbeitete als Angestellter in dem Geschäftslokal meines betagten Herrn Vaters. Dort war ich ein kleines, fleißiges Rädchen in der großen Wettfabrik.

Eines schönen Arbeitstages lehnte ich am Tresen, inhalierte den Rauch meiner viel zu starken Marlboro und starrte auf die Bildschirme. Die Jockeys trieben ihre Pferde über die Bahnen, nur noch wenige Sekunden, bis der Gewinner feststand. Ein fast greifbares Knistern lag in der Luft. Das hier war kein banales Pferderennen – nein, das hier war eine Entscheidung über Sein oder Nichtsein … Die letzten Meter …

Da kam mir plötzlich DIE Idee. Warum nicht ein Computer-programm entwickeln, das die Gewinnchancen für solche Pferderennen berechnete? Genau dieser Gedanke fraß sich wie Salzsäure in mein Gehirn. Ich konnte an nichts anderes mehr denken. Typen, die dazu in der Lage wären, kannte ich genug – fehlte nur noch das nötige Kleingeld, um mein Hirngespinst in einen Businessplan zu verwandeln. Und das besorgte ich mir von meinem Vater.

Kein halbes Jahr später war meine Erfindung so weit entwickelt, um an den Mann (da gibt es nichts zu gendern, in diesem Business gibt es keine Frauen!) gebracht zu werden. Um das zu erreichen, wollte ich zu einer diesen berühmten Messen nach Amerika fliegen, auf denen die neuesten Errungenschaften der Glücksspielindustrie der Welt präsentiert wurden. Aber bevor es so weit war, musste ich das irgendwie meiner Freundin Carmen klarmachen. Ein liebenswertes Geschöpf. Klein, zart, dunkles Haar, blaue Augen. Ein Lachen, das meinen Puls beschleunigte. Und Eltern, die immer wieder für Streitigkeiten zwischen uns sorgten. So auch diesmal. Bepackt mit Blumen und meinen Reiseplänen betrat ich das Haus der Schwiegereltern in spe.

»Guten Abend. Ich geh gleich rauf zu Carmen«, sprach ich und winkte in die Küche. Eisige Stimmung schlug mir entgegen.

Ein »Whgrrr!« verfolgte mich die Stufen hinauf und oben an-gekommen, erwartete mich auch schon meine Freundin. Sie kochte vor Wut.

»Was?«, fragte ich.

»Du hättest freundlicher sein können …«

Ich traute meinen Ohren kaum. Wäre ich freundlicher gewesen, hätte ich ihre Mutter mit einem Zungenkuss begrüßen müssen.

Wie ein begossener Pudel folgte ich ihr in ihr Zimmer und fragte mich, wie ich nun von dem Thema Freundlichkeit die Überleitung auf Amerika schaffen sollte. »Weißt du, wo die Menschen wirklich freundlich sein sollen?«

Carmen warf mir einen verwirrten Blick zu.

»In Amerika!«

»Und deshalb bist du es nicht, oder wie?« Ihre Stimmung war am Boden. Vermutlich hatten ihr ihre Eltern den ganzen Tag über damit in den Ohren gelegen, was für ein schlechter Mensch ich doch war.

»Nein – und deshalb fliegen wir dorthin. Und zwar bald! Nur du und ich!« Ich strahlte sie an.

»Und wie stellst du dir das vor? Ich kann doch meine Eltern nicht allein lassen.«

»Aber mich schon?«

»Das ist doch wohl was anderes …«

Sah ich auch so und reiste daher allein über den Atlantik.

Während es in der Messehalle von Menschen, die in dieser Branche etwas zu sagen hatten, nur so wimmelte, stand ich unsicher hinter meinem Verkaufstresen und startete immer wieder das Demovideo für meine Software. Mit jedem Mal sammelten sich mehr Männer um meinen Stand, staunten »Ahhhh« und »Ohhhh« und lobten mich: »Moritz, du bist unser Mann!« Und keiner von ihnen verschwand, ohne eine Lizenz gekauft und den Vertrag, der mich prozentual an allen Gewinnen beteiligen sollte, unterschrieben zu haben. So lernte mein Baby laufen und bereits kurze Zeit nach meiner Heimkehr sollte sich mein Leben um 180 Grad wenden.

Zurück auf Arbeit kreischte die Sekretärin meines Vaters, Frau Hilde: »Moooooritz! Teeeeleeeefoon!«

Gemächlich drückte ich meine Zigarette aus und nahm das Gespräch entgegen.

»Moritz? Du solltest deine Gewinne abholen. Dein Anteil beträgt bereits 2000 Euro«, erklärte mir der Geschäftsführer eines kleinen Wettlokals im Nachbarort.

»2000 Euro?«, reagierte ich völlig perplex. Natürlich umfasste mein Plan, viel Geld zu verdienen, aber wenn bereits kleine Lokale für solche Umsätze sorgten, was brachten mir dann die großen Fische ein?

Schneller, als ich es mir jemals erträumt hätte, verdiente ich mehr Geld, als ich ausgeben konnte. Für meinen alten Job fand ich keine Zeit mehr, denn nun reiste ich um die Welt. Ausgestattet mit Anzügen aus edlen Stoffen, besuchte ich meine Kunden und sammelte mein Geld ein. Wirklich – mehr Aufwand betrieb ich nicht. Reich zu werden war für mich ein Kinderspiel. Innerhalb kurzer Zeit besaß ich alles, was mein Herz begehrte. Das Einzige, woran es mir noch fehlte, war die Erfahrung, damit umzugehen.

Dementsprechend verlieh mir mein plötzlicher Geldsegen Flügel. Egal wohin ich kam, ich hatte Freunde. Täglich wurde ich auf Partys eingeladen, denn die ganze Welt wollte mit mir feiern. Kleidung wurde nicht gewaschen, sondern neu gekauft. Vormals verhassten Kaviar schmierte ich mir wie Marmelade aufs Brot und für den Kauf eines Sportwagens gab es immer einen Anlass. Und auch in Bezug auf Frauen änderte sich so einiges. Hatten mich diese früher nicht einmal bemerkt, so lagen sie mir nun zu Füßen.

Natürlich gefiel das Carmen und ihren Eltern ganz und gar nicht. Darum war ich auch nicht besonders schockiert, als sie mir eines Tages auf meine Mailbox sprach: »Moritz, wenn du nicht bald zur Vernunft kommst, ist es aus. Verstehst du? Dann bin ich weg. Meine Eltern hatten schon recht damit, dass du nicht der richtige Umgang für mich bist. Also, entweder du bist morgen früh hier oder du brauchst nie wiederzukommen.«

Nachdem ich diese Nachricht gehört hatte, versenkte ich mein Handy in einem Glas Schampus, nahm die nächste Mieze an die Hand und schlug mir mit ihr die Nacht um die Ohren.

Am nächsten Morgen erreichte ich, trotz der durchzechten Nacht, relativ motiviert mein Büro. Mithilfe eines doppelten Aspirins hatte ich meinen Kater in die Flucht geschlagen. Nur mein Kopf pochte noch immer im Rhythmus des Clubsounds.

»Guten Tag, Frau Wächter. Gut sehen Sie aus«, begrüßte ich meine Sekretärin und ging weiter in mein Zimmer. Dort ließ ich mich in meinem Ledersessel nieder und startete gerade den Computer, als meine Sekretärin wie aus dem Nichts vor mir stand. Ohne Kaffee, dafür mit geröteten Wangen. Mein Kompliment hatte anscheinend seine Spuren hinterlassen.

»Herr Moritz, seit heute in der Früh ist hier der Teufel los!« Sie sprach bemüht ruhig, doch ihre in Falten gelegte Stirn verhieß nichts Gutes.

»Na, na, so schlimm wird's wohl nicht sein.«

»Das hier ist für Sie eingegangen. Und das hier. Und mindestens 20 Männer wollten Sie telefonisch sprechen. Sie stehen alle auf dieser Liste. Hier, bitte.« Schwungvoll legte sie mir die Unterlagen auf den Tisch und war sich in diesem Moment nicht bewusst, wie viel Staub sie damit aufwirbeln würde.

In der Annahme, bei den Nachrichten handle es sich um die aktuellen Gewinne, nahm ich das erste Schreiben vom Stapel und studierte es voller Vorfreude. Noch immer jagte mir das Wissen über die Höhe meines Vermögens Gänsehaut über den Rücken. Doch an die Stelle von Freude trat Ratlosigkeit. Irgendjemandem musste ein Fehler unterlaufen sein … Das konnte doch nicht sein. Wieder und wieder überflog ich die Seiten. Nahm den nächsten Zettel in die Hand, spürte mein Herz in meinem Hals rebellieren, löste den Knoten meiner Krawatte, telefonierte mich durch Frau Wächters Liste … und erhielt die Bestätigung. Mein Geschäft war ruiniert.

Während ich heute Nacht – von Frauen umschwärmt – das Verhalten Hugh Hefners nachgeahmt hatte, hatte die Konkurrenz meine Software kopiert. Meine Einnahmen waren ausgeblieben! Die großen Haie der Branche hatten mich kleinen Clownfisch einfach verschluckt.

Mit einem Schrei fegte ich die Unterlagen von meinem Schreibtisch, wollte von alledem nichts mehr wissen. Verzweifelt raufte ich meine Haare, als es ein weiteres Mal an meiner Tür klopfte.

»Moritz? Ein Herr Wimmer will Sie sprechen.« Frau Wächter lugte nur mit einem Auge zur Tür herein. Wahrscheinlich hatte sie mein Schrei verängstigt. Ich atmete tief ein und nahm den Unbekannten in Empfang.

»Herr Sattler?«

Ich nickte.

»Mein Name ist Florian Wimmer von der Steuerfahndung. Wir erhielten einen anonymen Hinweis, der den Verdacht aufkommen ließ, Sie könnten vergessen haben, Ihre Gewinne zu versteuern. Nennen wir es mal so.«

Und dann war alles aus. Aus und vorbei. Ich saß richtig tief in der Kacke, denn diese Finanzfuzzis studierten alle Unterlagen, durchforsteten sämtliche Bücher, und als sie damit fertig waren, saß ich auf einem Schuldenberg in Höhe des Himalajas.

Eine solche Nachricht kann man nicht verdauen und auch unterstützende Maßnahmen wie der Konsum von Spirituosen halfen da recht wenig. Das hatte ich mehrmals getestet. Meine Wohnung, meine Autos und meine Uhrensammlung wurden gepfändet. Kurzfristig wohnte ich im Geschäftslokal meines Vaters, welcher mich nur darauf hinwies, vor genau solchen Szenarien gewarnt zu haben, und schlief auf einer abgenutzten Matratze in einem Winkel seines Büros. Meine Nerven flatterten, genau wie meine Hände. Meine Augenringe wuchsen zu ausgeprägten Gesichtsringen heran. Mir ging es richtig schlecht – und ich war völlig allein. Wenn man nicht mit Kohle um sich wirft, lädt einen nämlich niemand auf seine Partys ein. Dann essen sie ihren Kaviar selbst, während du deine Wäsche im Waschbecken einer schmuddeligen Toilette wäschst.

Ich weiß nicht, wie lange ich so vor mich hin vegetierte. Ich weiß nur noch, dass eines Tages Frau Hilde, die Sekretärin meines Vaters, die Tür zu meinem provisorischen Nachtlager aufriss. Vermutlich wusste sie nicht, dass ich hier wohnte, oder sie hatte es wieder vergessen, auf alle Fälle schrie sie aus Leibeskräften, als sie über meine

Matratze stolperte. Ich schreckte hoch und die Nachwirkungen des Whiskeys ließen die Welt vor meinen Augen wanken.

»Moritz? Moritz, wie siehst du denn aus?« Sie beugte sich zu mir herunter. Strich mir das Haar aus der Stirn. »Was ist denn los mit dir?« Da ich noch immer sowohl schlaf- als auch betrunken war, erzählte ich Frau Hilde etwas wirr meine Geschichte. Immer wieder schüttelte sie den Kopf, stammelte: »Da muss man doch was machen können. Warte ...« Dann verschwand sie und ich legte mich erneut aufs Ohr.

Einige Stunden später hatte die alte Dame Kaffee und einen guten Rat vorbereitet. Wie eine Verbündete gesellte sie sich zu mir auf den Holzboden des spärlich eingerichteten Kämmerchens: »Also, Moritz, du musst dich an die Behörden wenden. Du hast nämlich Anspruch auf Sozialhilfe und Wohngeld. Und wenn du Glück hast, findest du vielleicht einen Anwalt, der dich gratis vertritt und diese Mistkerle verklagt.« Sie sah mich mit eng zusammengekniffenen Augen an. Gleichzeitig, und fast so, als hätten wir leise bis drei gezählt, sagten wir: »Unrealistisch!« Die alte Dame lächelte. Mir war eher nach Heulen zumute. Aber da sie sich so nett für mich eingesetzt hatte, ging ich los und bat die Behörden um Hilfe und Geld.

Auf diesem Weg erhielt ich eine kleine geförderte Mietwohnung. Außerdem übernahm ich wieder meinen alten Job im Wettcafé meines Vaters und gab das Whiskeytrinken auf. Ein Auto besaß ich nicht. Musste ich längere Strecken zurücklegen, nahm ich den Zug. So auch an jenem Tag, an dem mir das Schicksal plötzlich mit einem weißen Taschentuch zuwinkte. Ich saß allein im Zugabteil und freute mich gerade über die seltenen Minuten der Ruhe, als die Tür schwungvoll aufgerissen wurde. Eine junge Frau betrat mein Revier. Das blonde Haar fiel ihr geschmeidig über den Rücken. Sie war schlank, trug enge schwarze Jeans, Stiefel und eine Lederjacke und eine riesige Sonnenbrille verdeckte ihr Gesicht. Eigentlich hätte sie auf die Brille verzichten können, dachte ich bei mir. Und als sich Miss Wichtig auch noch direkt auf den

Fensterplatz mir gegenüber setzte, stopfte ich mir die Kopfhörer meines iPods in die Ohren und hoffte, sie würde mich mit einer Konversation verschonen.

»Hi«, sagte die Fremde. Ich konnte sie zwar nicht hören, aber für dieses einfache Wort reichte meine Kunst des Lippenlesens gerade noch aus. Leider erweckte sie nicht den Anschein, das Gespräch so bald wieder einstellen zu wollen. Daher zog ich die Ohrstöpsel wieder heraus. »Was hörst du da? Wenn du möchtest, können wir gemeinsam Musik hören. Ich hab einiges auf meinem Handy. Das zum Beispiel.«

Irgendeine mir fremde Musik erfüllte unser Abteil und die blonde Frau wippte mit dem Kopf dazu. Seit sie sich hin- und ihre visierartige Sonnenbrille abgesetzt hatte, sah sie sogar sehr hübsch aus. Und etwas verrückt dürfte sie auch sein. Das bestätigte sich spätestens, als jemand vom Bordservice den Kopf durch die Tür steckte und sie ihm sofort »Zwei Bier, bitte« entgegenschleuderte. Das gefiel mir. Ab diesem Moment war das Eis zwischen uns gebrochen. Wir tranken Bier aus Dosen, tanzten in unserem Zugabteil und sangen zu der metallisch klingenden Musik aus dem Handy. Und ausgerechnet, als die Luft zwischen uns zu knistern begann und wir uns mit geröteten Wangen gegenseitig bestätigten, dass dies die Zugfahrt unseres Lebens wäre, stand der Moment des Abschieds bevor und schickte mich vor die Tür. Enttäuscht darüber, dass die Zeit, trotz Zug, wie im Fluge vergangen war, ergriff ich ihre Hand, fragte sie nach ihrer Nummer und was sie eigentlich in ihrem echten Leben so mache.

»Ich bin Anwältin«, erklärte sie mir lachend und völlig verdutzt stieg ich aus.

Als ich mich noch ein letztes Mal umdrehte, stand meine Mitreis(s)ende am Fenster des Abteils und winkte mir mit einem weißen Taschentuch nach. Irritiert hob auch ich die Hand zum Gruß und wunderte mich, welch eigenartige Fügungen dieses Schicksal doch immer wieder aus seinem Ärmel zauberte.

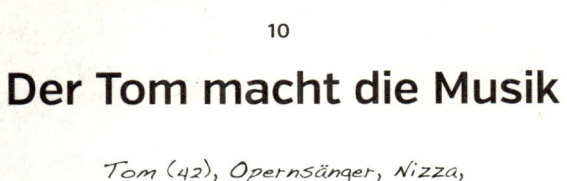

10

Der Tom macht die Musik

Tom (42), Opernsänger, Nizza,
über
seine Entscheidung gegen die Halb- und
für die Tonleiter

Müsste ich einen Menschen aussuchen, der mein Leben am meisten geprägt hat, wäre das mein Vater. Ein international hoch angesehener Professor der Physik. Er sah genauso aus, wie man sich Menschen dieser Fachrichtung vorstellt, und war genauso verschroben, wie es nur Wissenschaftler sein können. Als ihm damals meine werte Frau Mutter – mit leuchtenden Augen – verkündete, dass sie Nachwuchs bekämen, erhob er sich zum ersten Mal seit Monaten von seinem Schreibtisch. Aufgeregt tauschte er seine Lesebrille gegen seine Fernbrille, pustete den Staub von ihr ab und marschierte in die Werkstatt, welche vermutlich von einer ebenso dicken Staubschicht überzogen war. Erst zwei Tage später kam er stolz wieder heraus – in seinen Händen ein Mobile unseres Sonnensystems.

Wurden andere kleine Jungs zum Geburtstag mit Fußbällen und Legosteinen überrascht, so entdeckte ich – nach dem Zerreißen des mit bunten DNA-Molekülen verzierten Geschenkpapiers –

ein Mikroskop oder einen Chemiekoffer auf meinem Gabentisch. Mein Vater strahlte über das ganze Gesicht und ich warf mich heulend zu Boden. Eigentlich hatte ich mir eine Gitarre gewünscht.

Und während mein Vater darauf wartete, dass ich beim Befestigen des Kinderperiodensystems über meinem Bett vor Begeisterung schrie, brachte mich meine Mutter heimlich zum Musikunterricht. Denn wenn ich groß war, wollte ich Musiker werden. Die Ohren meines Vaters konnten diesen Wunsch jedoch nicht hören.

So sausten die Jahre an mir vorbei und neben mir joggte ständig das schlechte Gewissen, den Ansprüchen meines alten Herrn nicht gerecht zu werden.

Um nur ein einziges Mal einen stolzen Ausdruck in seinem faltigen Gesicht zu erkennen, willigte ich ein, nach dem Abitur Physik zu studieren. Naiv sah ich darüber hinweg, dass mir die Relativitätstheorie relativ egal war und ich von Quanten nicht ein Quäntchen verstand, verkaufte einfach so meine Seele dem Teufel, respektive meinem Vater, und verschob meine musikalischen Träume auf später.

Auf den ersten Blick lohnte es sich auch, denn mein Vater übergab mir den Schlüssel für eine eigene Wohnung und das Versprechen, während meines Studiums all meine Kosten zu übernehmen. Und ich dachte, es wäre nicht so schwer, ein gewisses Interesse an der Physik vorzutäuschen. Andere Menschen täuschten schließlich ganz andere Dinge vor.

Von nun an schleppte ich mich jeden Tag in den überfüllten Hörsaal des Physikalischen Instituts. Ich saß allein in der letzten Reihe und beobachtete einige meiner Studienkollegen – die meisten hätten wahrscheinlich selbst die Kerle aus *The Big Bang Theory* als Nerds bezeichnet – dabei, wie sie sich um die Plätze in den ersten zehn Reihen zankten. Ihre gestärkten Hemden in die Hose gestopft und unter einem karierten Pullunder versteckt, das Haar gescheitelt und mit Gel fixiert, die Augen ob der den immensen Dioptrienwerten angepassten Brillengläser winzig klein erscheinend – so lauschten sie den kryptischen Erklärungen des Professors und ich verstand nur Bahnhof.

Anfänglich dachte ich, ich würde mich früher oder später an das Tempo des Vortragenden gewöhnen, aber kaum hatte ich mich dem angepasst, beschleunigte er es auf ein Neues.

Frustriert brütete ich tagelang über dicken Wälzern, in der Hoffnung, dass all dieser physikalische Quatsch schon seinen Weg in mein Gehirn finden würde. Nur hatte anscheinend irgendein Scherzkeks auf halber Strecke ein Umleitungsschild angebracht. Das Lernen brannte mich aus, wegen des steigenden Drucks konnte ich nicht mehr schlafen, und egal ob ich lernte oder nicht, ich rasselte durch alle Prüfungen.

»Und, mein Sohn, wie ist es dir bei der letzten Klausur ergangen«, fragte mich mein Dad bei jeder sich bietenden Gelegenheit. Dabei schwoll seine Brust vor Stolz so sehr an, dass das Hemd darüber spannte.

Sollte ich ihm sagen, dass ich von all dem keine Ahnung hatte? Dass ich nichts von Halbleitern, aber sehr viel von Tonleitern verstand? Und dass seine Fußstapfen nicht nur zu groß, sondern schlichtweg zu kompliziert für mich waren?

Erwartungsvoll blickte er in mein Gesicht und wieder schaffte ich es nicht, seine Träume zu zerstören. Also antwortete ich: »Ganz gut. Ein Ergebnis habe ich noch nicht, aber es wird schon gut sein.« Vor meinem inneren Auge sah ich die drei erreichten Punkte, die ich von den zu erreichenden 120 geschafft hatte. Und kurz darauf die 100 Euro, die mir mein Vater als Belohnung entgegenstreckte.

Natürlich wusste ich, dass es nicht ewig so weitergehen konnte. Ich wollte es ja auch nur noch einen kurzen Moment lang genießen. Aus diesem Moment wurde ein ganzes Jahr. Ein Jahr, in dem ich zwar nicht an Intelligenz gewonnen, aber meine Moral verloren hatte. Ich kassierte bei meinen Eltern Belohnungsgeld, spielte viel auf meiner Gitarre, schlug mir die Nächte in dunklen

Spelunken um die Ohren und lag oft stundenlang depressiv auf meiner Couch.

Erst die Begegnung mit Julie brachte den Stein der Veränderung ins Rollen. So gesehen, wäre es passender gewesen, wir hätten uns auf einem Konzert der Rolling Stones kennengelernt und nicht auf diesem Heavy-Metal-Gig. Die besagte Band war gleich laut wie unbekannt, verstand es allerdings, dem Publikum gehörig einzuheizen. Nach genauerem Hinhören kam ich zu dem Schluss, dass dies auch schon das Einzige war, wovon diese Band überhaupt etwas verstand. Trotzdem ging ich nicht nach Hause – was hätte ich dort auch tun sollen? –, sondern beobachtete amüsiert die springende Meute und entdeckte schließlich in der Menge etwas, was man auf solchen Veranstaltungen eigentlich nie zu Gesicht bekam: ein Mädchen. Klein, platinblond und alle Konzentration den zwei großen Plastikbechern mit Bier in ihren Händen gewidmet. Wahrscheinlich lief sie auch deshalb ungebremst gegen mich und stürzte zu Boden. Dabei patschte das Bier in ihr Gesicht. Ich verkniff mir ein Lachen und streckte ihr geistesgegenwärtig meine Hand entgegen. Der Anblick erinnerte sehr stark an Michelangelos Gemälde *Die Erschaffung Adams*. Mit einem Ruck zog ich das blonde Mädchen hoch.

In dem Moment, als sich ein Pseudopunk mit rot gefärbtem Iro auf den Händen des Publikums an uns vorbeitragen ließ und wir verständnislos den Kopf schüttelten, wurden wir Freunde. Mit 19 war es eben noch einfach, Freundschaften zu knüpfen. Man nehme ein paar wilde, alkoholgeschwängerte Partys, das gemeinsame Interesse für Musik und den gleichen Kindheitstraum – in dem Fall eine eigene Band. Mehr bedurfte es nicht. Und so wurden Julie und ich unzertrennlich. Wir machten gemeinsam Musik und gründeten, zusammen mit dem langhaarigen Jerome, dem etwas molligen Oliver und Martin, dem besten Bassisten, den ich kannte, unsere eigene Rockband: The Dirty Carrots. Heute würde ich bei diesem Namen vermutlich nicht mehr die Hand heben.

Es folgte ein Doppelleben. Bei meinen Eltern jammerte ich über den Lernstress und erklärte, ich hätte keine Zeit für ihre Besuche, doch in Wirklichkeit kassierte ich weiterhin ihr Geld und verschleuderte es in Clubs oder für die Musik.

Im Laufe der Zeit gewann unsere Band an Beliebtheit. Wir hatten viele Gigs, viele Fans und all das, wovon wir immer geträumt hatten. Alles funktionierte wunderbar – bis an einem warmen Sommerabend das Übel über mich hereinbrach.

Ich stand auf der Bühne, spürte das Adrenalin durch meinen Körper rasen, hörte die jubelnden Rufe der Fans und war einfach nur glücklich. Vor mir lag ein Plüschtier mit einem Herz in der Hand … Der Applaus toste … Immer wieder verneigten wir uns … Ich warf meine Dreadlocks über die Schulter, stellte mich hinter das Mikro und war bereit für die letzte Zugabe des Abends. Oliver gab mit den Drumsticks den Takt vor. Mein Blick streifte durch das Publikum … und dann den meines Vaters. Mir stockte der Atem. Oliver begann ein weiteres Mal, den Takt vorzugeben, Julie sah mich über ihre Gitarre hinweg fragend an, und so sehr ich es auch wollte, ich konnte nicht mehr.

»Sorry«, wisperte ich in mein Mikrofon, dann verließ ich fluchtartig die Bühne und die Buhrufe der Fans folgten mir. Verzweifelt lief ich in die angrenzende Lagerhalle, setzte mich auf eine leere Kiste, versteckte mein Gesicht hinter den Händen, hörte meinen schnellen Atem … und die Stimme meines Vaters: »Das nennst du also lernen? Wenn du wie ein Verrückter auf dieser Bühne herumspringst, das nennst du dann Prüfungsvorbereitung?« Ich musste ihn nicht ansehen, um zu wissen, dass sein Gesicht rot war vor Wut. »Für diesen Humbug hast du mein Geld rausgeschmissen? Ich fasse es nicht!« Seine Vorwürfe prasselten auf mich nieder und erschlugen den Teil in mir, der immer noch darauf gehofft hatte, ein kleiner Einstein zu werden.

»Ich werde nicht mehr weiterstudieren, Vater! Ich werde nicht mehr dein Hampelmann sein. Ich hasse die Physik.«

»Sag so etwas nicht!« Er griff sich ans Herz. »Tom, ich schwöre dir, wenn du dein Studium nicht beendest, kannst du nicht mehr auf meine Unterstützung zählen.«

»Und wenn du das alles weiter von mir verlangst, kannst du, wenn du alt und gebrechlich bist, meine Hilfe vergessen.« Doch irgendwie gelang es mir nicht, ihm damit Angst einzujagen. Er drehte sich einfach um und ließ mich mit der Dunkelheit von Lagerhalle und Zukunft allein.

Tags darauf fühlte ich mich, abgesehen von meinem medizinballartigen Kopf, deutlich erleichtert. Es dauerte einige Momente, bis ich mich wieder vollständig an das Vorgefallene erinnern konnte, und als mir das enttäuschte Gesicht meines Vaters in den Sinn kam, spürte ich ein kurzes Ziepen in der Brust.

Völliger Schwachsinn … Eigentlich sollte er sich schlecht fühlen, mich all die Jahre niemals danach gefragt zu haben, was ich mir von meinem Leben erwarte.

Mit feuchten Augen und trockenem Mund kroch ich aus meinem Bett, holte mir eine Flasche Wasser aus der Küche und spazierte weiter ins Wohnzimmer, um den Tag wie all die Tage zuvor zu verbringen. In dem Moment klingelte es an der Tür. 14:09 Uhr. Von meinen Freunden konnte es niemand sein, die schliefen bestimmt noch.

Neugierig stapfte ich dem Läuten entgegen, öffnete die Tür und stand zwei riesigen Männern gegenüber. Die Latzhosen, die ihre Körper verdeckten, ließen sie wie Kleinkinder wirken, aber ihre mürrischen Blicke erstickten den dadurch entstehenden Anflug von Sympathie im Keim.

»Sind Sie Tom Luisanne?«, fragte der Größere.

»Wie kann ich Ihnen helfen?«, entgegnete ich überrascht.

»Ihr Vater hat uns beauftragt, diese Wohnung zu räumen. Wir benötigen ungefähr vier Stunden, Sie können in der Zwischenzeit Ihre persönlichen Gegenstände einpacken.« Damit drängten sie sich an mir vorbei in den Flur, gingen weiter in das Wohnzimmer und diskutierten, wie viele Kartons sie aus dem Lieferwagen holen sollten. Ich glaubte das alles nicht, rannte im Kreis, telefonierte mit Julie, mit meiner Mutter und schließlich mit meinem alten Herrn. Natürlich hätte ich in diesem Moment noch klein beigeben können, doch so knapp vor dem Ziel, meinen eigenen Willen durchsetzen zu können, wollte ich nicht wegen einer Wohnung meinen Stolz verraten.

An diesem Tag zog ich mit Sack und Pack bei Julie ein und überließ meinem Vater, neben meiner Wohnung, auch meine Physikbücher. Ich wusste, ich würde sie nie wieder benötigen.

Danach kehrte Ruhe ein. Bis ich herausfand, was ich aus meinem Leben machen wollte, hielt ich mich mit verschiedenen Jobs, zum Beispiel in einem Supermarkt, über Wasser. Natürlich bedeutete es eine große Umstellung, nach den Gigs ins Bett und nicht an die Bar zu wandern, um am nächsten Tag wieder arbeiten zu können, aber daran gewöhnte ich mich viel schneller, als allein in der vierundzwanzigsten Reihe des Hörsaals zu sitzen. Ich konnte endlich das machen, was ich wollte – und deshalb fiel es mir ganz leicht, Opfer zu bringen.

Eines Tages, ich saß gerade an der Supermarktkasse, trat eine junge Frau an mich heran: »Entschuldigen Sie, dürfte ich diese Flugblätter hier auslegen?« Zwischen zwei Artikeln, die ich über den Scanner zog, nickte ich ihr zu.

Und einzig und allein weil diese Frau ein Schussel war, den Stapel Blätter neben der Tür platzierte und ein kleiner Windstoß alles durcheinanderwirbelte, sah ich mir den Flyer etwas genauer an. *Gesangsausbildung, Beginn: Oktober. Genauere Infos unter …*

In diesem Augenblick wusste ich zu 100 Prozent, was ich mit meinem Leben anstellen wollte.

Schon während ich diese Grundausbildung absolvierte, leckte ich Blut und studierte daher direkt im Anschluss klassischen Gesang. Immer wieder wurde ich für kleine Auftritte gebucht und konnte mich damit ganz gut über Wasser halten und mir eine eigene geräumige Wohnung finanzieren. Ich lebte ein gutes, bescheidenes Leben und es war mir egal, dass ich nicht überragend viel verdiente. Denn ist es nicht viel wichtiger, mit seiner Arbeit glücklich zu sein? Meine Eltern hielten ihr Wort, indem sie kein weiteres mehr mit mir sprachen. Erst nach vielen Jahren sollte sich das ändern.

Ich hatte damals ein Engagement an der Oper und sang eine ziemlich wichtige Rolle in einem Stück.

Eines Abends, nach meinem Auftritt, öffnete sich die Tür zu meiner Garderobe und mein Vater – ergraut, mit krummem Rücken und Tränen in den Augen – trat ein. Ich wusste nicht, was ich sagen sollte, musste es auch nicht, denn er sprach mit zittriger Stimme: »Das hast du gut gemacht, mein Sohn. Deine Mutter und ich, wir sind so stolz auf dich.« Und in diesem Moment glaubte ich ihm sogar.

11

Im freien Fall

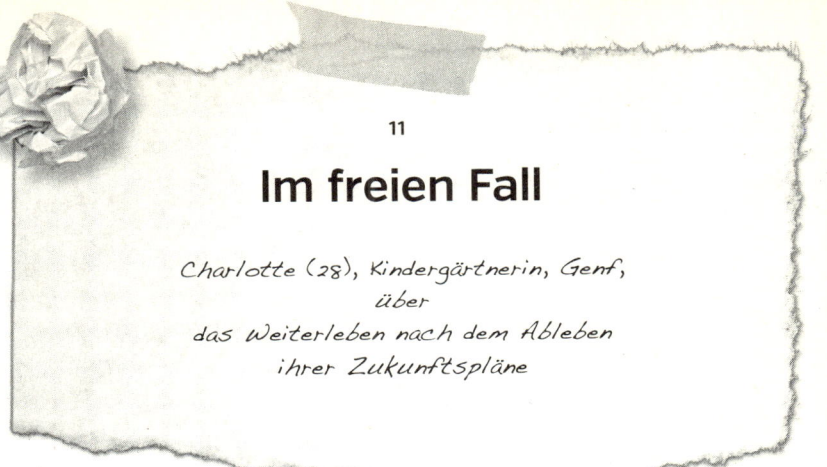

Charlotte (28), Kindergärtnerin, Genf,
über
das Weiterleben nach dem Ableben
ihrer Zukunftspläne

Und pass gut auf dich auf, Schatz!«, rief ich Jacques hinterher. Er drehte sich um und strahlte mich an. Wie immer sah er wirklich verdammt gut aus. Die Muskeln seiner Oberarme waren so trainiert, dass sie beinahe die Ärmel seines T-Shirts sprengten. Sein Haar, so kurz rasiert, dass man es im ersten Moment mit einer Glatze verwechselte, und die kleinen Narbe auf seiner rechten Wange verliehen ihm etwas unglaublich Verruchtes. Ich liebte jeden Zentimeter an ihm – und bei einer Größe von 1,85 Meter ergab das eine ganze Menge Liebe.

»Ich melde mich, sobald ich in Bangkok gelandet bin«, versprach er und ich nickte nur, denn selbst nach fünf Jahren mit ihm und seinen monatlichen Auslandsaufenthalten hatte ich mich noch immer nicht an das Alleinsein gewöhnt. Das Hupen des Taxis unterbrach jäh die Magie unseres Abschiedsrituals.

»Ich muss dann …«, sagte Jacques, griff nach seinem Koffer und zog ihn scheppernd hinter sich her. Dann war er weg. Wie jedes Mal wartete ich darauf, dass er sich umdrehte, die Marktanalysen des asiatischen Raumes einfach Marktanalysen des asiatischen Raumes sein ließ und mich in die Arme nahm. Sehr fest, wenn möglich. Und wie immer wartete ich vergeblich.

Erfahrungsgemäß ließ sich die Tatsache, allein zurückzubleiben, nur mit ein paar Zigaretten aus der geheimen Keksdose bewältigen.

Und so stand ich wenig später auf dem Balkon und pustete kleine Rauchwölkchen in die Luft, als ich Paulos piepsige Stimme von dem benachbarten Balkon hörte: »Hallo, Tante Charlotte.«

Paulo war ein kleiner Junge mit kinnlangem braunen Haar, ebenso dunklen Augen und den beneidenswertesten Wimpern, die ich je gesehen hatte. Jede mir bekannte Frau hätte dafür getötet.

»Hi!«, rief ich mit einer Mischung aus Verzücken und Überraschung und ließ meine Kippe unauffällig in der Paprikapflanze verschwinden. Paulo ging in meinen Kindergarten und musste daher nun wirklich nichts von meinem kleinen Laster erfahren.

»Was machst du da Lustiges?«, fragte er und sah den Rauchwölkchen hinterher.

»Ich … Ich mache gar nichts. Nur die frische Luft genießen.«

»Aber …«, setzte er an.

»Paulo? Was treibst du da draußen? Hallo, Charlotte.« Paulos Vater, Noah, war auf den Balkon getreten und sofort wurde mir wieder bewusst, von wem der Kleine sein Aussehen geerbt hatte. Mir war es schon immer ein Rätsel gewesen, warum ihn seine Frau damals verlassen hatte. Vermutlich auch nur aus Neid auf seine langen Wimpern. Als mir bewusst wurde, dass es sich für eine Ehefrau nicht gehörte, den Nachbarn anzuhimmeln, verabschiedete ich mich etwas überstürzt.

Eine unendliche Woche später stand ich im Bad und steckte mir mit nervösen Fingern mein schulterlanges blondes Haar am Hinterkopf zu einem Dutt zusammen. Ich schminkte meine grauen Augen – zugegeben einen Tick zu stark – und verpackte meinen kurvigen Körper in rote Spitzenunterwäsche. Begeistert betrachtete ich mich im Spiegel und wurde schon bei dem Gedanken an Jacques' Reaktion ganz hibbelig. Endlich hörte ich das erlösende Geräusch seines Schlüssel im Türschloss, rief: »Ich hab dich ja so vermisst!«, und fiel ihm in die Arme. Seine Jacke und seine Tasche landeten auf dem Boden.

»Endlich hab ich meinen kleinen Schatz wieder!«, raunte er in meine Schulter, bevor er sie mit tausend kleinen Küssen bedeckte. Ein Schauer wanderte über meinen Rücken, mir wurde heiß – nein, ich wurde heiß auf Jacques'! Gierig suchten meine Lippen die seinen und wir küssten uns, als wäre es die einzige Möglichkeit zu überleben. Dieser eine Moment der Zügellosigkeit war es jedes Mal aufs Neue wert, eine ganze Woche lang gewartet zu haben.

Später, nachdem unsere Körper bis zu Erschöpfung Jacques' Heimkehr gefeiert hatten, bestellten wir Pizza.

»Und? Konntest du den asiatischen Raum mit deinem Wissen beglücken?«, fragte ich und schmiegte mich an seinen Oberarm. Ich mochte es, wenn ich seine Muskeln an meiner Wange spürte. Jacques verschluckte sich, hustete mehrmals und schlug sich fest gegen die Brust.

»Geht's noch?«, fragte ich und starrte ihn an.

Er nickte abweisend, stand auf, murmelte etwas von: »Müde … schlafen …«, und wankte aus dem Zimmer. Natürlich schob ich seine Reaktion auf den Jetlag.

Eigentlich hätte ich mir denken können, dass kein Jetlag dieser Welt vier Wochen andauert – habe ich aber nicht. Jacques war ständig müde, kaum ansprechbar, und er verhielt sich, als wäre eine Massendemonstration an Läusen quer über seine Leber gelaufen. Deshalb ging ich ihm häufig aus dem Weg, freute mich auf meine Arbeit, traf mich mit Freundinnen und verließ mich darauf, dass sich irgendwann auch sein Biorhythmus wieder umstellen würde.

Eines Nachmittags kam ich, früher als geplant, von der Arbeit nach Hause. Jacques hatte seinen freien Tag und ich wollte ihn überraschen. Doch die Wohnung empfing mich ungewohnt still.

»Hallo? Jacques? Ich bin zu Hause«, rief ich, erhielt jedoch keine Antwort. Verwundert checkte ich mein Handy – keine neuen Nachrichten. Ich schlich weiter in die Küche – kein Zettel. Wo war er nur? Nervös wählte ich Jacques' Nummer, hörte das dumpfe Tuten des Wartesignals in der Leitung – und den vertrauten Klingelton aus dem Schlafzimmer.

»Jacques?«, rief ich ein weiteres Mal und folgte dem Läuten vorsichtig. Nach kurzem Zögern drückte ich langsam die Türklinke nach unten, spähte ins Zimmer – und konnte nicht mehr aufhören zu schreien. Ich schrie so laut, dass es mir selbst in den Ohren schmerzte, und sooft ich auch blinzelte, ich konnte nicht fassen, was ich da sah. Jacques' lebloser Körper baumelte von unserer Schlafzimmerdecke.

Tausend Gedanken schossen mir durch den Kopf. Was war hier nur geschehen? Das alles ergab doch keinen Sinn! Jacques war doch keiner von diesen Männern, die sich still und heimlich an … an ihrem freien Tag … am Heizungsrohr im Schlafzimmer erhängten. Zumindest hatte ich das gedacht.

Hinter dem Schleier aus Tränen entdeckte ich auf meiner Seite des Bettes ein Blatt Papier. Den Brief erfasste ich noch, mit zitternden Fingern, jedoch nicht den Inhalt der gleichmäßig geformten Worte.

Liebste Charlotte, seit über zwei Jahren bin ich HIV-positiv. Ich konnte es dir nicht sagen. Nicht, weil ich es nicht wollte, sondern weil ich nicht wusste wie. Darum ist es auch nicht die Krankheit, die mir keinen Ausweg lässt, sondern der Umstand, dir das alles angetan zu haben. Bitte verzeih mir. In ewiger Liebe, Jacques

Ich fühlte mich, als hätte man mich in Watte gepackt und meine Wahrnehmung auf »verschwommen« gestellt. Fast so, als hätte es nichts mit mir zu tun, bemerkte ich, wie sich die Wohnung mit unzähligen fremden Menschen füllte. Ärzte. Polizisten. Nachbarn. Man stellte mir Fragen über Fragen … nahm Fotos auf … Und aus Angst, ich wäre in der Lage, etwas sehr Dummes anzustellen, quartierte man mich zur Überwachung bei meinen Eltern ein. Und auch in meinem alten Kinderzimmer bekam ich in den darauffolgenden Wochen wenig vom Leben mit. Zum einen, weil man mich mit beruhigenden Tabletten fütterte, zum anderen, weil es mich nicht interessierte.

Bis zu dem Tag, an dem mir meine Mutter anstelle von Tee und Taschentüchern eine junge Ärztin servierte. Ihr Haar stand struppig von ihrem Kopf, ihre Augen wirkten unnatürlich türkis, und obwohl ich sie nicht dazu eingeladen hatte, setzte sie sich an meine Seite. Sie legte ihre Hand auf meine Schulter und sprach, als hätte sie ihre Stimme von einer Entspannungs-CD geliehen: »Charlotte, ich habe gute Neuigkeiten für Sie. Das Virus ist nicht auf Sie übertragen worden. Verstehen Sie? Sie sind gesund!« Sie lachte hell vor Freude. Und auch wenn ich gegen das Virus resistent gewesen war, mit ihrem Lachen steckte sie mich an. Ich war gesund!

Ich denke, ab diesem Moment hob sich meine Stimmung langsam wieder an. Außerdem löste Nerventee mittlerweile Würgereize bei mir aus und meine Mutter wurde mir auch langsam lästig.

»Charlotte, geht es dir wirklich gut? Blass bist du heute.« Mit diesen Worten begann mittlerweile fast jeder Tag.

»Mir geht es ganz gut, danke.« Zumeist saß ich bei diesem Gespräch auf der Couch, las ein Buch, starrte auf den Fernseher oder alternativ auf die Risse an der Wand.

»Möchtest du etwas essen? Du musst mehr essen, Kind. Du brauchst doch die Energie, um wieder ganz fit zu werden.« Sie verstand nicht, dass ich nicht krank, sondern eigentlich okay war – zumindest rein physisch betrachtet. In guten Familien erhängten sich nun mal keine Ehemänner. Und darum wurde dieses Thema, im wahrsten Sinne des Wortes, totgeschwiegen. Als problematisch erwies sich allerdings, dass ich darüber reden wollte. Ich wollte das alles so schnell wie möglich loswerden. Die Bilder aus meinem Kopf und die elterliche Wohnung um mich herum.

Der erste Schritt zurück in ein normales Leben war der in den Kindergarten. Das Lachen der Kinder streichelte meine geschundene Seele und außerdem lenkte mich die Arbeit vom Nachdenken ab.

Als Nächstes begab ich mich auf die Suche nach einer Therapeutin und einer neuen, kleinen Wohnung.

Frau Preiss besuchte ich einmal die Woche. Sie war keine dieser Psychotanten, die sich selbst ein Kleenex aus der Pappschachtel zupften und erst nach sekundenlangem Nachdenken bemerkten, dass sie eigentlich keinen Grund zum Heulen hatten. Frau Preiss war eine sportliche Frau, Anfang 40, mit kastanienfarbigem schulterlangen Haar, Nickelbrille und einem klugen Blick. Auch wenn sie sich stets freundlich verhielt, kannte sie kein Mitleid. Und das fand ich toll.

»Charlotte, wie ist es Ihnen die letzte Woche ergangen? Haben Sie Fortschritte gemacht? Worauf sind Sie stolz?« Sie saß auf dem Polstersessel mir gegenüber. Ihr Notizbuch lag aufgeschlagen auf ihrem Schoß.

»Stolz? Es macht mich stolz, dass ich noch nicht durchgedreht bin. Ich war davon überzeugt, es würde in dem Moment, in dem meine Mutter sich zum zehntausendsten Mal nach meinem Wohlbefinden erkundigt, passieren. Ist es aber nicht.«

Frau Preiss nickte schmunzelnd und ich freute mich, sie erheitert zu haben. Mir war das wichtig. »Und Fortschritte?«, hakte sie nach.

»Keine Fortschritte! Und falls Sie auf Jacques' Grab anspielen – darüber will ich nicht sprechen.«

»Aber Charlotte, ich dachte, das wäre der Sinn dieser Therapie. Sie können hier alles sagen. Vielleicht kann ich Ihnen ja helfen, besser damit umzugehen.«

Für einen kurzen Moment ging ich in mich und zog es sogar in Erwägung, mit Frau Preiss über die unendliche Wut, die in mir brodelte, zu sprechen. Sie in meine Gedanken einzuweihen, dass ich Jacques für das, was er getan hatte, am liebsten den Kopf abreißen würde – wenn es noch ginge. Aber als ich gerade dazu ansetzen wollte, entdeckte ich ein gerahmtes Foto auf ihrem Schreibtisch. Ein Mann lachte mir schelmisch entgegen, zwei Kinder klammerten sich an seinem Körper fest, beide strahlten vor Glück. In dem Augenblick wurde mir bewusst, dass ich die schöne Welt dieser Frau nicht mit meinem Mist verunreinigen durfte. Ich verabschiedete mich höflich unter dem Vorwand plötzlicher Bauchschmerzen und hoffte, mit Punkt zwei meiner Liste erfolgreicher zu sein. Das war ich auch.

Einigermaßen erfreut darüber, ein eigenes Domizil gefunden zu haben, stand ich nun vor dem Problem, die Möbel aus meiner alten Wohnung in die neue schaffen zu müssen. Meine Freunde wollte ich damit nicht belästigen, denn seit der Sache mit meinem Mann redeten sie nur noch im Flüsterton mit mir und bekamen immer wieder feuchte Augen, die sie mit herumfliegenden Staubkörnern entschuldigten. Nach langem Hin und Her klopfte ich schließlich an Noahs Wohnungstür.

Er reagierte etwas verlegen, als er mich – deutlich abgemagert und eingehüllt in die harte Schale, die ich neuerdings trug – an seiner Türschwelle begrüßte.

»Könntest du mir bitte am Wochenende beim Umzug helfen?«, überfiel ich ihn sofort und wollte damit verhindern, dass er mich mit der Frage nach meinem Befinden aus der Reserve lockte. Er strich sich behutsam eine dunkle Locke aus dem Gesicht und konnte sich nicht zu einer Antwort durchringen. »Was nun?«, fragte ich etwas genervt. Hatte man erst mal die Entschuldigung, kürzlich verwitwet zu sein, bestand niemand mehr auf Freundlichkeiten.

»Paulo und ich sind Samstagvormittag bei der Selbsthilfegruppe für alleinerziehende Väter ... Das ist mir jetzt etwas unangenehm ... Aber danach helfen wir dir gern.«

Dass er mir so – quasi zwischen Tür und Angel – anvertraute, mit diesem komischen Leben auch so seine Probleme zu haben, gab mir irgendwie Hoffnung. Wahrscheinlich fragte ich ihn deshalb: »Darf ich reinkommen?«

Mit Noah konnte ich über Dinge sprechen, die, selbst als sie nur in Form von Gedanken existiert hatten, mit erhobenem Zeigefinger ausgeschimpft worden waren. Er verstand mich auf eine sonderbare Art und Weise. Fast ohne Worte. Vielleicht lag es daran, dass er ebenfalls seine Frau verloren hatte, wenn auch in einer anderen Form. Ich weiß es nicht. Ab jenem Tag fand ich immer wieder neue Vorwände, um ihm und dem kleinen Paulo einen Besuch abzustatten. Und irgendwann kam ich einfach so vorbei, weil ich es gern tat. Und dann blieb ich dort.

Seit der Sache mit meinem Mann sind bereits einige Jahre vergangen und einfach war es an keinem einzigen dieser Tage. Aber mit dem Verständnis, das Noah mir entgegenbrachte, und seiner Geduld, sich immer und immer wieder die gleiche Geschichte erzählen zu lassen, brachte er mich auf eine Idee.

Heute kümmere ich mich um Frauen, deren Jacques, Pierres, Francoises und wie sie alle hießen ebenso freiwillig das Weite gesucht haben. Denn, meiner Erfahrung nach, (er)tragen vier Schultern mehr Lasten als zwei. Es bedarf manchmal eben nur einer Person, die sich zum Anpacken zur Verfügung stellt.

12

Schluss mit lustig?

Stella (30), Fotografin, München,
über
eine Entscheidung mit Spätfolgen

Und? Wann ist es bei euch so weit?«, fragte mich die Schwester meines Freundes, Larissa, über das schreiende Bündel in ihren Armen hinweg und jagte mir damit eine Heidenangst ein.

Ihr blondes Haar stand strähnig von ihrem Kopf, unter ihren kugelrunden blauen Augen hatten sich dicke schwarze Ringe ausgebreitet und ich schwöre, dass sie die kurzen Momente des Blinzelns zum Power Napping nutzte.

»Was bei uns?«, stellte ich mich zur Sicherheit erst mal dumm und erntete dafür böse Blicke. Einen von Larissa, einen von meinem Freund Kevin und – um mich richtig schuldig zu fühlen – einen von der Säuglingsschwester, die soeben auf leisen Sohlen das Zimmer verließ. »Achsooo! Du meinst die Sache mit dem Baby … Also, ich denke, damit lassen wir uns noch Zeit. Nicht wahr, Kevin? Damit haben wir es echt nicht eilig. Ich seh mir mal an, wie das bei dir so läuft. Wie du drauf bist, wenn du nächtelang nicht schlafen darfst und wenn das Baby ohne erkennbaren Grund stundenlang plärrt. Es soll ja Frauen geben, die das einfach nicht aushalten.«

In diesem Moment klopfte mir Kevin auf die Schulter und brachte mich damit, gerade noch rechtzeitig, bevor seine Schwester zu heulen begann, zum Schweigen.

»Stella meint das nicht so«, beschwichtigte er, stellte sich hinter meinen Stuhl und legte seine Hände auf meine Schultern – bereit, mich beim nächsten falschen Wort innerhalb weniger Sekunden mittels Würgegriff auszuschalten. Der Polizist in ihm war wieder einmal im Einsatz.

»Sicher meint sie es so. Sie wollte Lilly doch noch nicht einmal in den Arm nehmen.« Larissa verzog beleidigt das Gesicht und sprach in einem weinerlichen Kleinmädchenton. Plötzlich stand dieser Vorwurf mitten im Raum, zog eine hässliche Fratze und deutete mit dem Finger auf mich.

»Sicher will sie. Du willst doch, Stella, oder?«

Ich nickte stumm und verzichtete auf eine Antwort verbaler Art. Zu hoch war das Risiko, dieses gemeine Luder anzuschreien.

»Na siehst du, sie will. Gib sie ihr doch mal«, forderte Kevin Larissa auf. Mit einem Siegeslächeln richtete diese sich mühevoll in ihrem Bett auf und überreichte mir den runzligen Zwerg. Zum Glück hatte er in der Zwischenzeit zumindest seine Lautstärke gedrosselt.

Nervös nahm ich die kleine Lilly entgegen, und um die Rolle der begeisterten Tante perfekt zu mimen, riss ich die Augen auf und formte den Mund zu einem übertriebenen Lächeln. »Ohhhhh, wie süß sie doch ist. Und erst die kleinen Fingerchen …« Ich war von meinem Schauspieltalent begeistert. Trotzdem setzte sich der Deckenberg auf dem Bett bereits nach wenigen Augenblicken in Bewegung und entriss mir mit seinen aufgedunsenen Armen das Bündel Mensch.

Ich atmete tief durch. Gott sei Dank, es hatte überlebt.

»Süß, die Kleine, nicht?«, stellte wenig später auch Kevin fest und blickte mit strahlenden Augen zu mir auf den Beifahrersitz.

»Mhmmm«, stimmte ich zu und hoffte, dass wir nun wieder über alltägliche Dinge sprechen konnten. Wocheneinkäufe, die Anzahlung für unseren jährlichen Weihnachtsurlaub, den neuesten Klatsch aus dem Büro – Dinge eben, die mir keine Angst einjagten.

»Wahnsinn, wenn man sich vorstellt, dass dieses Kind aus meiner kleinen Schwester rausgekommen ist, oder?«

»Haut mich jetzt, ehrlich gesagt, nicht vom Hocker. Vor deiner Schwester haben das nämlich schon zwei, drei andere Frauen zustande gebracht.« Schmollend starrte ich aus dem Fenster. Sah die Stadt, wie sie an mir vorbeisauste, und wollte am liebsten auch ganz schnell weg.

»Das ist jetzt aber unfair von dir. Hör mal, Stella, wenn du ein Problem damit hast, dass andere Frauen Kinder kriegen, dann sag es. Ich wäre sofort dazu bereit, mit dir eine Familie zu gründen.« Seine Hand wanderte über meinen Oberschenkel und – ich weiß nicht, ob es an seiner Berührung lag oder an seinen Worten – mein Herz begann, wie wild zu schlagen und mein Magen schrumpfte immer mehr zusammen.

Nachdem Kevin an diesem Abend seinen Nachtdienst angetreten hatte, saß ich zu Hause und bekam seine Stimme nicht aus dem Kopf. Will ich Kinder mit Kevin? Irgendwann vielleicht, ja – aber jetzt? Sollte ich, kaum 30, auf den ganzen Spaß da draußen verzichten? Aus Erfahrung wusste ich, dass jetzt nur noch eine Sache meine Stimmung heben konnte, und das war Tanzen. Ausgelassen, verschwitzt und, wenn möglich, sehr betrunken. Und weil meine Freundin Olivia für solche Zwecke schon immer die beste Gefährtin gewesen war, suchte ich in meiner Jackentasche nach meinem Telefon und rief sie an.

»Ja?«, meldete sich eine müde Stimme am anderen Ende der Leitung.

»Hallo Olivia, ich bin's! Was hältst du davon, wenn wir heute einen draufmachen? Ich kann in einer halben Stunde bei dir sein. Alles klar?« Vor Vorfreude tanzte mein Herz jetzt schon Samba.

»Stella, bist du's? Hast du auf die Uhr gesehen? Es ist fast Viertel nach zehn.«

»Ja und? Jetzt komm schon, Olivia, früher hat uns das doch auch nicht aufgehalten.«

»Früher hatte ich noch keine Kinder. Was glaubst du, wo ich um diese Uhrzeit einen Babysitter herkriegen soll?«, fauchte sie.

»Du könntest ja deine alte Nachbarin bitten, oder?«

»Werde erwachsen, Stella. Gute Nacht.« Auf diese Worte folgte nur noch ein penetrantes Piepen. Als mir wenig später bewusst wurde, dass auch sämtliche andere Freundinnen entweder liiert oder wegen Hausbau und/oder Kinderhüten bestimmt bereits hundemüde waren, schlurfte ich frustriert ins Badezimmer. Während ich mich dort in dem großen Spiegel betrachtete, fragte ich mich, seit wann diese Lachfältchen dauerhaft in meinem Gesicht eingezogen waren. Und in welcher Phase meines Lebens hatte mein Gewebe beschlossen, der Schwerkraft einen Zentimeter weiter nach unten zu folgen? Wann war denn bitte der ganze Spaß Hand in Hand mit meiner jugendlichen Ausstrahlung abgehauen? Laut seufzend klatschte ich mir eine neue Antifaltencreme um die Augen, streckte meinem Spiegelbild die Zunge entgegen, löschte das Licht und wanderte ins Bett. *Gute Nacht, bis morgen*, schrieb ich dort angekommen noch eine SMS an Kevin. Im ersten Jahr ergänzte ich diese Kurzmitteilung noch mit *Ich liebe dich, dicken Kuss* und dergleichen. Im zweiten Jahr verlor ich den Kuss, im dritten das Liebesgeständnis und nun wahrscheinlich bald die Motivation, überhaupt noch Nachrichten an ihn zu versenden.

Vielleicht würde ein Kind frischen Wind in unsere Beziehung bringen? Aber war ich dieser Aufgabe schon gewachsen? Oder wuchs man in die Elternrolle sowieso hinein, ebenso, wie ich erwachsen geworden war, ohne es jemals bemerkt zu haben? Mit diesen Gedanken sank ich in einen unruhigen Schlaf.

Als ich am nächsten Morgen erwachte, schnarchte Kevin bereits an meiner Seite. Früher hatten wir seine nächtliche Heimkehr genutzt, um ungeniert bis in die frühen Morgenstunden zu vögeln, doch in der letzten Zeit schlief ich immer häufiger mit Schlafmaske und Ohrstöpseln, um nicht von ihm geweckt zu werden. Vielleicht konnten sich die Falten ja deshalb unbemerkt einnisten, weil wir nicht registriert hatten, wie sie über mein Gesicht schlichen und es sich schließlich gemütlich machten.

Ich blickte auf Kevins unrasiertes Gesicht, die rotblonden Haare, die zersaust auf seiner Stirn ruhten, die Millionen Muttermale, die ich in guten Zeiten einzeln mit einem Gute-Nacht-Kuss verabschiedet hatte, und seine immer dichter werdende Brustbehaarung.

Plötzlich vermisste ich die Leidenschaft, die uns irgendwann stinksauer verlassen hatte, als die Gewohnheit unter unsere Bettdecke gekrochen war. Aber ihn jetzt, nach seinem Nachtdienst, wecken? Nein, das konnte ich nicht.

So spritzte ich mir etwas kaltes Wasser ins Gesicht, bepinselte meine dichten Wimpern mit Mascara, sorgte mit einem Hauch Rouge für einen frischen Teint und vollendete mein Werk mit einem schlichten Zopf.

Kaum stand ich auf der Straße, kreuzten zwei Frauen mit modernen Kinderwagen meinen Weg. Ich rollte genervt die Augen und hetzte weiter zur S-Bahn, wo sich eine junge Frau auf den Platz neben mir fallen ließ. Erst auf den zweiten Blick erkannte ich, dass es sich bei der um ihre Brust geschnallten vermeintlichen Tasche um ein Baby handelte. Warum musste sie ausgerechnet neben mir sitzen? Als ich fünf Stationen später bei meinem Sprung aus der Bahn fast eine kleine Frau mit einem Bauch in Medizinballgröße anrempelte, war ich am Ende. Schwelgte denn die ganze Welt im Mutterglück und strahlte eine Freude aus, wie ich sie das letzte Mal mit einer alten Schulfreundin bei einem Joint empfunden hatte?

Machen Kinder also glücklich? Vielleicht sogar so sehr wie Drogen?

»Morgen«, rief ich so motiviert wie möglich, nachdem ich in der Agentur angekommen war. Ich bahnte mir meinen Weg in unser Gemeinschaftsbüro und ließ mich dort, erschöpft von dem vielen höflichen Grinsen, auf meinen Schreibtischsessel fallen. Frau Sommer, die Besitzerin des Arbeitsplatzes mir gegenüber, nickte mir schweigend zu und ich dankte ihr stumm dafür, dass sie mittlerweile einschätzen konnte, wann ich mich in Redelaune befand und wann nicht.

Frau Sommer war um die 50, hatte graues Haar, trug immer sehr adrette Kleider und schwieg wie ein Grab – zumindest, wenn es um private Angelegenheiten ging. Mit Ausnahme von gelegentlichen Tierarztbesuchen mit ihrer Katze hatte ich von ihrem Leben noch nichts mitbekommen.

Um mich von dem Schock des Fortpflanzungstrends, der augenscheinlich um mich herum Einzug gehalten hatte, abzulenken, stürzte ich mich in die Arbeit. Ich plante gerade die neue Kampagne für einen Modekatalog, als mich das Piepen meines Telefons aus den Gedanken riss. Fast automatisch tippte ich auf den »Anzeigen«-Button und sofort lud sich ein Foto von Lilly auf meinem Handydisplay hoch. Winzig klein und rosarot lag sie auf einem Kissen, ein viel zu großer Teddybär war neben ihr drapiert worden und ich hatte das Gefühl, den lieblichen Geruch des kleinen Wesens durch das Telefon einatmen zu können.

»Ochhh«, staunte ich. Als ich bemerkte, was da gerade mit mir passierte, schüttelte ich mich, drückte schnell auf »löschen« und schimpfte vor mich hin.

»Alles in Ordnung?«, erkundigte sich die sonst so distanzierte Frau Sommer.

»Jaja, alles bestens. Ich habe nur im Moment das Gefühl, von den dicken Bäuchen schwangerer Frauen beziehungsweise deren Neugeborenen verfolgt zu werden. Und das nervt!« Meine Stimme überschlug sich vor Aufregung.

»Oh, dieses Gefühl kenne ich«, seufzte sie.

»Ach ja?«

»Ja natürlich, oder glauben Sie, ich bin schon mit 54 zur Welt gekommen? Auch ich war mal jung.« Sie räusperte sich.

»Und wann haben die dicken Bäuche ihre Verfolgung aufgegeben?« Ich lachte.

Doch Frau Sommers Blick verfinsterte sich und ganz leise antwortete sie: »Nie. Nur war es irgendwann zu spät, darauf zu reagieren.«

Unauffällig wischte sie über ihre Augenwinkel und erzählte mir dann, dass sie auch immer geglaubt hatte, zu jung zu sein. Dass sie immer dachte, noch mehr Leben erleben zu müssen, und dass sie das Thema Kinder auf später verschieben wollte. Doch später hat es dann nicht mehr sein sollen, später hatte ihr Gatte keine Lust mehr auf ihren Egoismus und später war die Katze Murli die Einzige, die ihr Gesellschaft leistete.

Und so sehr ich die alte Frau mit ihren grauen Haaren schätzte, so sehr wusste ich, dass ich so nicht enden wollte – und dank meiner Katzenhaarallergie niemals enden würde.

Höflich bedankte ich mich bei ihr für ihre Ehrlichkeit. Sie nickte nur kurz und stürzte sich wieder auf ihren Aktenberg. Oh Mann, wenn ich Kevin nicht an eine bereits wirklich erwachsene Frau verlieren wollte, musste ich ganz schnell runter von meinem hohen Ross. *Soll ich heute Abend kochen? Nackt? Ich liebe dich! Dicken Kuss*, schrieb ich ihm und kicherte dabei fröhlich.

An diesem Abend machten wir es ganz anders als bisher. Die Leidenschaft packte die Gewohnheit beim Schopf, zog sie unter der Bettdecke hervor und warf sie mit todernster Miene aus dem Fenster.

Und während wir an allen anderen Abenden so viel gegessen hatten, dass wir uns nicht mehr bewegen konnten – nur um eine Ausrede zu finden, dem Geschlechtsakt wieder einmal entkommen zu können –, so vögelten wir an diesem Abend, dass mir Hören und Sehen verging.

Verschwitzt und von Endorphinen durchströmt, küsste ich Kevins Muttermale und flüsterte: »Es tut mir leid, dass ich so eine egoistische Kuh war. Ich hätte gern ein Baby mit dir.«

Seither ist eine ganze Weile vergangen und was soll ich sagen – nun bin ich auch eine von ihnen. Ich diskutiere über die Vorteile von Bugaboo-Kinderwagen, besuche Yogakurse für Schwangere und kaufe gemeinsam mit Kevin all diese winzigen Kleidchen.

Und mit jedem Zentimeter, den mein Bauchumfang wächst, schrumpft meine Angst vor dem Erwachsenwerden. Der richtige Spaß beginnt nämlich erst jetzt.

13

Spieglein, Spieglein an der Wand ...

Valentina (34), Juristin, Augsburg,
über
den Neubeginn nach einer misslungenen
Schönheits-OP

Okay, es gibt sogar Berühmtheiten, die es schlimmer getroffen hat als mich. Pinocchio, zum Beispiel. Oder Barbara Streisand. Die hatten ein wirkliches Problem. Im Gegensatz dazu kannte ich bis vor ungefähr einem Jahr keine Probleme. Keine richtigen zumindest. Ich hatte einen guten Job als Anwältin in einer renommierten Kanzlei, lebte in einem schmucken Haus im Grünen und – dabei berufe ich mich auf Angaben Außenstehender – sah mit meinem störrischen dunkelblonden Haar und den langen Beinen auch ganz passabel aus. Um meinem Leben den Stempel »perfekt« aufzudrücken, fehlten mir lediglich zwei Dinge: ein wirkungsvolles Medikament gegen meine Pollenallergie und eine gewisse Geradlinigkeit meiner Nase. Letzteren Floh hat mir mein HNO-Arzt ins Ohr gesetzt.

Nachdem man mir für einen Allergietest den Unterarm unschön zerkratzt hatte und ich nun aussah, als wäre ich einem Streitgespräch mit Edward (dem Typ mit den Scherenhänden) nur knapp lebend entkommen, saß ich in dem Sprechzimmer von Doktor Kramer und wartete auf sein Urteil. Er räusperte sich verlegen, suchte nach den richtigen Worten. Seine Wahl hallt noch heute in meinen Ohren: »Grundsätzlich ist alles in Ordnung, aber der ungeradlinige Verlauf Ihrer Nase verhindert eine ausreichende Belüftung Ihrer Nasennebenhöhlen, das verschlimmert natürlich die Symptome Ihrer Allergien. Mit einem kleinen Eingriff ließe sich das regulieren. Wahrscheinlich könnte man mittels der ästhetischen Korrektur auch den Höcker loswerden …« Ab diesem Moment hörte ich nur mehr »ästhetisch, ästhetisch« und versuchte, das Gefühl, einen Lottosechser gemacht zu haben, vor meinem Arzt zu verbergen. So erhielt ich von meinem HNO-Arzt des Vertrauens einen OP-Termin bei einem Plastischen Chirurgen seiner Wahl. Meine Eintrittskarte in das Reich der Schönen. Dachte ich.

Zu Hause angekommen, ließ ich kaltes Wasser in ein Glas laufen und betrachtete mein Ebenbild im Spiegel. Eindeutig … Meine Nase war krumm. Langsam befühlte ich mit dem Zeigefinger den Nasenrücken und war entsetzt. Warum war mir das nicht schon viel früher aufgefallen? Oder war es das? Zum Beispiel damals, als ich gemeinsam mit den älteren Jungs im Schulhof auf einer Holzbank gesessen hatte. Wir glaubten, extrem cool zu wirken, teilten uns eine Zigarette, deren Filter schon vor Spucke triefte, und diskutierten über Themen wie: Woher bekomme ich so eine grüne Strickjacke, wie sie Curt Cobain in seinem MTV-Video trägt?, als Susi und Marie, zwei Mitschülerinnen, an uns vorbeischlenderten. Sie tuschelten. Wenig später rief Marie, die pummelige: »Valentina, weißt du eigentlich, dass man dir die Verwandtschaft mit deiner Cousine an der Nasenspitze ansehen kann?«

Sie lachten und hasteten davon. Damals blieb mir der Rauch in der Kehle hängen und ich drohte, an einem Hustenanfall zu ersticken. Nun gefror mir das Blut in den Adern. Vera – meine kleine Cousine! Vera, die einen glauben lässt, der Mensch stamme vom Nasenbären und nicht von den Affen ab. Warum hatte sie noch keine Korrektur ihrer Nase machen lassen? Es war doch so einfach. Dieser Sache galt es, auf den Grund zu gehen, und ein Telefonat später waren wir in einem nahe gelegenen Café verabredet.

Ich entdeckte sie schon von Weitem. Die Haare schwarz und kurz, der Körper schlaksig und mager, die Nase – groß und kantig.

»Vera!«, jubelte ich und winkte ihr zu. An ihrem Tisch angekommen, warf ich ihr rechts und links ein Küsschen über die Schulter und setzte mich. Von vorn betrachtet, konnte man das Ausmaß ihres Zinkens gar nicht wirklich erahnen.

»Schön, dass wir uns endlich mal wiedersehen. Wie geht es dir?«, fragte sie und meinte es ehrlich.

Da ich das Gespräch irgendwie auf die Nasenproblematik lenken wollte, ohne dass sie sich angegriffen fühlte, schilderte ich ihr den Vorfall bei Doktor Kramer.

»Und du überlegst dir jetzt ehrlich, das durchzuziehen?« Vor Erstaunen fielen ihr beinahe die grünen Augen aus dem schmalen Gesicht.

»Ja. Warum denn nicht? Es ist gratis, ich wäre meinen Höcker los UND eventuell sogar meine Allergie.« Ich triumphierte, sie schüttelte den Kopf.

»Ich würde das niemals machen lassen! Nie im Leben!«

»Wieso denn nicht?« Gerade du könntest es doch gebrauchen, dachte ich, wagte es aber nicht auszusprechen.

»Was ist, wenn etwas schiefgeht?«

Auf diese Frage hatte ich mich vorbereitet: »Da geht nichts schief, da sind Profis am Werk. Weißt du, wie lange so ein Medizinstudium dauert? EWIG! Die müssen das können.« Ich fühlte mich wie Superwoman, die mit gezogenem Schwert darauf wartete, den nächsten Zweifel zu eliminieren.

Vera schüttelte noch immer verständnislos den Kopf. »Weißt du, was ich mir wirklich gruselig vorstelle? Wenn du nach der OP aufwachst und dir ein neues Gesicht aus dem Spiegel entgegenstarrt. Davor hätte ich richtig große Angst.« Ich wollte widersprechen, doch Vera hatte sich in Rage geredet. »Außerdem bin ich der Meinung, wenn jemand mit meinem Aussehen ein Problem hat, dann soll er eben wegsehen. Die Leute, die mich mögen, werden das nicht von der Größe meiner Nase abhängig machen. Also mal ehrlich jetzt!« Auch sie hatte ihr Schwert gezückt und war zum Schlagabtausch bereit. Plötzlich fühlte ich mich viel weniger stark, und obwohl Veras Einwände logisch klangen, beschloss ich, dass sie nicht für mich galten. Bei Veras Nase war ohnehin Hopfen und Malz verloren, und wenn sie mit diesem Ding im Gesicht glücklich war – was ich mir kaum vorstellen konnte –, sollte sie es eben so lassen. Doch mein Entschluss stand fest. Ich würde diese Operation wagen.

Zwei Wochen, eine unglaubliche Anzahl an OP-Tauglichkeits-Checks und gut gemeinten, aber überflüssigen Ratschlägen, nach denen ich niemals verlangt hatte, später, fand ich mich in einem kleinen, sterilen Zimmer wieder. Ein großer Blumenstrauß war das Erste, was ich erblickte und das Zeugnis gab, dass ich mich noch am Leben befand. Alles drehte sich, verschwamm vor meinen Augen. Meine Zunge klebte an meinem Gaumen und mein Körper fühlte sich an, als wäre ich mit einem Lkw kollidiert. Ich klingelte nach der Schwester, verlangte nach Schmerzmittel und döste wieder weg. Ahnungslos.

Die sanfte Berührung einer Hand riss mich aus dem Schlaf. Es war Vera, die an meinem Bett saß. Tränen kullerten über ihre Wangen.

»Mit geht's gut. Du musst nicht weinen«, brachte ich mit schwerer Zunge hervor und drückte ihre Finger.

»Du siehst aber aus, als ob es wehtun würde«, flüsterte sie.

»Mmm, mmm«, verneinte ich und wollte zum Beweis meinen Kopf schütteln, doch die Schmerzen ließen mich laut aufstöhnen. Als wäre dies das Stichwort gewesen, marschierte ein sechsköpfiges Ärzteteam zur Visite in mein Zimmer. Vera, die fluchtartig selbiges verließ, warf mir zum Abschied einen verzweifelten Blick zu. Ihm sollten sechs weitere folgen. Mein Chirurg blätterte emsig in meiner Krankenakte, als würde er darin die richtigen Worte finden.

»Was?«, fragte ich gereizt und mein Kopf dröhnte.

Die Weißmäntel tauschten vielsagende Blicke aus, dann antwortete der Chirurg der Wahl des HNO-Arztes: »Frau Ebner, die Operation ist nicht ganz so verlaufen, wie wir es uns gewünscht hätten. Aus einem unverzeihlichen Grund wurde zu viel Knorpelgewebe an der Nasenspitze entnommen, sodass das Ergebnis auf den ersten Blick etwas zu kurz erscheinen mag. Aber es wäre möglich, dass sich die Nase senkt – im Laufe der Zeit.« Um zu verdeutlichen, wovon er sprach, hielt er mir einen Spiegel vor das Gesicht. Und die Welt blieb stehen. Ich hörte das Blut in meinen Ohren rauschen und ich wünschte mir, ich mochte ein weiteres Mal das Bewusstsein verlieren.

DAS BIN NICHT ICH!, schrie ein verzweifeltes Stimmchen in meinem Kopf und versuchte angestrengt, mich aus diesem Albtraum zu erwecken. Doch der Erfolg blieb aus.

Ich starrte in den Spiegel. Fixierte meine blau-violett geschwollenen Augen, den Verband um meinen Kopf und den Hauptakteur der Schrecklichkeit: meine Nase. Klein und blutverkrustet trat sie unter der weißen Schiene hervor, Wundsekret tropfte herab und ich blickte direkt in meine Nasenlöcher. »Was bedeutet ›im Laufe der Zeit‹?«, brachte ich gerade noch hervor, bevor Sekret und Tränen meine Bettdecke befleckten. Die Assistenzärzte sahen den Chirurgen (der Wahl … Sie wissen schon) ebenso interessiert an.

Dieser kratzte sich hinter dem Ohr und murmelte: »Sechs Monate. Ein Jahr. Das wird der Heilungsprozess zeigen.« Mit diesen Worten drehte er sich um und verließ gemeinsam mit seiner Fangemeinde das Zimmer.

Vera setzte sich wieder an mein Bett und versuchte, mich zu trösten. »Das ist wahrscheinlich am Anfang einfach ungewohnt – so wie mit einer neuen Frisur. Wenn das erst mal verheilt ist, wirst du wunderbar aussehen. Da bin ich mir sicher.« So nette Dinge sie auch sagte, ich sah in ihrem Gesicht immer nur diesen Ich-hab-dich-doch-gewarnt-Ausdruck, den ich einfach nicht ertragen konnte. Also bat ich sie zu gehen.

Da war ich nun. Allein, verunstaltet und – am schlimmsten von allem – selbst daran schuld. Da man mit einer postoperative Depressionen leider keinen Anspruch auf einen stationären Klinikaufenthalt hat, wurde ich entlassen. Ich durfte nach Hause. Durfte in mein altes Leben zurück – und passte nicht mehr hinein.

Niemals wieder würde ich zur Arbeit gehen können. Niemals wieder würde ich ausgehen, Freunde treffen und Spaß haben können. Diese neuen Gesetze beherrschten von nun an mein Leben, und da ich Juristin war, verstand ich es als meine Pflicht, mich daran zu halten. Ich vergrub mich in meinem Haus, ging nicht mehr ans Telefon und heulte. 24 Stunden täglich. Wochenlang. Mein Handy schaltete ich gar nicht mehr ein, ich brauchte keinen Zuspruch von dieser grausamen Welt. Ich war ohnehin viel zu beschäftigt, denn um den Augenblick »im Laufe der Zeit« nicht zu versäumen, trug ich ständig einen Spiegel mit mir herum. Stellte ihn neben meinen Laptop, um während meiner Internetrecherchen meine Nase im Blick zu behalten. Betrachtete mein Abbild während des Essens im Löffel, in den Armaturen meiner Badewanne, wenn ich ein Bad nahm. Ich war ständig bereit, jede Veränderungen zu bemerken. Die Tage verbrachte ich damit, Hunderte, Tausende, unzählige Fotos, aus allen Blickwinkeln, aus jeder Perspektive zu knipsen, nur um sie dann am Abend im Bett liegend zu betrachten und dabei zu weinen.

Mein Nervenkostüm bekam immer größere Löcher. Um schlafen zu können, beruhigte ich mich mit Rotwein. Um leben zu können, mit Baldriantropfen. Es war fast so, als hätte mein Lebenswille in diesem überschüssigen Stück Nasenknorpel gewohnt. Jetzt war er weg – und ich am Ende.

Die Wende trat ein, als ich – von meiner nach wie vor bestehenden Allergie getrieben – in eine Apotheke musste. Ich wünschte mir, es wäre Winter gewesen, dann hätte ich mein Antlitz hinter einem dicken Schal verstecken können. Aber das Glück stand nicht auf meiner Seite – wieder nicht – und so lachte die Sonne schadenfroh vom Himmel. Vorsichtig und mit einer großen Sonnenbrille auf der kleinen Nase machte ich mich auf den Weg. Meine Finger zitterten und vor Anspannung wagte ich kaum zu atmen. Mit gespieltem Selbstbewusstsein und schlotternden Knien betrat ich die Apotheke – und traf prompt auf Marie, die pummelige Schulkollegin von früher.

»Valentina? Bist du es?« Skeptisch starrte sie mich an und ich wünschte mir wieder mein Superwoman-Schwert herbei.

»Hallo!«, begrüßte ich sie schüchtern und versuchte, mich wegzudrehen. Starrte auf die Regale mit den Kräutertees.

»Wie gut du aussiehst! Und so verändert! Hast du abgenommen? Oder hast du eine andere Frisur?« Sie blickte mich forschend an.

»Die Nase. Es ist die Nase …« Ich spürte die Röte in meinem Gesicht aufsteigen, die Tränen in meinen Augen.

»Also darauf wäre ich nie gekommen, wenn du es jetzt nicht gesagt hättest. Vielleicht sieht man sich mal wieder …« Und schon war sie verschwunden – sich nicht bewusst, dass sie mein Leben zum zweiten Mal verändert hatte. Ich fühlte mich erleichtert. Als hätte sie durch ihr Gerede einen riesigen Felsbrocken von meinen Schultern gehoben. Vielleicht war mein Äußeres ja gar nicht so schlimm, wie ich es selbst wahrnahm. Ich beschloss, es darauf ankommen zu lassen, nahm die Sonnenbrille vom Gesicht, bestellte – unsicher, aber mutig – meine Medikamente. Und als auch die Frau Apothekerin bei meinem Anblick keinen hysterischen Lachanfall bekam, schöpfte ich neue Hoffnung.

Am nächsten Tag wagte ich mich zurück in die Kanzlei.

»Guten Morgen, allerseits«, begrüßte ich die Sekretärinnen, »ich weiß, meine Nase sieht fürchterlich aus, aber ich kann ja nicht für immer und ewig zu Hause bleiben.« Ich lachte gekünstelt. Sie starrten mich an. Überrascht? Skeptisch? Schockiert?

Natalie, meine persönliche Sekretärin und Privattherapeutin, unterbrach das unerträgliche Schweigen als Erste: »Papperlapapp, Frau Ebner, wenn Sie den Raum betreten, ist das Letzte, worauf man achtet, Ihre Nase ... Schön, dass Sie wieder da sind! Gut sehen Sie aus.« Und die anderen stimmten ihr zu.

Kopfschüttelnd betrat ich mein Büro, genoss den Duft von Papier und ungelösten Streitfällen. Befühlte das Holz des Schreibtisches, setzte mich in meinen schwarzen Ledersessel und startete den Computer. Als ich gerade meinen Taschenspiegel neben dem Bildschirm aufstellen wollte, bemerkte ich, dass mir egal war, was ich darin entdecken würde. Ich dachte an Veras Worte zurück (»Wenn jemand mit meinem Aussehen ein Problem hat, dann soll er eben wegsehen«), streckte das kleine Näschen in die Höhe und warf den Spiegel in den Papierkorb.

14

Die Liebe meines Lebens

Hanna (56), Hausfrau, Amstetten,
über
das Leben nach dem Tod ihres Mannes

Nach dem frühen Tod meiner Eltern schickte man mich – damals fünfjährig – zu meiner Tante auf den Bauernhof. Sie hatte selbst bereits eine Handvoll leiblicher Kinder und war dementsprechend nur wenig erfreut darüber, nun auch noch eines mehr versorgen zu müssen.

Wir alle mussten viel mitarbeiten, bekamen jedoch im Gegenzug dazu sehr wenig. Ich spreche hier nicht von Geld – was hätten wir denn damit schon anfangen können? Ein Streicheln über meine zersausten blonden Locken, ein nettes Wort vor dem Einschlafen, ein kurzer Moment der Geborgenheit … Solche simplen Gesten hätten mein Kinderherz höher schlagen lassen. Doch meine Tante war eine harte Frau mit starrer Miene. Die Haut von der Sonne gegerbt, die Mundwinkel mit jeder Schwangerschaft weiter nach unten gerutscht. Sie sprach nicht viel und wenn, rief sie uns Anweisungen zu. An meinen Onkel fehlen mir konkrete Erinnerungen, er war immer beschäftigt. Und so blieben das Einzige, was diese Großfamilie verband, die täglichen Aufgaben, welche strikt in die Kategorien Frauen- und Männerarbeiten aufgeteilt wurden.

Die Jahre auf dem Hof zogen vorüber und ich wurde älter und älter, jedoch nicht gerade glücklicher. Bis mir, eines Tages, als ich gerade durch die Stadt spazierte, endlich auch einmal etwas Wunderbares geschah.

Die Sonne stand hoch am Himmel und ich betrachtete mein Spiegelbild in dem Schaufenster eines angesagten Modegeschäftes. Groß und schlaksig war ich und mein gewelltes Haar verdeckte beinahe die gesamte Vorderseite meiner weißen Bluse, obwohl mein knielanger grüner Rock viel lauter nach einem Versteck hätte schreien müssen.

»Welches der Kleider gefällt Ihnen am besten?«, ertönte plötzlich eine tiefe Stimme hinter mir. Ich zuckte zusammen, drehte mich ruckartig um – fast so, als wäre es verboten, sich am Anblick der feinen Kleidung zu erfreuen – und vor mir stand ein dunkelhaariger Mann. Er war großgewachsen, hatte dunkelbraune Augen und ein Lächeln, das von Herzen kam. Mein Puls raste.

»Da … da … das Graue«, stotterte ich und blickte verlegen zu Boden.

Anscheinend gefiel dem jungen Fremden meine tollpatschige Schüchternheit, denn er entgegnete: »Das würde bestimmt sehr hübsch an Ihnen aussehen. Hätten Sie vielleicht Lust, mit mir einen Kaffee zu trinken?« Ich war mir sicher, dass weder meine Tante noch mein Onkel damit einverstanden wären, aber dieser Unbekannte strahlte etwas Vertrauenswürdiges aus und irgendwie zog er mich an. Auf welche Art und Weise, sollte sich noch später herausstellen.

Also willigte ich ein und Franz begeisterte mich unbeschreiblich. Vermutlich leuchteten meine Augen noch dementsprechend, als ich zu Hause ankam. Ganz sicher entging meine gute Laune auch meinen Cousinen und meiner Tante nicht, doch sie hätten sich eher die Zunge abgebissen, als mich nach dem Grund dafür zu fragen. Deshalb behielt ich die Existenz von Franz für mich und fiel an diesem Abend selig und mit einem Schmunzeln im Gesicht in einen tiefen Schlaf.

Doch schon am nächsten Tag wurde mein kleines Geheimnis zum Hauptgesprächsthema. Der Grund dafür war ein riesiges, mit roter Schleife umwickeltes Paket, welches in den frühen Morgenstunden für mich abgegeben worden war. Langsam hob ich den Deckel, blitzschnell hingegen traten Tränen in meine Augen. Vor mir lag das graue Kleid aus der Auslage und mitten in dem feinen Stoff verbarg sich eine kleine, rote Karte. Darauf stand: *Es wäre mir eine Ehre, dich heute Abend zum Essen auszuführen. Franz*

So begann die Geschichte mit meinem Franz und nur ein Jahr später heirateten wir im Kreise der Familie. Auf die Hochzeit folgten zwei wunderschöne Töchter, Helga und Martina, und wir lebten ein idyllisches Leben. Alles, was wir brauchten, pflanzten wir in unserem Garten an und nur in Ausnahmefällen fuhr mich Franz zu dem 20 Kilometer entfernten Supermarkt. Selbst fahren, das konnte ich nicht, Und außerdem war das nichts, was eine Frau tun sollte. Solange mein Mann fahrtüchtig war, sah ich wirklich keinen Grund, etwas daran zu ändern. Denn auch in meiner Familie wurden die Aufgaben streng und geschlechterspezifisch verteilt.

Während Franz arbeiten ging, kümmerte ich mich um den Haushalt, den Garten und die Kinder. Genau so, wie ich es gelernt hatte.

Irgendwann, für mich geschah es quasi über Nacht, wurden aus meinen kleinen Mädchen junge Damen, und ehe ich mich versah, waren sie erwachsene Frauen und zogen in die Stadt. Mit ihnen machte sich auch meine Hauptaufgabe aus dem Staub und mir kam die Fröhlichkeit ein wenig abhanden. Zumindest tagsüber, bis mein Mann von der Arbeit nach Hause zurückkehrte und sein »Hallo, mein Schatz!« die Räume erfüllte. Erst dann wurde es wieder wärmer – im Haus und in meinem Herzen.

So geschah es auch an jenem Abend. Schon nach seinem Begrüßungsruf breitete sich ein eigenartiges Gefühl in meinem Bauch aus. Ich ahnte, dass etwas nicht stimmte, wusste aber nicht was. Nachdem die Haustür zugefallen war, eilte ich vom Bügelzimmer aus dem Obergeschoss nach unten.

Franz wirkte blass, Schweißperlen standen ihm auf der Stirn und seine Wangen waren etwas gerötet. Instinktiv umarmte ich ihn. Ist man erst mal über 30 Jahre lang miteinander verheiratet, erlebt man solche Gefühlsausbrüche viel zu selten.

»Schön, dass du zu Hause bist«, sagte ich und streichelte ihm über die Schulter. Sein Hemd fühlte sich feucht an. »Geht es dir gut? Du siehst müde aus«, murmelte ich beiläufig, während ich mich auf den Weg in die Küche begab. Ich fürchtete mich vor seiner Reaktion. Franz hasste es, über seinen gesundheitlichen Zustand zu sprechen. Normalerweise wurde dieses Thema in unserem Haus – wenn überhaupt – nur sehr vorsichtig gestreift.

»Hm, hm, alles bestens«, erklärte er und schöpfte gedankenverloren die Kartoffelsuppe, die ich uns serviert hatte, in seinen Teller. Während wir schweigend nebeneinandersaßen und aßen, lauschte ich seinem Atem. Auch wenn ich feststellte, dass er merkwürdig klang, sagte ich nichts. Ich wollte keinen Streit riskieren.

Mit den leeren Tellern ging ich in die Küche, um den Braten aus dem Rohr zu holen.

»Ich geh mal schnell nach oben und zieh mir ein frisches Hemd an.« Franz steckte den Kopf durch die Tür und war, bevor ich zu einer Antwort ansetzen konnte, auch schon wieder weg. Schadenfroh ging mir durch den Kopf: Siehst du, so gut geht es dir doch nicht … aber zugeben tut man so was ja nicht.

Minuten später bedeckte der gesamte Kühlschrankinhalt den Esstisch. Nur eine Sache fehlte: mein Ehemann. Anfangs dachte ich mir nicht viel dabei. Vermutete, er wäre noch schnell unter die Dusche gegangen. Langsam wurde ich jedoch nervös. »Franz?«, rief ich. Keine Reaktion. »Fraaa-aanz!« Wieder nichts. Ich ging bis zu der untersten Stufe der Treppe, die in den ersten Stock führte, und setzte noch einmal und diesmal etwas lauter an: »FRANZ?«

Eine Mischung aus Wut und Angst begann, sich in mir auszu-
breiten. Mein Herz hatte es ebenso eilig, als ich die Treppe zum
Badezimmer hinaufstieg. »Franz, beeil dich, das Essen wird doch
kalt!«, klagte ich vorwurfsvoll. Und nachdem auch darauf keine
Antwort folgte, dämmerte mir, dass etwas Schreckliches passiert
sein musste. Ich begann zu laufen und erreichte innerhalb weniger
Sekunden das Bad. Panisch riss ich die Tür auf. Und da lag er,
mit dem Gesicht auf dem kalten Fliesenboden. In der Hand sein
frisches Hemd. Er wurde nur 60 Jahre alt.

Der Moment, in dem sich mein Leben veränderte, war der, in
dem mein Mann verstarb. Er war mein Ein und Alles. Er gab mir
eine Familie. Und er gab mir Halt. Vermutlich wäre es weniger
schmerzlich gewesen, ohne Narkose ein Bein zu verlieren.

Was nach dem Betreten des Badezimmers geschah, erlebte ich
wie in Trance. Irgendwann saß eines der Mädchen an meinem Bett,
strich mir das nass geweinte Haar aus der Stirn und sprach auf
mich ein. Es wurde Tag, dann wieder Nacht, aber der Schmerz
blieb immer derselbe.

Nachdem ich den fünften Tag weinend im Bett verbracht hatte,
erinnerte ich mich an eine Packung Schlaftabletten in unserem
verspiegelten Badezimmerschrank. So fasste ich den Entschluss,
mich einfach zu betäuben. Ich wollte von alldem nichts mehr mitbekommen und darum schlug ich die Decke zurück, presste meine
Augenlider fest zusammen, um die letzten Tränen, die mir die Sicht
versperrten, zu beseitigen, und durchquerte auf leisen Sohlen mein
Zimmer. Ich wollte, ohne viel Aufsehen zu erregen, das Bad erreichen. In dem Moment hörte ich es. Das Weinen. Ein bitterliches
und klägliches Weinen, das zwischendurch von einem tröstenden
»Schschschsch« unterbrochen wurde. Dieses Weinen traf mich
mitten in mein zerbröseltes Herz. Denn während ich darüber nach-
gedacht hatte, meinem Schmerz mit Medikamenten ein Ende zu
bereiten, heulten sich meine Töchter, nur einen Stock tiefer, die
Seele aus dem Leib. Das konnte ich nicht zulassen! Wie egoistisch

war es von mir zu vergessen, dass nicht nur ich meinen Mann, sondern auch meine Mädchen ihren Vater verloren hatten?

Ich war die einzige Familie, die sie noch hatten. Und darum musste ich stark sein – wenn schon nicht für mich, dann wenigstens für meine Kinder.

Also gab ich dem Leben eine zweite Chance. Was nicht bedeuten soll, dass ich nicht mehr gelitten hätte oder dass es auch nur eine Sekunde gab, in der ich nicht befürchtete, mein Herz würde zerreißen. Aber ich hatte mir vorgenommen, stark zu sein. Denn auch Franz war sein Leben lang ein Kämpfer gewesen.

Anfangs scheiterte ich schon an den kleinen Dingen. Rasenmähen, zum Beispiel. Verzweifelt stand ich in meinem Garten, das Gras kitzelte meine Unterschenkel und der nicht anspringende Motor strapazierte meine Nerven. Wenn ich früher meinen Mann aus der Ferne beim Mähen beobachtet hatte, hatte mich diese Tätigkeit nie besonders beeindruckt. Warum auch? Man läuft hinter diesem Gerät her und das abgeschnittene Gras fliegt einem um die Ohren. Dachte ich … Doch nun schien die Sonne unangenehm heiß auf meinen Rücken und ich zog wie eine Wahnsinnige an dem Startseil, ohne etwas zu bewirken.

»Himmelherrgottnocheinmal …«, fluchte ich und stampfte mit dem Fuß auf den Boden.

»Könn ma Ihnen behilflich sein, Frau Weninger?« Meine Nachbarin, Frau Polz, war an den Zaun getreten. Mit der Hand versuchte sie, das Gesicht vor der blendenden Sonne abzuschirmen.

»Irgendwie schaff ich das schon!«, wimmelte ich sie ab und wischte mir den Schweiß von der Stirn. Sie nickte und verschwand wieder hinter ihrem Zaun. Mit Schwung zog ich erneut an dem Seil, doch nichts passierte.

»Frau Weninger, lassen'S mich da mal ran.« Verdattert ging ich einen Schritt zur Seite und Herr Polz drängte sich an mir vorbei.

»Und während sich der Karli um den Mäher kümmert, trinken wir zwei einen schönen Kaffee. Kommen'S nur mit«, sagte seine

Frau, legte mir einen Arm um die Schulter und führte mich ins Haus.

Von da an wurden die Henriette und ich Freundinnen. Sie kam jeden Nachmittag bei mir vorbei, erkundigte sich nach meinem Befinden, nahm mir die Einsamkeit und brachte stattdessen ein wenig Leben ins Haus.

Denn damit hatte ich am meisten zu kämpfen, mit dieser unendlichen Stille. Als wollte ich keine schlafenden Monster wecken, hatte ich selbst begonnen, auf Zehenspitzen durch das Haus zu schleichen. Nachts konnte ich nicht schlafen, da durch die fehlenden Atemgeräusche neben mir das Knirschen der alten Holzböden und das Rascheln der Mäuse auf dem Dach mächtiger schienen als zuvor. Ich hatte Angst. Schreckliche Angst. Manchmal erschrak ich vor meinem eigenen Schatten.

Nach einer Woche ohne Schlaf rief ich meine Tochter Martina an und bat sie, mir einen Computer, neue Fenster und Türen zu bestellen. Sie war mit ihrem dicken Babybauch ohnehin daheim und Franz hatte von dieser Anschaffung bereits seit Längerem gesprochen.

Auf richtig große Probleme stieß ich, als es langsam Winter wurde und ich – abgesehen von einigen Wintersalat- und Kohlsorten – nichts Essbares mehr in meinem Garten fand. Zuerst ernährte ich mich noch von den Konserven, die sich über die Jahre hinweg in meiner Speisekammer angesammelt hatten. Außerdem brachten mir die Mädchen immer wieder etwas vorbei, aber ich war zu stolz, um von jemandem abhängig zu sein.

So marschierte ich eines Tages, mit meiner Ledertasche und den Sonntagsohrringen bestückt, zur nächsten Bushaltestelle und fuhr in die Stadt. Spazierte durch die Gassen, hielt Ausschau, fand, was ich suchte, und betrat festen Schrittes den Raum. Mein Herz klopfte heftig, in meinem Bauch ziepte es und mir war nicht ganz wohl bei diesem Vorhaben. Es gab nun mal Dinge, die den Männern vorbehalten waren.

»Was kann ich für Sie tun?«, fragte mich ein junges, kaugummi-kauendes Geschöpf mit blauschwarzem Haar.

Nach kurzem Zögern rang ich mich endlich zu einer Antwort durch: »Ich möchte bitte Fahrstunden nehmen.«

So war es dann auch. Der Fahrlehrer empfahl mir, das Auto-fahren mit »meinem« Auto zu lernen. Einem riesigen Kombi, der noch aus den Zeiten stammte, zu denen wir darin auch die Kinder transportiert hatten. Die Fahrstunden und auch die Prüfungen absolvierte ich noch ganz gut. Doch auf meiner ersten Fahrt allein im Wagen fühlte ich mich wie Baron Münchhausen auf seinem Flug mit der Kanonenkugel, und an jeder Kreuzung flehte ich zu Franz, mich noch nicht zu sich zu holen. Heil zu Hause an-gekommen, bekreuzigte ich mich. Nur in den schlimmsten Not-fällen, so schwor ich mir, würde ich diese Höllenfahrt freiwillig wiederholen. Mit dem Autofahren ging ich nicht nur an meine Grenzen, ich hatte damit sämtliche überschritten.

Eines Nachts schreckte mich das Läuten des Telefons aus dem Schlaf. Zuerst war mir unbehaglich zumute, allein nachts und im Dunklen durch das Haus zu marschieren, aber da das Läuten kein Ende fand, nahm ich all meinen Mut zusammen und das Gespräch entgegen.

»Hanna? Hanna! Du bist Oma geworden. Es ist ein Junge, ein kleiner Franzi«, jubelte mir mein Schwiegersohn ins Ohr.

Ohne auch nur mit der Wimper zu zucken, fast so, als wäre es das Selbstverständlichste auf der Welt, griff ich nach dem Auto-schlüssel und sauste davon.

Und als ich durch meine Tränen hindurch in das Gesicht des kleinen Franzis blickte, hatte ich zum ersten Mal seit langer Zeit das Gefühl, dass das Leben weiterging.

15

Tausche Libido gegen Liebe

Gregor (29), Student, Mainz,
über
das Ende seines Schürzenjägerdaseins
und den Beginn einer neuen Liebe

Vermutlich hätte ich meine speziellen Talente besser in einem anderen Berufszweig als mit einem BWL-Studium ausnutzen können. Als Koch, zum Beispiel. Oder als Bäcker. Denn wenn ich in einer Sache richtig gut war, dann darin, nichts anbrennen zu lassen. Mir erschien keine Make-up-Schicht zu dick, keine Stimme zu grell, keine Mähne zu toupiert. Ein Leben ohne Frauen wäre für mich unvorstellbar gewesen. Ebenso unvorstellbar wie Libido in Verbindung mit Liebe … oder zweimal hintereinander ein und dieselbe Frau zu beglücken. Solche Dinge hatten mich noch nie begeistern können.

Daher reiste ich auch – vom Testosteron getrieben und mit meinen Kumpel Tim im Schlepptau – jeden Sommer nach Griechenland. Für zwei einsame Wölfe wie uns bedeutete diese Reise der Eintritt ins Paradies. Vormittags arbeiteten wir an unserer Bräune, nachmittags an unserem Promillespiegel, abends übten wir uns im Anbaggern. Um Letzteres zu zelebrieren, lehnten wir uns lässig, frisch geduscht und gestylt, an die Theken der angesagtesten Clubs. Ich diente – mit einer Größe von 1,90 Meter, dem hellblonden und stylish geschnittenen Haar, den grünen Augen und dem kleinen Bärtchen am Kinn – als Blickfang, meinen Buddy Tim bemerkte man mit seinen 1,76 Meter, den braunen, kurzen Haaren, braunen Augen und seinem muskulösen Körper erst auf den zweiten Blick. Er fungierte, sozusagen, als das Goodie für die beste Freundin. Einmal positioniert, blieben wir selten allein. Denn sobald ein weibliches Wesen an uns vorbeilief, lag mir schon ein lockerer Spruch auf den Lippen. »Do you know where the toilet is?« gehörte zwar nicht zu den Highlights meines Repertoires, zeigte aber in den meisten Fällen Wirkung. Die Angesprochene erklärte uns daraufhin den Weg und erhielt zum Dank ein Bier. Verlief der Abend planmäßig, endete alles auf einer Liege am Strand. Spätestens ab diesem Moment erwies es sich auch als nebensächlich, dass die Damen unsere Sprache meist nicht beherrschten. Um das Risiko zu minimieren, am nächsten Abend dieselbe Frau in eine Wegbeschreibung oder gar Schlimmeres zu verwickeln, galt der Grundsatz: neuer Tag, neuer Club. Und so sahen wir jeden Sommer viele verschiedene Lokale, jede Menge unterschiedliche Hotelzimmer und eine Vielzahl extravaganter Stringtangas.

Allerdings geschah während einer dieser legendären Vergnügungsurlaube etwas Unvorhersehbares. Tim lernte eine Frau namens Sonja kennen und verlor damit den Drang, mit mir gemeinsam auf die Jagd zu gehen. Er war felsenfest davon überzeugt, bereits die schönste Frau gefunden zu haben, und so zog ich allein weiter.

Besonders reizten mich die Mädchen, die sich nicht so leicht erobern ließen. Einen eigenen Willen verlangte ich nicht, mein Wille reichte völlig aus. Zeigten sie dennoch einen, wirkten sie auf mich noch anziehender.

Irgendwann während eines trüben Herbstes lernte ich in der Mensa eine Soziologiestudentin kennen. Sie erfüllte wirklich alle

Klischees, die man mit Studentinnen dieser Fachrichtung in Verbindung bringt. Ihr Haar war fettig und erinnerte an Schnittlauch, ihren Körper versteckte sie unter einem weiten Strickpullover und an die Schnürsenkel ihrer Doc Martens hatte sie kleine Glöckchen geknüpft.

Tollpatschig warf sie mir im Gedränge ihre Bücher vor die Füße und mir fiel vor Schreck der Teller mit den Spaghetti vom Tablett. Die Soße hinterließ dabei lästige Flecken auf meinem hellblauen Hemd.

»Es tut mir so leid! Ich könnte dich als Wiedergutmachung auf ein Getränk einladen. Heute Abend?« Sie starrte mich durch ihre dicke Brille an und ihr unbeholfenes Verhalten ließ meinen Jagdinstinkt erwachen. Ich spürte regelrecht, wie sich mein Herzschlag beschleunigte und all mein Blut aus dem Kopf direkt in die Lenden pumpte. Eilig antwortete ich: »Ja, von mir aus.«

Später an diesem Abend erzählte mir die Streberin, die sich als Christine vorstellte, bei einem Glas Wein von einer zu schreibenden Seminararbeit. Ich hörte kaum zu und überlegte mir stattdessen, was ich später mit ihr anstellen könnte – wenn möglich in meinem Bett. Zielbewusst heuchelte ich Verständnis und sie, völlig verstört von meinem aufblühenden Interesse, musste ihre vom Reden ausgetrocknete Zunge immer häufiger mit kühlem Wein benetzen.

»Was würdest du davon halten, wenn wir das Gespräch bei mir zu Hause vertiefen würden?«, fragte ich und strich zärtlich über Christines heiße Wange, die daraufhin noch stärker errötete. Sie stotterte Unverständliches und keine halbe Stunde später saß sie bereits auf meiner ledernen Wohnzimmercouch. Wie es sich für einen echten Gentleman gehörte, bot ich ihr noch mehr Wein an, legte anschließend meine Hand in ihren Nacken und küsste sie leidenschaftlich. Und dann geschah es: Als würde sich mit dem Kuss ein Frosch in eine Prinzessin verwandeln, wurde just in diesem Moment aus der Miss Neunmalklug eine leidenschaftliche Furie. Der Strickpulli wanderte auf den Parkettboden und ihre Hand in meine Hose. Immer fordernder wurden ihre Küsse, immer enger drückte sie sich an mich und stöhnte mir auf einmal ins Ohr: »Nimm mich!« Doch alles, was genommen wurde, war der Wind aus meinen Segeln. Ständer und Verlangen schrumpften beide auf ein Minimum zusammen.

Ich löste mich aus Christines Umarmung, wandte mich aus der Umklammerung ihrer dünnen Beine und rückte von ihr ab.

»Hab ich jetzt was Falsches gesagt?«, stammelte sie.

Ich schüttelte den Kopf und meinte: »Ich kann jetzt nicht«, und: »Es ist besser, wenn du jetzt gehst.«

Der Umstand, dass dieses zugeknöpfte Mädchen so schnell bereit gewesen wäre, mit mir zu schlafen, nahm ihr allen Reiz. So wanderte sie kurze Zeit später, mit losem Haar und hängendem Kopf, nach Hause. Frisur und Ego – beides zerstört.

Am darauffolgenden Wochenende war ich zu Sonjas Geburtstagsfeier eingeladen, hatte aber wenig Bock darauf, da ich die meisten ihrer Freundinnen schon flachgelegt oder zumindest schon einmal gesehen hatte. Erst als mir bewusst wurde, dass ich Tim, seit sich dieser verliebt hatte, viel zu selten sah, streifte ich meine schwarze Lederjacke über und und ging los zu der kleinen Bar, in der sich bereits sämtliche Gäste versammelt hatten.

Die Feier verlief überraschend angenehm. Wir lachten viel, tranken noch mehr, und als ich aufgrund des akuten Frauenmangels gerade beschloss, die Kellnerin nach dem Weg zur Toilette zu fragen, betrat eine Göttin den Raum. Sie war groß (nicht nur, weil sie High Heels trug) und schlank, das kurze schwarze Kleid saß hauteng und gewährte einen tiefen Blick auf ihr üppiges Dekolleté. Das schwarze, kinnlange Haar umrahmte ihr blasses Gesicht und glänzte im Licht. Eine kühle Aura umgab sie, ihr Blick wirkte eisig und sie warf so etwas Ähnliches wie ein Lächeln in die Runde. Dann ließ sie sich neben Sonja nieder. Wer zum Teufel war das denn? Mir verschlug es fast die Sprache und ich konnte meinen Blick nicht mehr von dem dunkelhaarigen Luder abwenden. Mit aller Mühe flüsterte ich Tim, der neben mir saß, zu: »Wer ist denn SIE?«

»Das ist Sonjas beste Freundin, von der du gefälligst die Finger lassen wirst!« Gähnend erhob sich mein Jagdinstinkt aus seinem Bett und war mit einem Mal hellwach. Zuerst beobachtete ich sie nur still aus der Ferne, wartete auf den richtigen Moment, um mit ihr ins Gespräch zu kommen. »Ahhh … ja, den habe ich auch gesehen!«, lachte ich lauthals, als sich die anderen über irgendeinen Kinofilm unterhielten.

Andere Frauen hätten aus Höflichkeit mitgelacht, nicht so Verena. Sie starrte mich an und knallte mir entgegen: »Hat dich jemand nach deiner Meinung gefragt?« Das saß. So hatte noch nie eine Frau mit mir geredet! Genau das reizte mich unglaublich. Seit diesem Moment bekam ich die schöne Verena nicht mehr aus dem Sinn. Ständig hatte ich ihren kalten Blick vor Augen und sah ihren Wahnsinnskörper vor mir. So eilte ich tags darauf in Tims Wohnung und bekniete Sonja, mir Verenas Telefonnummer zu geben.

»Nie und nimmer werde ich dir meine Freundin zum Fraß vorwerfen!«, schimpfte Sonja empört und tippte sich mit dem Zeigefinger gegen die Stirn. Doch selbst ihre Härte konnte meinem oft erprobten Hundeblick nicht ewig standhalten und so übergab sie mir – 40 Minuten später – die gewünschte Nummer. Allerdings nicht, ohne mir zuvor das Versprechen abzunehmen, mich wie ein »normaler« Mensch zu verhalten. Aus diesem Grund schrieb ich auch nicht meine obligatorische Schnecken-Check-Nachricht (*Lust auf einen kuscheligen Abend zu zweit?*), sondern bat sie höflich um ein gemeinsames Essen. Aber ich blitzte ab. (*Glaubst du wirklich, dass ich auf dich reinfallen würde?*). Zum ersten Mal, seit eine Klassenkameradin mich in der zehnten Klasse aufgrund meiner Zahnspange gehänselt hatte, fühlte ich mich wegen einer Frau elend.

»Ich werde euch beweisen, dass ich auch anders sein kann«, stieß ich wütend hervor. Mit einem kurzen Handgruß verabschiedete ich mich und lief zurück in meine Wohnung, um mir einen Eroberungsplan auszudenken.

Um Verena von mir zu überzeugen, verzichtete ich darauf auszugehen. Ich löschte meine Chronik auf Facebook und baute meine aufgestaute sexuelle Energie beim Sport ab. Hin und wieder schrieb ich Verena eine kurze Nachricht oder schickte ihr Pralinen ins Büro, um zu verhindern, dass sie mich vergaß. Sie bedankte sich immer höflich, lehnte aber eine Verabredung weiterhin ab.

Erst als ich, Monate später, bei Tim und Sonja eingeladen war, sollte sich das Blatt wenden. Kaum hatte ich den ersten Schluck von meinem Bier getrunken, läutete auch schon mein Handy. Ein kurzer Blick auf das Display reichte aus, um meine Hände zittern zu lassen.

»Hallo?« Ich klang wie ein Mädchen. »Nein … Hmmm … Okay … Tschüss!«

»Ist jemand gestorben?«, erkundigte sich Tim besorgt.

»Verena kommt jetzt hierher.« Ich konnte kaum fassen, was ich da sagte. Sonja schmunzelte wissend. Minuten später, in denen ich schon befürchtet hatte, an Morbus Parkinson erkrankt zu sein, klingelte es an der Tür. Sonja sprang auf und verschwand im Gang. Ich hörte ihre Stimme … das stöckelnde Geräusch von High Heels … Einen Augenblick später stand Verena im Raum und ich hätte mich vor Aufregung am liebsten übergeben. Diesmal hatte sie ihre Eisprinzessinnenaura zu Hause gelassen und lächelte warm. Ein feuerrotes kurzes Kleid zierte ihren schlanken Körper und ihre Beine schienen ihre Länge an mein Schweigen angepasst zu haben – heiß!

»Hi Gregor, schön dich wiederzusehen«, hauchte sie und bedachte meine Wangen, rechts und links, mit einem zarten Küsschen. Ich spürte ein Kitzeln im unteren Teil meines Körpers.

Zu meiner Überraschung verlief der Abend sehr entspannt. Verena lachte sogar über die schlechtesten meiner Witze (»Ist es hier drinnen so heiß, weil mein Bier verdampft ist?«) und blickte mir immer wieder tief in die Augen. Wir unterhielten uns über alles Mögliche und verstanden uns wirklich gut. So verging die Zeit wie im Fluge, und als ich mich schließlich von ihr verabschieden wollte, schüttelte sie langsam den Kopf, ergriff mit den Worten »Unser Abend ist noch lange nicht vorbei« meine Hand und zog mich aus Tims Wohnung.

Beim Betreten ihres Lofts blieb mir die Spucke weg. Es war riesig. So riesig, dass man meine Zweizimmerwohnung dreimal darin hätte verstauen können. Das Licht war gedämpft. Wände gab es keine, lediglich Bücherregale fungierten als Raumteiler und hinter einem von ihnen befand sich ein riesiges Himmelbett. Und seit wenigen Momenten auch Verena.

»Du kannst jetzt kommen!«, rief sie verführerisch. Offenbar war sie eine Frau, die nicht nur in puncto Einrichtung auf unnötigen Schnickschnack verzichtete. Ihr rotes Kleid lag auf dem Boden, sie selbst auf dem Bett. Ich stand vor ihr wie ein Idiot und schluckte betroffen, als meine Blicke über ihren Körper streiften. »Auf was wartest du, komm zu mir!«, befahl sie mir und rekelte sich in ihren schwarzen Dessous auf den seidenen Laken. Und da sprang die Scheu von mir ab, rannte schreiend aus dem Loft und warf geräuschvoll die Tür hinter sich zu.

Noch nie zuvor hatte ich eine Frau so sehr begehrt. Noch nie zuvor hatte ich eine Aufforderung zum Sex als etwas Erotisches wahrgenommen. Aber mit Verena sollte sich einiges ändern.

Nachdem wir die ersten Wochen hauptsächlich in ihrem Bett verbracht hatten, gesellte sich Herr Alltag in unsere glückliche Beziehung. Verenas leidenschaftliches Gestöhne verschwand und machte wichtigen Sätzen wie »Nimm bitte den Müll mit nach unten«, »Lass deine Socken nicht herumliegen«, »Heute nicht, ich habe Kopfschmerzen« Platz. Wir frühstückten zusammen, aber ohne dass sie Make-up trug, gammelten im Trainingsanzug vor dem Fernseher und spielten gemeinsam mit meiner PlayStation. Es fühlte sich eigenartig an. Verena war nicht nur eine Frau, mit der ich Spaß im Bett hatte, Verena war eine Frau, mit der ich alles gut machen konnte.

Und so passierte das, was ich bei all meinen Kumpels bisher immer belächelt hatte – ich begann, diese Frau abgöttisch zu lieben. Nicht nur, wenn sie ihr heißes Kleidchen trug, sondern auch im Pyjama und mit tiefen Schlaffalten quer über dem Gesicht. Mit Zwiebelgeruch, nachdem sie ihren Lieblings-Kebap gegessen, und mit roter Nase, wenn sie sich im Winter beim Shopping einen Schnupfen zugelegt hatte.

Mein Bedürfnis, fremde Frauen nach dem Weg zur Toilette zu fragen, ist gemeinsam mit meiner Angst vor der Monogamie verschwunden. In Griechenland urlaube ich nur noch mit Verena gemeinsam, und wenn ich die Sache benennen müsste, die ich am meisten an meiner Freundin schätze, dann ist dies ihr eigener Wille.

16

Im Schatten der Zwergmispel

Justin (18), Auszubildender, Hannover,
über
sein Leben nach der Drogensucht

Justin! Justin! Justin!«, feuerten mich die Jungs an, die sich um mich herum auf den durchgesessenen Sofas zusammendrängten. Aus den Boxen erklang ein monotoner, düsterer Beat, zu dem irgendein Rapper von dem fragwürdigen Beruf seiner Mutter erzählte. Alle Blicke waren auf mich gerichtet, und um zu verhindern, dass die jubelnden Namensrufe zu »Loser! Loser! Loser!«-Rufen wurden, nahm ich diese verdammte Kippe zwischen meine Finger und führte sie langsam zu meinen Lippen.

Die Jungs grölten vor Begeisterung, schlugen sich gegenseitig in die Hände und bogen sich vor Lachen. Ein plötzliches Glücksgefühl durchströmte mich, doch mit einem Mal wurde mir unglaublich übel.

Und weil es im Allgemeinen als uncool gilt, sich in der Öffentlichkeit zu übergeben, insbesondere, wenn man nur von 13-jährigen Jungs umgeben ist, sprang ich die paar Kellerstufen hinauf ins Freie und übergab mich – im Licht des Mondes und der geschätzt 200 beleuchteten Fenster des Plattenbaus – direkt in die Zwergmispel links neben der Kellertür.

Wäre ich damals vernünftig gewesen, hätte ich meine Jacke und meine Beine in die Hände genommen, wäre nach Hause geeilt und hätte mich, wie andere Jungs meines Alters auch, nur dass diese weniger abgefuckte Freunde hatten, mit meinem Nintendo DS beschäftigt. Mir wäre einiges erspart geblieben. Stattdessen wischte ich mir mit dem Ärmel meines schwarzen Shirts über den Mund, um alle Beweise zu vernichten, und mischte mich wieder unter meine Freunde.

Kevin, der Älteste von uns allen – immerhin war er schon 14 –, checkte die Lage sofort, schlug mir aufmunternd auf die Schulter, hielt mir eine Flasche hin und erklärte: »Hier, trink das. Das hilft gegen den säuerlichen Geschmack.« Mit großen Augen starrte er mich unter seiner Mütze hervor an, und da es an diesem Abend sowieso keine Rolle mehr spielte, trank ich auch noch das Bier.

Noch wenige Monate zuvor war ich einer dieser behüteten Stubenhocker gewesen, die nach der Schule ihre Hausaufgaben erledigten und später für ihre Mutter den Müll nach unten brachten. Ich war ein vorzeigbares Einzelkind, wuchs geborgen und sicher auf, auch wenn meine Eltern sehr viel arbeiteten und daher wenig Zeit mit mir verbrachten. Nur leider gab es ein Problem: meine Lernschwäche. Und darum führte mich meine schulische Laufbahn an die Gesamtschule, während all meine Freunde auf die Realschule wechselten.

Das war für mich eigentlich der Break. Seitdem befand ich mich in einem Umfeld, in dem man, um mithalten zu können, andere Geschütze auffahren musste. Was in der Realschule ein neuer Sweater von Nike war, war in unseren Kreisen eine Kippe in der Hand, eine Bong auf dem Tisch, ein Höhenflug im Hirn.

Anfangs saß ich mittags noch allein an dem großen Tisch der Schulkantine. Na ja, ganz allein nicht – mein gestärktes Hemd und die braune Cordhose leisteten mir tapfer Gesellschaft. All das änderte sich allerdings an einem Mittwoch im Oktober. An diesem Tag hätte ich einfach meine Klappe halten sollen.

Es war die vierte Unterrichtsstunde und unser Mathematiklehrer, Herr Pongratz, schrieb für mich völlig sinnfreie Gleichungen an die Tafel. Ich checkte nicht viel, fand aber, dass der Mensch, der auf die Idee gekommen war, weiße Kreide zu verwenden, ziemlich clever war.

»Justin, willst du diese Aufgabe lösen?«

Ich wusste, dass diese Frage nicht darauf ausgerichtet war, beantwortet zu werden. Trotzdem tat ich es. »Nö, eigentlich nicht. Aber danke der Nachfrage!« Die Lacher waren auf meiner Seite und ich lehnte mich stolz in meinem Stuhl zurück.

»Justin, das war keine Bitte. Komm jetzt an die Tafel!« Aufgeregt spazierte Herr Pongratz vor der Tafel auf und ab und bedachte mich mit einem bösen Blick. Ich wurde nervös und war kurz davor nachzugeben – als ich Kevins Stimme hinter mir hörte: »Jetzt heißt es, stark bleiben.« Also schüttelte ich provokant den Kopf, kassierte einen Eintrag ins Klassenbuch und die Anerkennung meiner Mitschüler.

Als wäre es an allen Tagen zuvor auch so gewesen, setzten sich beim Mittagessen Kevin, Ismael, Carlos und Valentin zu mir an den Tisch und behandelten mich wie einen von ihnen. Beinahe wäre ich vor Stolz geplatzt, denn nach all der Zeit, die ich ohne Beachtung durch die Gänge gestreunt war, war die Gesellschaft dieser asozialen Jugendlichen genau das, wonach ich mich gesehnt hatte.

Von da an trafen wir uns jeden Tag nach der Schule in dem Kellerraum des Plattenbaus, in dem wir alle wohnten, und hingen dort zusammen ab.

Irgendwann begann Kevin, anstelle von angelutschten Kippen Joints durch die Clique zu reichen. Skepsis empfand ich in diesem Moment gar keine mehr. Geblendet von dem breiten Grinsen meiner Buddies, sog ich den Rauch tief in meine Lungen, hielt ihn dort kurz und entließ ihn mit einem seufzenden Geräusch zurück in die Freiheit. Mein Kopf begann zu schweben, mein Körper wurde schwer und mein Mund verzog sich zu einem Grinsen. Das fetzte richtig!

Stundenlang fachsimpelten wir darüber, was wir unternehmen würden, sobald wir nach diesem Höhenflug gelandet waren. Und das Einzige, was wir auf die Reihe brachten, war, uns danach den nächsten Joint zu drehen.

Doch so sehr ich anfangs auch fürs Kiffen brannte, die Euphorie verglühte ziemlich schnell.

An einem Abend, nach einem Streit mit meinen Eltern, die sich über meine Scheiß-drauf-Einstellung beschwert hatten, ließ ich mich etwas deprimiert auf ein Sofa im Kellerraum fallen. Abgesehen von der Schule und meinem Bett war dies der Ort, an dem ich damals die meiste Zeit verbrachte.

»Stress?«, erkundigte sich Carlos mit einer Redegewandtheit, wie sie nur 13-jährige Burschen beherrschten. Ich stand ihm diesbezüglich in nichts nach – und nickte. Dann nickte auch er, griff in seine Tasche und beförderte ein kleines Plastiksäckchen ans Tageslicht.

»Willste probieren?« Er nahm seine Sneakers von dem kleinen Holztisch, richtete sich auf und schüttete den Inhalt des Säckchens auf die Tischplatte. Mit einem Geldschein formte er drei Linien, bastelte aus demselben Schein ein Röllchen und hielt es mir unter die Nase.

»Danach wird es dir besser gehen«, erklärte er noch. Nur zwei Sekunden lang hallte das Wort NEIN in meinem Kopf, dann stürzte sich auch schon der Leichtsinn auf meine Vernunft und hielt ihr den Mund zu.

Tief inhalierte ich das weiße Pulver durch die Nase. In diesem Moment trat ich über eine unsichtbare Grenze und setzte den ersten Schritt in eine Spirale, die mich von nun an immer weiter nach unten führte.

Nach dieser Erfahrung probierte ich nämlich alles aus. Ich wollte alle Arten von Drogen und alle möglichen Rauschzustände erleben. Ich war süchtig – nicht nur nach dem Gift, sondern danach, ALLES getestet zu haben.

Daher war es nur eine Frage der Zeit, bis meine wenig heldenhaften Taten mit der Bekanntschaft von Heroin ihren Höhepunkt fanden. Als sich das Zeug in meinem Körper ausbreitete, wusste ich: Das ist mein Baby, dabei bleibe ich! Ich war glücklich, fast so, als hätte ich mir ein »E« eingeworfen, und fühlte mich gleichzeitig müde und schwer wie sonst nur nach einem Joint.

Ziemlich schnell war ich dann auch ziemlich drauf. Bereits beim Aufwachen ging mir durch den Kopf: Ich brauche Stoff, und dieser Gedanke setzte sich wie Kaugummi in meinem Bewusstsein fest. Mein Leben drehte sich um die Droge, ich war besessen davon. Um mir meine tägliche Ration finanzieren zu können, bestahl ich meine Eltern und Lehrer, raubte Leute auf der Straße aus – und schließlich begann ich damit, das Zeug zu verchecken. Denn nichts anderes brachte so schnell so viel Geld ein. Und ich brauchte unglaublich viel Geld. Während andere 14-Jährige von ihren Eltern 80 Euro im Monat bekamen, benötigte ich diese Summe an nur einem Tag.

Trotzdem war es nicht mein schlechtes Gewissen oder gar meine finanzielle Situation, die mich schließlich wachrüttelte.

An einem Samstag, an dem die Bäume bereits all ihre Blätter hatten fallen lassen und die Zwergmispel somit als Kotzversteck nicht mehr infrage kam, trafen wir uns in unserem Keller, der nach Gras und Heimat roch, um Kevins Geburtstag zu feiern.

Schon als wir uns dort versammelten, waren wir alle ziemlich breit, aber weil uns zum ersten Mal auch Mädchen Gesellschaft leisteten, wurden wir übermütig. Da half es auch nichts, dass uns unsere Eltern immer wieder dieses Sprichwort um die Ohren geknallt hatten: Übermut tut selten gut!

Ich weiß es nicht mehr ganz genau, aber ich glaube, ich zog alles in mich rein, was ich bekommen konnte. Und plötzlich war alles schwarz. Aus.

»Verdammt, Justin, du wärst uns um ein Haar verreckt!« Als ich die Augen aufschlug, sah ich in Ismaels Gesicht, das bleich wie ein Blatt Papier war. Angstschweiß stand auf seiner Stirn. Vielleicht war es aber auch der Schweiß der Anstrengung, seinen Freund reanimiert zu haben, keine Ahnung. Hinter ihm hatten sich alle anderen zehn Jungs aufgebaut, ihre Pupillen so eng, dass man sie kaum erkennen konnte. Ein junges Mädchen mit Pagenkopf und roten Lippen wischte sich die Tränen aus den Augen. Ob ihre Eltern wussten, dass sie hier war?

»Alles okay?«, fragte sie mich. Ich nickte, drehte mich zur Seite und hatte das Gefühl, mir die Seele aus dem Leib zu kotzen.

Irgendwie war es mir wohl gelungen, nach Hause zu gehen. Denn als ich meine Augen das nächste Mal öffnete, lag ich in meinem Bett. Mir ging es schlecht, ich hatte Schmerzen und wusste plötzlich, dass ich sterben würde, wenn ich so weitermachte. All das, was wenige Stunden zuvor passiert war, jagte mir Angst ein. Welcher normale Jugendliche muss schon auf einer Geburtstags- feier wiederbelebt werden?

Als ich mich aus dem Bett hievte, drehte sich die Welt vor meinen Augen. Ich stieg in meine säuerlich riechende Jeans und zog mir einen frischen Pulli über, und als ich die kleine Dose mit dem Koks öffnen wollte, spiegelte sich darin mein Gesicht. Ich sah aus wie ein Toter und mir wurde klar, dass ich Hilfe brauchte – und zwar schnell.

»Ich kann nicht glauben, was du da erzählst!«, sagte meine Mutter mit Tränen in den Augen. Sie machte ein Gesicht, als wäre sie einem Geist begegnet. Vielleicht lag es aber auch nur daran, dass sie sich zum ersten Mal seit Langem nicht für ihre Arbeit, sondern für mich Zeit nahm und erst jetzt bemerkte, wie elend ich aussah. »Justin, sag mir bitte, dass das nicht der Wahrheit entspricht!« Ihr Blick beschämte mich. Und dass mein Vater die ganze Zeit über kein Wort sprach, sondern die Lippen zu einer schmalen Linie zusammenpresste, machte mich erst recht nervös. Auf meinem

Küchenstuhl kippelte ich vor und zurück, vor und zurück, vor und zurück …

Und dann brach es aus mir hervor: »Bitte helft mir!«

Danach haben wir alle drei geweint.

Es war ein nebliger Tag. So ein Tag, an dem man sich kaum vorstellen kann, dass die Sonne jemals wieder scheinen wird. Und genau so fühlte ich mich, als ich das Einzelzimmer betrat, in dem ich die nächsten fünf Tage verbringen würde. Fünf Tage kalten Entzugs, die ich irgendwie überstehen musste.

Während dieser Zeit kämpfte ich mit Schmerzen, wie ich sie zuvor noch nie erlitten hatte. Ich war müde, aber nicht in der Lage zu schlafen. Alle Muskeln meines Körpers zitterten. Ich verspürte keinen Hunger und verlor viel Gewicht. Ich schrie, ich weinte, ich fluchte und ich hasste mich selbst dafür, mich in eine solche Situation gebracht zu haben. War es das alles wert gewesen, nur um cool zu sein?

Es folgten Monate der Therapie und Rehabilitation, dann fand der Spuk sein Ende. Ich war clean. Und bin es heute, drei Jahre danach, immer noch.

»Justin! Justin! Justin!« Aus der Ferne hörte ich die Rufe meiner Mutter. Wahrscheinlich war Nora angekommen. Rasch befestigte ich die Angel an der Halterung, die ich mühsam in die Erde gesteckt hatte, und lief den Hügel hoch zum Haus meiner Großeltern.

Seit meinen Drogenerfahrungen wohnten wir nämlich hier, auf dem Land. Ich besuchte eine neue Schule, hatte Freunde, die man mit Adidas-Hoodies beeindrucken konnte, und verbrachte viel Zeit an der frischen Luft. Die Ruhe tat mir gut und mittlerweile war ich im Angeln schon fast so geschickt wie mein Vater. Der nahm sich seit diesem Vorfall auch viel mehr Zeit für mich. Dank Großmutters Küche waren meine einst eingefallenen, fahlen Wangen wieder runder geworden.

Für einen kurzen Moment drehte ich mich um, blickte auf den kleinen Teich und sah, wie der Schwimmer nach oben und unten hüpfte. An anderen Tagen wäre ich zurückgelaufen, aber heute hatte ich einen hübscheren Fisch an der Angel.

Als ich die Terrasse erreichte, fiel mir Nora – das Mädchen mit dem roten Lippenstift – um den Hals. »Ich freue mich so, dich wiederzusehen!«, jubelte sie und küsste mich, zum ersten Mal, auf den Mund.

Und als die Endorphine durch meinen Körper strömten, wurde mir klar, dass man kein weißes Pulver benötigt, um glücklich zu sein.

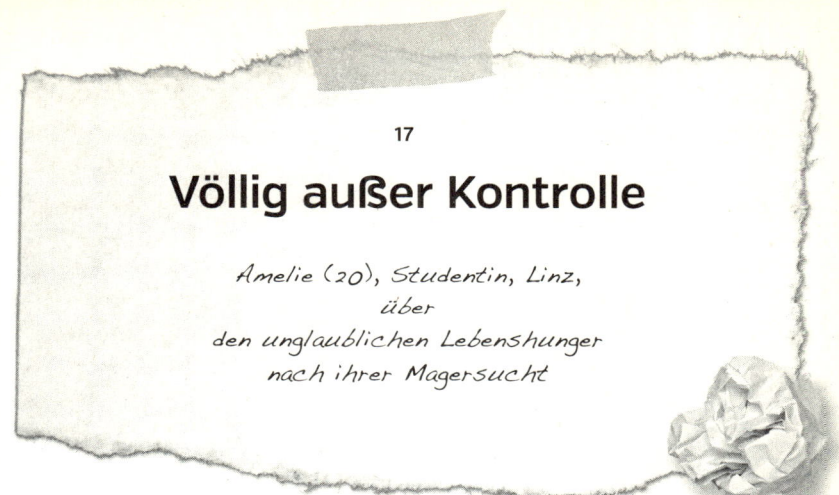

17

Völlig außer Kontrolle

Amelie (20), Studentin, Linz,
über
den unglaublichen Lebenshunger
nach ihrer Magersucht

Ja, natürlich hatte ich ein Leben, bevor mein schlimmster Feind –
die Kalorie – in einem schicken Sportdress angelaufen kam und
rote Punkte auf alles klebte, was Spaß machte.

Ich war ein normales 16-jähriges Mädchen mit dichtem blondem
Haar und auf meiner Haut ließ sich kein einziger Pickel entdecken.
Immerzu versprühte ich gute Laune und meine Freunde hatten
richtige Namen, anstatt Omron BF 511 Körperanalysewaage zu
heißen.

Doch von einem Tag auf den nächsten verlor ich dieses Leben,
Lebensmittel wurden zu Überlebensmitteln, bis nichts mehr von
mir übrig blieb als 46 Kilogramm.

Alles begann mit dem frühsommerlichen Abspeckwahn
meiner Mutter. Jedes Jahr, kaum hatten die ersten Schneeglöck-
chen ihre verschlafenen Köpfchen aus der Erde gestreckt, bestellte
sie sich zwei Bikinis (natürlich zwei Kleidergrößen zu klein),
hängte sie als Anreiz für ihre Hungerkur an die Tür ihres Kleider-

schranks und ergötzte sich an dem knurrenden Geräusch ihres leeren Magens.

In jenem Jahr fiel der Startschuss zu ihrer Nulldiät genau mit meinem sechzehnten Geburtstag zusammen, weshalb mir meine Eltern – wie sollte es auch anders sein? – einen Bikini schenkten. Einen Bikini in Größe 34.

»Happy Birthday to you«, krähte meine Mutter aus Leibeskräften und ich bildete mir ein, an ihren Zähnen verräterische Reste eines Müsliriegels zu entdecken. Mein Vater brummte etwas Unverständliches. Der Rest der Familie sah betroffen zu Boden – und auch ich hätte lieber dorthin gestarrt, als auf dieses Schild an dem gepunkteten Bikini, das mich mit der Zahl 34 verhöhnte.

Zwar wog ich bei einer Größe von 1,73 Metern gerade mal 58 Kilogramm, aber Größe 34? Come on! Und obwohl ich mich in den ersten 20 Minuten nach der Geschenkübergabe noch darüber amüsierte, säte dieses Schild den »Abnehmsamen« in mein Gehirn. Langsam reifte er dort heran und übernahm nach und nach die Herrschaft über meine Gedanken – fast so, wie Efeu ganze Häuser unter seinem Blättermantel verstecken kann.

Tags darauf in der Schule drängte ich mich – mit geschätzt 50 anderen Kids – ans Buffet.

»Manno, kannst du nicht aufpassen!«, beschimpfte ich einen kleinen rothaarigen Jungen, der mir bei dem Versuch, in die Auslage zu sehen, auf die Zehen gesprungen war. Mein leerer Magen verlangte nach Nahrung und allein der Anblick der Zimtschnecken ließ mir das Wasser im Munde zusammenlaufen. Um möglichst schnell an sie ranzukommen, setzte ich meine Ellbogen ein.

»Auuuu!«, schrie der Knirps zu meiner Rechten.

Aber als endlich ich bestellen durfte, ließ mich die Erinnerung an dieses Bikinischild nicht mehr los.

Vielleicht gelingt es mir ja wirklich, bis zum Sommer in dieses Teil zu passen?, überlegte ich und dachte dabei an das stolze Gesicht meiner Mutter. Ich könnte zumindest ein paar Tage lang weniger essen.

»Was darf es für dich sein?«, erkundigte sich die runzlige Frau hinter dem Tresen.

Sei stark!, bestärkte ich mich und antwortete: »Für mich doch nichts, danke!«

Der kleine rothaarige Kerl und mein Magen zeigten mir einen Vogel und ich drängte mich wieder zurück ins Klassenzimmer.

»Mutter? Ich bin zu Hause!«, rief ich, ließ, kaum im Vorzimmer angekommen, meinen Rucksack zu Boden fallen, kickte meine Ballerinas hinterher und versuchte zu erschnüffeln, was sie gekocht hatte.

Zu meinem Erstaunen blieb an diesem Abend der Esszimmertisch ungedeckt und meine Mutter versteckte sich auf dem Sofa sitzend hinter einer Frauenzeitschrift.

»Hi! Was gibt's zu essen?« In meinem Magen hörte man mittlerweile das Echo der Peristaltik.

»Alles, was im Kühlschrank zu finden ist. Wenn ich abnehme, kann ich echt nichts kochen, Kindchen! Sonst bestell dir 'ne Pizza.«

Und weil es wirklich keinen Sinn ergibt, vormittags eine Zimtschnecke abzuweisen, um sich einen halben Tag später eine Pizza reinzuziehen, ging ich ohne feste Nahrung zu Bett. Es sollte nicht die einzige Nacht bleiben.

Als ich am nächsten Morgen vom Hunger gebeutelt erwachte, legte ich meine Hand auf meinen Unterbauch und konnte an der Spitze meines Mittelfingers und am Handballen die Umrisse meiner Hüftknochen spüren. Und in diesem Moment fühlte ich mich stark. In diesem Moment wusste ich, dass ich es schaffen konnte.

Beschwingt sprang ich aus dem Bett, schlüpfte in ein luftiges rotes Sommerkleid, bürstete mein Haar und trippelte fröhlich nach unten in die Küche.

»Morgen!«

»Morgen, Ami! Frühstück?« Knallorangefarbene Lockenwickler zierten den Kopf meiner Mutter und verliehen ihr ein überirdisches Aussehen. Um ihren schmalen Körper schlang sich geschmeidig ein grüner Morgenmantel und sie schritt anmutig durch die Küche.

»Nee, lass mal. Ich besorg mir auf dem Weg zur Schule was.«

So vergingen ganze Wochen, in denen ich strategisch meine Nahrungsmittelrationen minimierte und meinen Eltern auftischte, bereits auswärts gegessen zu haben.

Packte mich zwischendurch der kleine Hunger, schäumte ich eine Tasse Sojamilch (125 Milliliter à 60 Kilokalorien) so lange auf, bis sie in den Aggregatzustand »Wolke« übergegangen war. Damit gab ich mich zufrieden, denn entgegen allen Behauptungen sättigt Luft wirklich ungemein und hilft dabei, sich den Hunger abzugewöhnen.

Irgendwann erreichte ich den Punkt, an dem ich morgens nur noch eine Scheibe Vollkornbrot in kleine Stücke zerbrochen aß und abends einen Magerjoghurt löffelte.

Meine Hausaufgaben erledigte ich im Stehen. Die Fahrt mit dem Schulbus ersetzte ich durch einen einstündigen Fußmarsch. Und jeden Morgen nach dem Aufwachen checkte ich meine Hüftknochen. Fühlten sie sich spitz an, war der Tag spitze. War mein Bauch von der ganzen verspeisten Luft aufgebläht, war alles blöd.

Völlig panisch kontrollierte ich im Zwei-Stunden-Takt mein Gewicht. Manchmal, wenn ich mein Ego besonders pushen wollte, überprüfte ich es auch nach jedem Gang zur Toilette.

All das blieb natürlich auch den Argusaugen meiner Mutter nicht verborgen. Und obwohl sie sich lange Zeit schreckhaft umdrehte, wenn ich das Badezimmer verließ, nahm sie mich eines Abends besorgt zur Seite.

»Ich habe das Gefühl, deine Diät läuft ein wenig … aus dem Ruder.« Ihre Stirn legte sich vor Sorgen in Falten, während sie auf eine Antwort wartete. Natürlich dachte ich mir damals bereits, dass es nicht normal sein konnte, wenn man nachts schmerzhafte

Magenkrämpfe bekam, die einen zum Weinen brachten. Und wahrscheinlich wusste ich auch, dass es ungesund war, nach dem Verzehr von zwei Magerjoghurts Abführmittel zu schlucken – sonst hätte ich mir nicht jedes Mals aufs Neue geschworen, es nie wieder zu tun –, aber trotzdem wollte ich das nicht hören. Von niemandem. Am wenigsten von meiner Mutter.

Aufgebracht schrie ich sie an: »Bei mir läuft absolut gar nichts aus dem Ruder. Und apropos Rudern, der Motivationsbikini passt jetzt!« Mit rotem Kopf und heftig pochendem Herzen lief ich in mein Zimmer und knallte die Tür hinter mir zu.

Meine Aversion gegenüber dem Essen brachte alles zum Sinken. Meine Laune, meine Kondition und die Anzeige auf meiner Waage. Inzwischen hatte ich mich auf 46 Kilogramm runtergehungert.

Meine Periode blieb aus, meine Haut verbarg sich unter einer dicken Schicht von Pickeln und meine Haare beschlossen während des Kämmens, lieber in den Borsten der Bürste hängen zu bleiben.

Aber das Schlimmste war: Je mehr ich mich in diese Sache verrannte, umso einsamer wurde ich. Immerhin unterhielten sich normale Mädchen in meinem Alter nicht übers Essen. Und wenn sie Wörter wie »Schnittchen«, »Leckerbissen« oder »Zum Anbeißen« in den Mund nahmen, dann ging es um Jungs und nicht um deren Kaloriengehalt.

Viel zu schnell war es Herbst geworden. Meinen Geburtstagsbikini hatte ich den Sommer über kein einziges Mal getragen, da ich selbst bei Sonnenschein fröstelte.

Die Blätter verfärbten sich und der erste Schultag nach den Ferien stand vor der Tür.

Als mein Wecker um 6.15 Uhr Alarm gab, hätte ich mich am liebsten übergeben. Ich hatte schlecht geschlafen, fühlte mich schwach und seit ein paar Tagen spürte ich mein Herz in meinem Hals rasen.

Meine Mutter hob eine Augenbraue, als ich mich in die Küche schleppte. Mein Vater schielte zu Boden. Im Laufe der letzten

Monate musste er jeden einzelnen Sprung auf unseren Fliesen ausführlich erkundet haben. Erschöpft ließ ich mich auf den Stuhl fallen und legte mein Gesicht in die Hände.

»Alles okay, Schatz?«, fragte meine Mutter. Eigentlich hätte ein Blick ausreichen müssen, um zu erkennen, dass dem nicht so war.

»Geht schon«, murmelte ich und versuchte, die schwarzen Flecken vor meinen Augen wegzublinzeln.

Vor mir auf dem Tisch klapperte etwas.

»Iss das!«

Durch die gespreizten Finger meiner Hand hindurch sah ich einen Teller, in dessen Mitte ein Brötchen (Weizenmehl!) mit Butter (Fett!) und Marmelade (Zucker!) platziert war.

»Iss!«, wiederholte die helle Stimme, die dem Teufel gehören musste.

Ich wurde nervös, mein Herzschlag beschleunigte sich, Tränen liefen über meine Wangen. Ich konnte das nicht essen. Nie im Leben. Das waren mindestens 320 Kilokalorien. Um die wieder loszuwerden, müsste ich über eine Stunde Rad fahren, doch dafür fehlte mir die Kraft. Außerdem würde sich dann mein Bauch sofort wieder nach außen wölben. Nee, nee, ohne mich!

Ich schüttelte energisch den Kopf.

»Ami, du siehst aus wie die kleine Schwester vom Tod, du musst etwas zu dir nehmen. So kannst du nicht in die Schule gehen!« Meine Mutter legte einen Ton an den Tag, den ich sonst selten zu hören bekam. »Bist du denn nicht hungrig?«, hakte sie nach. Nein, war ich nicht. Hunger gab es für mich nicht mehr. Ich hatte gelernt, meine Gefühle abzuschalten.

Warum das alles genau an dem Morgen des ersten Schultages stattfinden musste, verstand ich auch nicht. Vielleicht genierte sie sich bei dem Gedanken, dass andere Menschen mich so sehen könnten.

Doch dazu kam es gar nicht erst, denn ganz plötzlich setzte mein Herz aus und ich fiel vom Küchenstuhl. Erst eine gefühlte Ewigkeit später landete ich per Krankenwagen in einer Klinik für Psycho-somatische Erkrankungen statt in der Schule.

Die Therapie dort öffnete mir die Augen. Komischerweise fiel mir bei den anderen Mädchen auf, wie fürchterlich ihre dünnen Arme aussahen, wie lang ihre kleinen Näschen in den knochigen Gesichtern wirkten. Keinen einzigen Moment empfand ich für diese »Skelette mit Hautbezug« Bewunderung, sondern nur Mitleid. Und je mehr ich mit meiner Therapeutin darüber sprach, je länger ich beim gemeinsamen Mittagessen die Ticks der anderen beobachtete (das Essen in tausend Teile zerschneiden, mit Stäbchen essen, gar nichts essen), umso mehr wuchs in mir das Verlangen, wieder gesund zu werden.

Ich wollte keine von denen sein. Darum kämpfte ich. Wie eine Wilde. Und ich gewann den Kampf.

Bereits neun Monate nach meinem Aufenthalt in der Klinik brachte ich wieder 54 Kilogramm auf die Omron BF 511 Körper-analysewaage. Und mit jedem der zugenommenen Kilos war auch mein Selbstbewusstsein ein Stückchen gewachsen.

»Mutter? Wir sind zu Hause!«, rief ich, sobald ich den Flur betreten hatte. Ich stellte die Einkaufstüten auf dem Boden ab, schlüpfte aus meinen Ballerinas und spürte ein Ziepen im Magen. »Ihr könnt eure Schuhe hier abstellen«, wies ich meine Freundinnen, Leni und Dani, an.

Seit ich damit aufgehört hatte, mich unsichtbar zu hungern, fand ich wieder mehr Spaß am Leben. Ich hatte Freundinnen, mit denen ich Samstagabend tanzen ging, ohne dass mich der belastende Hintergedanke quälte, mit jedem Hüftschwung Kalorien ver-brennen zu wollen.

»Hi Mum.« Ich gab ihr einen flüchtigen Kuss auf die Wange. »Möchtest du mit uns mitessen? Wir kochen ein japanisches Teri … Teri …« Ich lachte.

»Teriyaki«, warf Leni ein und begann, das Hühnerfleisch in kleine Stücke zu schneiden. Nicht, weil sie dadurch besser einschätzen konnte, wie viele Kalorien sie zu sich nehmen würde, sondern weil es so im Rezept empfohlen wurde. Dani widmete sich der köstlich riechenden Marinade und ich fühlte ein stärker werdendes Gefühl in meiner Magengegend. Mein Hunger ist zurückgekehrt!, bemerkte ich – und freute mich darüber.

Und er sollte nicht der einzige Heimkehrer bleiben. Auch meine Monatsblutung beglückte mich wieder in aller Regelmäßigkeit. Hatte ich früher oft genervt auf die damit verbundenen Schmerzen reagiert, so freute ich mich nun über diese katastrophalen Bauchkrämpfe. Mein Haar wurde langsam wieder dichter und die Pickel auf meiner Haut lichteten sich.

Aber meine Veränderung war nicht nur körperlich, auch meine Psyche hatte zugenommen: an Kraft, an Lebenswillen, an guter Laune und dem Wissen, dass dünne Mädchen nicht automatisch naive Groupies von berühmten Models sein müssen.

Sieht man mich heute, so würde niemand ahnen, dass ich mich um ein Haar zu Tode gehungert hätte.

Seit vier Semestern studiere ich Diätologie. Es macht mir Freude zu lernen, wie wichtig Nahrung ist und wie viele Krankheiten man durch eine gesunde Ernährung vermeiden oder therapieren kann.

Wahrscheinlich überlegte ich mir auch deshalb irgendwann, wie bedeutsam es wäre, andere junge Mädchen vor dieser kräftezehrenden Krankheit zu warnen.

Seither ziehe ich in meiner freien Zeit von Schule zu Schule, erzähle den Jugendlichen meine Geschichte und beginne jeden Vortrag mit folgenden Worten: »Ob ihr es glaubt oder nicht, aber ein banales Brötchen mit Butter und Marmelade hat mir damals das Leben gerettet.«

18

»What the fuck is
Pichia pastoris?«

Anja (31), Redakteurin, Graz,
über
die Bestimmung einer Labormaus,
Leseratten glücklich zu machen

What the fuck is *Pichia pastoris?* Genau das ging mir durch den Kopf, als ich zum ersten Mal dieses Labor betrat, in dem ich zukünftig forschen würde und das trotz aller Sterilität nach Bier roch.

Ich hatte soeben die letzten Prüfungen meines Studiums der Molekularen Mikrobiologie abgeschlossen und alles, was mir fehlte, um meinen Namen zukünftig mit einem akademischen Titel schmücken zu dürfen, war der praktische Teil meiner Diplomarbeit. Bei dem Projekt, das mir zugeteilt wurde, ging es also um eine gewisse *Pichia pastoris.*

Wird wohl nicht so schwer sein, dachte ich mir, wollte mir schon in die Hände spucken und an die Arbeit gehen, hielt mich aber gerade noch zurück und streifte stattdessen die dünnen Nitrilhandschuhe über. Immerhin war das erste Gebot in unserem Business: Du sollst immer steril arbeiten.

»Hast du mal 'nen Taschenrechner?«, erkundigte ich mich bei meiner Banknachbarin Sandra.

Während des Studiums hatten wir uns angefreundet und waren zu Seelenverwandten geworden, auch weil es in unserem Fach nur wenige Frauen gab, die nicht so aussahen und rochen, wie es der Studiengang Biologietechnologie vermuten ließ. Wir waren beide platinblond, schlank – an der Grenze zu mager – und immer sehr trendig gekleidet. Abgesehen von dem weißen Kittel und der Schutzbrille, aber die trugen wir ja auch nicht freiwillig.

»Hier.« Sandra ließ ihren Ti-30 über den Tisch gleiten und hantierte weiter an dem Bunsenbrenner, während ich Mengenverhältnisse für die Herstellung von Nährmedien berechnete. In diesen Flüssigkeiten würden meine Hefezellen wachsen, bis sie bereit zum Sterben waren.

Schon an meinem ersten Tag in diesem Labor, als das Visier meiner Schutzbrille beschlug und sich der Kittel wie eine Fessel um meine Waden schlang, fühlte ich mich betrogen. Fast so, als würde man voller Vorfreude stundenlang und bei brütender Hitze mit dem Auto in den Urlaub fahren und bei der Ankunft kein Meer vorfinden. Und keine Hotels. Und alle coolen Läden wären Ein-Euro-Shops gewichen. So hatte ich mich schon während des gesamtes Studiums gefühlt, sobald ich ein Labor betreten musste.

Aber da es mir wenig angebracht erschien, bereits nach dem ersten Arbeitstag wegen einer möglichen Fehlentscheidung in der Berufswahl die Flinte ins Korn zu werfen, ging ich auch am nächsten Morgen wieder hin. Ebenso am übernächsten und dem darauffolgenden und irgendwann klärte sich auch die Frage, was denn bitte *Pichia pastoris* war, auf. Es war der Inbegriff des Unkontrollierbaren. Egal, was ich mit dieser dummen Hefe anstellte, sie machte aus Prinzip nie das, was ich von ihr wollte.

»Was'n los?«, fragte Sandra, als ich an einem dieser Tage resignierend auf der Laborbank lümmelte, und blickte mich über eine Agarplatte hinweg an. Nach den vielen kleinen Punkten darauf zu urteilen, hatte ihr Versuch geklappt. Glücklich sah sie dennoch nicht aus.

»Ach, egal was ich versuche, es klappt einfach nichts. Das ist eine Katastrophe«, klagte ich und kippte den Inhalt meines Reagenzglases in den Abfall.

»Nein, meine Liebe, das ist keine Katastrophe: Das nennt man Forschung. Ich wiederhole den Mist hier bereits zum zwölften Mal und kann das Protokoll auswendig. Weißt du, wie öde das ist? Sieh dir Matthias an, der macht all seine Versuche freiwillig dreimal, einfach so, weil es ihn interessiert. Wir sind eben keine Nerds.«

»Ich weiß, aber ich kann nicht mehr … Echt nicht! Ich drehe noch durch!«

»Papperlapapp! Das machst du jetzt fertig, und wenn du deinen Abschluss in der Tasche hast, dann bist du frei. Hmm?«, ermunterte Sandra mich.

Ich zuckte mit den Schultern, schloss die Knöpfe meines Kittels und versuchte frustriert erneut, den verhassten Einzeller zur Teilung zu bringen.

Im Gegensatz zu meinem nervenaufreibenden Projekt lief in meinem Privatleben alles zu meiner Zufriedenheit. Seit einigen Wochen war ich mit Peter liiert, einem hübschen, netten Psychologiestudenten. Er war groß und gut gebaut und sein hellbraunes Haar ruhte sanft auf seinen Schultern, wenn er Gitarre spielte.

Eines Abends saßen wir in meiner kleinen, schicken Wohnung, bestehend aus einem großen Zimmer, einem kleinen Bad und einem begehbaren Kleiderschrank – man gönnt sich ja sonst nichts –, als Peter meinte: »Ich würde dir nachher gern eine Freundin von mir vorstellen. Wir kennen uns schon seit Ewigkeiten und ich bin mir sicher, dass du sie sehr mögen wirst.« Da mich so viel Vertrauen seinerseits in die Sympathie gegenüber anderen Frauen meinerseits neugierig machte, stimmte ich zu.

So lehnten Peter und ich wenige Zeit später an einem Stehtisch in unserem Stamm-Pub und tranken Guinness. Nicht weil es uns so schmeckte, sondern weil es sich dort einfach so gehörte. Schwungvoll und mit einem ohrenbetäubenden Quietschen öffnete sich plötzlich die schwere Eingangstür und eine in Pink gekleidete Frau mit blonden Locken stürmte herein.

»Lolo! Hallo-lo!«, krähte sie, schoss wie eine rosa Rakete auf Peter zu, fiel ihm um den Hals und küsste ihn auf beide Wangen.

»Und du musst Anja sein! Ich hab ja schon sooo viel von dir gehört! Ich bin Agnes. Lass dich drücken, Süße!« Und ehe ich mich versah, wurde ich an ihr fülliges, glitzerndes Dekolleté gedrückt.

Kaum hatte ich mich aus ihrer Umarmung gelöst, griff sie mit einer Selbstverständlichkeit, die schon fast Bewunderung verdient hätte, nach meinem Guinness, setzte es an ihre von Lipgloss glänzenden Lippen und sprudelte, ähnlich dem mit Schwung wieder abgestellten Bier, hervor: »Peter hat mir erzählt, dass du in der Forschung arbeitest. Ich finde das ja sooo aufregend. Das ist bestimmt wie bei *CSI Miami*.«

»Nein, nicht direkt«, versuchte ich zu erklären.

»Waaahnsinn! Das find ich ja sooo toll!« Energisch warf sie sich ihre blonde Mähne über die Schulter und war in ihrem Redefluss nicht mehr zu stoppen.

Doch seit sie meine Gedanken zurück ins Labor verbannt hatte, konnte ich mich kaum mehr auf das Gespräch konzentrieren. Erst als Agnes von ihrem Job erzählte, horchte ich auf.

»So aufregend wie bei dir ist die Arbeit als Medienfachfrau leider nicht. Ich bin eine von denen, die Inserate vercheckt und die alles organisiert. Bin viel unterwegs, viel unter Leuten … Man weiß ja, wie das ist.« Ich wusste es nicht ganz so genau, fand aber, dass das, was sie zu erzählen hatte, spannender klang als nicht wachsende, nach Bier stinkende Hefe.

Naserümpfend stellte ich mein Guinness zur Seite. Dabei war es nicht mal daran schuld, dass sich in meinem Kopf plötzlich alles zu drehen begann, denn stattdessen hatte diese grelle, laute Frau soeben eine Idee in mein Gehirn gepflanzt (und das lange bevor der Film *Inceptions* in unseren Kinos lief und solche Vorgehensweisen salonfähig machte).

Bis dieser Gedanke allerdings zu reifen begann und Früchte trug, verging noch einige Zeit. Zeit, in der sich meine beste Feindin *Pichia* nicht dazu herabließ, ein simples Protein herzustellen, ohne dabei das Zeitliche zu segnen. Und genau dieses dumme Eiweiß benötigte ich so dringend, um meine Arbeit fertigzustellen. Egal was ich ausprobierte – keines meiner Experimente funktionierte. Meine Nerven waren auf molekulare Größe geschrumpft, meine Stimmung im Keller und jeder Tag im Labor erschien mir als verschwendet.

»Anja, welche Durchbrüche haben Sie in der letzten Woche erlangt?«, fragte mich mein Professor, der so aussah wie der Bruder von Santa Claus, bei einem unserer wöchentlichen Labor-Meetings. Am liebsten hätte ich geantwortet: »Leider keinen des Blinddarms«, aber das konnte ich mir in diesem Rahmen nicht erlauben. Alle Blicke waren auf mich gerichtet.

»Ich habe keine großen Neuigkeiten. Selbst die raffiniertesten Methoden brachten bisher keine positiven Resultate.« Mein Herz raste, und obwohl ich wusste, dass ich alles in meiner Macht stehende getan hatte, fühlte ich mich schrecklich.

Das Geräusch von Kinderstimmen erregte meine Aufmerksamkeit. Davon abgelenkt, sah ich aus dem Fenster und entdeckte eine Kindergartengruppe, die lauthals und furchtbar disharmonisch ein Lied sang, von dem ich nur »La … Lee … Lolo …« verstand. Lo-Lo! Schwachsinn, dachte ich und Agnes fiel mir wieder ein. Agnes und ihr cooler Job in der Medienbranche. Agnes, die mit Menschen und nicht mit Wissenschaftlern reden durfte. Agnes … der etwas weniger Pink eindeutig besser stehen würde.

»Vielleicht sollten wir einen anderen Promoter zur Expression verwenden?«, warf Heinrich ein und erntete von meiner Forschungsgruppe anerkennendes Nicken. Nur ich betete stumm, mir niemals ernsthaft über solche Dinge Gedanken machen zu müssen.

Ich hatte keine Lust mehr auf all das. Meiner Meinung nach hatte ich alles versucht, um *Pichia* zu teilen. Ich wollte nichts mehr von Hefe hören. Nur, was würden meine Familie, meine Freunde und meine Studienkollegen sagen, wenn ich nach Beendigung eines so langen Studium einfach die Branche wechseln würde? Andererseits, was würden sie sagen, wenn ich unglücklich war, nur weil ich nicht den Mut aufbrachte, den Beruf zu wechseln? Darauf sollte ich wirklich keinen Wert legen, schließlich handelte es sich um mein Leben. Genau! Ich sollte nur auf mein Bauchgefühl hören!

Als ich an diesem Tag zu Hause ankam, war ich voller Tatendrang, mein Leben in neue Bahnen zu lenken. Sofort setzte ich mich an den Computer und recherchierte nach Jobs im Medienbereich. Mithilfe der Informationen, die ich von Agnes erhalten hatte, konnte ich mir rasch einen Überblick verschaffen und fand einige Dinge, die mich interessierten. Vielleicht sollte ich Agnes einfach mal anrufen und sie etwas genauer befragen? Kurz entschlossen wählte ich ihre Nummer und erreichte sie auch sofort. Lachend beantwortete sie mir meine Fragen und am Ende unseres Gespräches meinte sie: »Weißt du was? Ich glaube, ich wüsste da von einem guten Job für dich. Schick mir einfach deine Unterlagen, dann regle ich das. Tschüsssiii!!« Damit ließ sie mich, voller Hoffnung, am anderen Ende der Leitung zurück. Eigentlich ist Rosa doch keine so schlechte Farbe, überlegte ich mir.

Ab dem Moment, an dem ich den Entschluss gefasst hatte, nach Beendigung meiner Diplomarbeit nie wieder ein Labor zu betreten, war meine Motivation zurückgekehrt.

»Du bist in den letzten Wochen so fleißig. Ich kann nur sagen: Hut ab. Verdammt noch mal …«, lobte mich Sandra und warf enttäuscht ihre leeren Agarplatten in den Autoklaviermüll. »Hast du schon Pläne, was du machen wirst, wenn du in naher Zukunft als Frau Diplom hier hinausspazierst?« Sandra schaute mich mit großen Augen an, zog ihren Nitrilhandschuh aus und kaute an einem Fingernagel.

»Ich werde in die Medienbranche wechseln. Mit echten Menschen arbeite ich lieber als mit Dingen, die ich nicht sehen kann.«

Ich hatte diesen Spruch schon oft zu Hause vor dem Spiegel geübt. Anfangs ängstlich und leise, doch je mehr mich mein neues Vorhaben überzeugte, desto selbstsicherer klang ich.

Sandra pfiff anerkennend. »Cool! Den Mut hätte ich auch gern!« Dann griff sie nach einem frischen Handschuh und pipettierte genervt weiter.

Als der Sommer mit seiner brütenden Hitze über uns hereinbrach, hielt ich schließlich mein Diplom in der einen und meinen bereits unterschriebenen Arbeitsvertrag bei einer Zeitung in der anderen Hand. Von nun an wurde mein Leben nicht nur besser, es wurde fantastisch.

Ich, ein absolutes Greenhorn in diesem Business, begann meine Karriere im Anzeigenverkauf. Mein Zuständigkeitsbereich war Beauty und Fashion und – hallo? – welche Frau (mit Ausnahme vielleicht einiger Biologinnen) könnte sich damit nicht identifizieren? Ich erhielt einen Firmenwagen, ein Firmenhandy, war viel unterwegs und mein eigener Boss. Zumindest meistens. Denn hin und wieder fanden sich alle Mitarbeiter im Chefbüro ein und besprachen – bei einem Gläschen Prosecco, versteht sich – die Verkaufszahlen. So auch an diesem Tag.

Die gesamte Redaktion hatte sich um den großen Konferenztisch versammelt. Werbeschaltungen stapelten sich in der Mitte, alte Ausgaben der Zeitung auf dem Boden. Es wurde gemurmelt und gelacht, bis ein Räuspern das rege Treiben unterbrach. Alle verstummten und blickten auf Herrn Richter, der George Clooney verblüffend ähnlich sah. Schick gekleidet im schwarzen Sakko zu Blue Jeans stellte er sich am Tischende auf.

»Vielen Dank, dass ihr alle gekommen seid!«

Wow, hier bedanken sich die Chefs sogar für die Teilnahme an Besprechungen, staunte ich beeindruckt.

George Richter Clooney sprach weiter: »Bevor wir mit der Agenda für das heutige Meeting beginnen, muss ich noch lobende Worte loswerden.« Einige hielten die Luft an. »Anja, Sie haben sich in den letzten Monaten in unserem Unternehmen sehr bewährt. Darum sind wir nun zu der Entscheidung gelangt sind, Ihnen eine Stelle bei uns in der Redaktion anzubieten. Was halten Sie davon?«

Mir schoss das Blut ins Gesicht. Ich war sprachlos. Hatte ich richtig gehört? »Bitte was?«, fragte ich schockiert, um Zeit zu gewinnen. Denn plötzlich waren meine alten Zweifel zurückgekehrt. Würde ich einen Redaktionsjob überhaupt schaffen? Natürlich schrieb ich gern, sowohl nur für mich und früher auch in mein Laborbuch, aber beruflich? Und als ich gerade dabei war, mein ganzes Selbstvertrauen zu verlieren, fiel mir wieder ein: Ich bin bereits einmal ins kalte Wasser gesprungen und danach nicht ganz normal geschwommen, sondern an allen anderen vorbeigekrault.

Wenn ich etwas wirklich wollte, schaffte ich es auch. Und darum antwortete ich: »Gern!«

Das alles liegt nun schon einige Jahre zurück.

Heute bin ich Redakteurin bei einer renommierten österreichischen Tageszeitung und Autorin eines Ratgebers, und als solche möchte ich die Chance nutzen, allen »Neubeginnern« einen Ratschlag mit auf den Weg zu geben:

Glaubt an euch und eure Fähigkeiten, habt keine Angst vor dem, was in euch steckt, macht fest die Augen zu und springt ins kalte Wasser – denn ohne etwas zu wagen, wäre *Pichia pastoris* noch immer meine beste Feindin.

19

Be careful
what you wish for ...

Martina (33), Marketing-Managerin, Slowakei,
darüber,
wie sie sich ein anderes Leben
herbeiwünschte

Heute ist Ihr zweiter Geburtstag! Dass Sie überhaupt noch am Leben sind, grenzt an ein Wunder – bei der Menge Blut, die Sie verloren haben. In diesem Sinne: Happy Birthday!«

Zwölf Jahre ist es mittlerweile her, dass mir ein fremder Arzt durch das grüne Papier seines Mundschutzes hindurch diese Worte zuflüsterte. Ich hatte unlängst erst meinen einundzwanzigsten Geburtstag gefeiert, als mich innere Blutungen fast das Leben kosteten. Damals realisierte ich, dass das Leben von einer Sekunde auf die andere enden konnte. Fast so, als hätte es gar nicht erst begonnen.

Daher schwor ich mir, jeden weiteren Tag in vollen Zügen zu genießen und alle Chancen, die sich mir bieten würden, mit beiden Händen zu ergreifen. Und das gelang mir auch.

Keine zehn Jahre später war ich Vorstandsassistentin in einem großen international agierenden Telekommunikationsunternehmen. Ich besaß eine schöne Eigentumswohnung und an meinem Aussehen hatte ich auch nichts auszusetzen. Meine Augen schimmerten in den Farben des Ozeans, mein Gesicht hatte die Form eines Herzens, mein Hals war schlank und alle daran anschließenden Gliedmaßen ebenso.

Nur meine Beziehung mit Markus verlief immer weniger harmonisch. Ehrlich gesagt, konnte man eher von einer Krise als von einer Beziehung sprechen. Wir waren einfach zu unterschiedlich.Ich liebte es, in Gesellschaft zu sein, und trug mein Herz auf der Zunge. Außerdem war ich offen und reiselustig, wollte jeden Zipfel dieser Welt erkunden. Der eher introvertierte Markus hingegen blieb lieber zu Hause. Als angehender Jurist interessierte er sich mehr für die Erforschung seines Aktengebirges, das sich über seinen Schreibtisch erstreckte. Um ihm wenigstens ein einziges Mal so etwas wie Emotionen zu entlocken, hegte ich immer wieder das Verlangen, ihm kräftig in den Arm zu zwicken.

Davon abgesehen, war Markus ein angenehmer Freund. Er verursachte keinen Schmerz, große Gefühle entflammte er aber leider ebenso wenig. Dass wir uns früher oder später trennen würden, wurde mir bereits zu Beginn unserer Beziehung bewusst. Nur hatte ich Abschiede noch nie gemocht und verschob das Unausweichliche daher auf später, wünschte mir einen Mann, der mich auf Händen trug, und flüchtete mich in meine Arbeit. Morgens verließ ich die Wohnung bereits, wenn Markus noch schlief, und kehrte erst so spätabends nach Hause zurück, dass sich mein Freund zu der Zeit bereits in sein juristisches Paralleluniversum begeben hatte.

Meinen einzigen Lichtblick bildeten die Mittagspausen mit meiner Freundin Miriam. Jeden Tag trafen wir uns in einem kleinen Laden um die Ecke, in dem uns – neben frischen Muffins – das missmutige Gesicht der Bedienung erwartete.

»Das macht zwei Euro fünfzig!«, blaffte mich die gestresste Frau hinter der Theke an. Auf ihrem T-Shirt hatten sich Schweißflecken gebildet und die Zornesfalten auf ihrer Stirn waren so tief, dass sie an die Münzschlitze einer Sparbüchse erinnerten. Nicht nur einmal war ich kurz davor, meine 2,50 Euro über ihrer Nase einzuwerfen.

»Weißt du was?«, fragte ich Miriam, während ich den wolkenartigen Milchschaum auf meinem Löffel auftürmte und ihn darauf langsam zum Mund balancierte. Hmmm!

Sie schüttelte ihren dunkelbraunen Bob.

»Wenn ich genügend Geld beisammen habe, eröffne ich mein eigenes kleines Café. Dann backe ich meine eigenen Biokuchenkreationen, deren Duft alle bezaubern wird, und ich werde jedem Kunden zu seinem Coffee to go ein Lächeln schenken. Und keinen zornigen Blick.« Gegen Ende des Satzes erhob ich meine Stimme.

Miriam kicherte. »Ja genau, und ich werde irgendwann eine Strandbar eröffnen und jeden Tag den Sommer feiern.«

»Das könnte ich jetzt auch gut gebrauchen«, antwortete ich und träumte vor mich hin. Auf einmal rundeten sich Miriams mandelförmige Augen und begannen zu leuchten. Aufgeregt meinte sie: »Weißt du was? Lass uns einfach wegfahren. Eine Woche lang einfach dorthin, wo die Sonne wohnt. Bist du dabei?«

»Sofort!«, antwortete ich, ohne zu zögern.

Wie gesagt – bot sich mir eine Gelegenheit, ergriff ich sie beim Schopf. Und so packte ich Hals über Kopf meinen Koffer, warf meine Handtasche über die Schulter und zog los, in der Mission, meinen überarbeiteten Nerven etwas Gutes zu tun. Markus blickte nicht mal hinter seinem Turm aus Büchern hervor, als die Tür mit einem lauten Knall hinter mir ins Schloss fiel.

Der dritte Tag unserer Reise nach Kroatien sollte mein Leben für immer verändern. Nach einem ausgiebigen Frühstück und einem kurzen Bad im Meer spazierten wir in die kleine Altstadt, um die berühmte Burg auf deren Anhöhe zu besichtigen.

Die heiße Luft flimmerte über den Pflastersteinen, als wir uns durch die schmalen Gassen nach oben schleppten, und die Mittagssonne brannte auf unsere Köpfe. Weit und breit ließ sich kaum Schatten finden.

»Wie weit ist es denn noch? Wir sind die einzigen Verrückten, die sich hier hochkämpfen«, jammerte ich verzweifelt. Das Letzte, was ich wollte, war, in dieser kroatischen Einöde verloren zu gehen.

»Lange kann es nicht mehr dauern und außerdem sind da vorn auch noch andere Menschen.«

Und dann sah ich sie auch: eine kleine Gruppe von fünf Personen. Neben ihnen ein unermüdlich in die Luft hüpfender brauner Hund. Ein junger, sportlich gekleideter Mann, anscheinend dessen Herrchen, erspähte uns und winkte uns zu.

Kurz darauf standen wir vor dem letzten Hindernis, bevor wir den Eingang der Burg erreichten: einem mit Efeu bewachsenen Torbogen. Noch dazu ein verflucht schmaler ... Ich bin mir sicher, Beth Ditto (die Sängerin von The Gossip) hätte ihn, wie ein Korken die Weinflasche, verstopft. Und ausgerechnet in dem Augenblick, als ich mich durch das Tor schummeln wollte, platzierte sich der Hund genau vor mir. Sein Gebell war unerträglich und ungefähr ebenso laut wie das Pochen meines Herzens. Ich hielt mir die Ohren zu, der Hund sprang nach rechts und nach links, bellte unermüdlich weiter und ich zitterte vor Angst.

»Kann bitte jemand den Hund wegräumen?«, schrie ich und meine Worte hallten an den Wänden des Torbogens wider. Aufgeschreckt durch den Lärm, fletschte das Tier die Zähne.

»Du darfst keine Angst zeigen« erklärte mir Miriam altklug und versteckte sich hinter einer besonders dicht bewachsenen Efeustelle am Eingang des Tores.

»Weißt du was? Wir drehen um, ich hab jetzt keine Lust mehr!«, meinte ich, zog Miriam aus ihrem Versteck hervor und trat mit ihr den Rückweg an.

Aber kaum hatte ich Hund, Tor und Burg den Rücken zugekehrt, ertönte ein »Entschuldigen Sie bitte!«. Argwöhnisch blickte ich über die Schulter zurück und schaute direkt in das lächelnde Gesicht des Hundebesitzers von vorhin. Er war in meinem Alter, hatte braunes Haar, das in Wellen seinen Kopf zierte. Er war mittelgroß und schlank. Mit einer flinken Handbewegung nahm er seinen vierbeinigen Freund an die Leine und der Durchgang war wieder frei. Ich erwiderte das Lächeln und hielt Miriam – wahrscheinlich etwas zu grob – an der Schulter zurück.

»Was?«, herrschte sie mich an.

»Komm, lass uns doch in die Burg gehen. Nach diesem endlosen Aufstieg bin ich ohnehin am Verdursten.«

»Weißt du eigentlich, was du willst?«, keifte sie. Normalerweise regte sie sich nicht so schnell auf, doch wenn sie wütend wurde, dann erkannte man das als Erstes an ihrer Gesichtsfarbe. Jetzt war sie rot.

Daher flüsterte ich vorsichtig: »Ich möchte jetzt doch da reingehen. Bitte!« Schließlich kam sie doch mit.

In dem kleinen Café saß der junge Kerl mit seinem Hund am Tisch neben uns. Wie von selbst wanderte mein Blick immer wieder zu ihm, zuckte ein Lächeln um meine Mundwinkel und fiel eine Haarsträhne in meine Stirn, die dringend weggestrichen werden wollte. Ja, ich gebe es zu – wir haben geflirtet. Aber wir waren im Urlaub – und es war doch nur ein Lächeln!

Später, als wir über die heißen Pflastersteine nach unten wanderten, zog das Hündchen wieder laut bellend an uns vorbei. Sollte ich sein Herrchen ansprechen? Oder würde das aufdringlich wirken?

Erst der Anblick eines mit saftig frischem Obst beladenen Verkaufsstandes in der Nähe des Hafens unterbrach meine Überlegungen. Ich blieb stehen und philosophierte mit dem Verkäufer über die optimale Reife von Wassermelonen, als plötzlich neben meinem Gesicht eine von zwei Fingern umklammerte Visitenkarte auftauchte. Verwirrt drehte ich mich zur Seite. Und da stand er: der Mann mit dem Hund!

»Ich habe gehört, dass Sie slowakisch sprechen. Mein Name ist Robert. Ako sa máte?« Er fragte nach meinem Befinden. »Mehr kann ich leider nicht. Aber vielleicht können wir uns mal treffen, dann könnten Sie mir helfen, meinen Wortschatz zu erweitern.«

Er zwinkerte mir zu, pfiff nach seinem Hund und spazierte von dannen, während die untergehende Sonne das Meer küsste und sich der Himmel in ein beschämtes Rot färbte.

Einen ganzen Tag lang dachte ich über sein Angebot nach, bevor ich ihn schließlich anrief. Wenn eine Gelegenheit für Spaß und Ablenkung schon so aufdringlich und mit Trommelwirbel das Zimmer betrat, sollte man sie beim besten Willen nicht ignorieren. Und so traf ich Robert zum Schwimmen. Wir redeten und lachten, bis – wie aus dem Nichts – die Dämmerung über uns hereinbrach und sich unsere leeren Mägen laut knurrend in unser Gespräch einmischten. Kurz entschlossen verlegten wir unser Kennenlernen vom Strand in ein feines Lokal und von dort auf einen Spaziergang unter dem sternenklaren Himmel. Und so ging es in den nächsten Tagen weiter. Irgendwann waren die letzten Tage beinahe unmerklich an uns vorbeigezogen und mein Urlaub ging zu Ende.

Ziemlich rasch nach meiner Rückkehr in die Slowakei lernte mein neues Leben laufen. Markus verstaute seine Lernunterlagen in Dutzenden Kartons und verließ die Wohnung ohne Widerworte. Ich besuchte Robert in seiner Heimat Graz und verliebte mich augenblicklich in diese hübsche kleine Stadt mit dem lustigen Berg in ihrer Mitte. Und wie von selbst begann der Gedanke in meinem Kopf zu wachsen, einfach ins kalte Wasser zu springen und zu Robert zu ziehen. Was hatte ich schon zu verlieren?

Also ging ich langsam in die Hocke, stieß meine Füße vom Boden ab … und sprang. Meine Wohnung beschloss ich erst mal nur zu vermieten, und als ich meine Familie in mein Vorhaben einweihte, zeigte sich diese wenig überrascht. Immerhin hatte ich meine halbe Studienzeit in anderen Ländern verbracht. Nur der Abschied von meinen Freundinnen fiel mir ziemlich schwer.

Damals wusste ich noch nicht, dass ich mit meinem Umzug eine Wunscherfüllungskaskade auslösen würde. Denn in Robert fand ich endlich den Mann, der mich zwar nicht immer auf Händen trägt, aber jeden Tag aufs Neue ermutigt, meine

Ängste zu besiegen. Er ist aufgeschlossen, liebevoll und unsere Beziehung erinnert mich irgendwie an eine Kokos-Curry-Suppe mit Chiliflocken. Lieblich, feurig und sehr intensiv. Wir teilen das Interesse für andere Menschen und für ferne Länder, leben in einer wunderschönen Altbauwohnung zur Miete und haben es uns zur Gewohnheit gemacht, jeden Sonntag mit einem Caffè Latte zu beginnen.

Irgendwann an einem wunderschönen Tag, als die ersten Sonnenstrahlen die Nacht vertrieben, spazierten Robert und ich zu unserem Lieblingscafé ein paar Straßen weiter. Das kleine, entsprechend auf das studentische Klientel ausgerichtete alternativ wirkende Lokal gehörte Peter, einem Bekannten von Robert, und lag direkt am Uni-Campus.

Nachdem Peter das silberne Tablett mit unserem Kaffee auf dem Tisch abgestellt hatte, zog er seinen Hocker näher und nahm uns gegenüber Platz. Die Männer unterhielten sich, während ich in einer Zeitung blätterte.

»Und falls ihr jemanden kennt, der dieses Lokal weiterführen würde, gebt ihm bitte meine Nummer. Ich habe vor, es zu verkaufen.«

Bei diesem Satz blieb mir das Herz stehen. Das Universum hatte soeben meine Bestellung ausgeliefert. Ich musste nur noch nach einem Kugelschreiber suchen und den Übernahmevertrag unterschreiben.

»Wir machen das!«, rief ich sofort.

Robert schaute mich mit großen Augen an und hob eine Augenbraue. »Wir?«, fragte er überrascht.

»Ich habe schon immer von meinem eigenen Café geträumt«, erklärte ich ihm aufgeregt. Flehend blickte ich meinen Freund an. Der nickte nachdenklich, sagte aber nichts. Sah sich im Café um und klopfte – als ob dieser hätte antworten können – mit der Faust auf den Tisch, an dem wir saßen. Ging zur Tür hinaus, blickte die Gasse hinunter, kam wieder herein und beendete mit einem »Wir überlegen es uns« das Gespräch. Des Sieges fast gewiss, fiel ich ihm vor Freude jubelnd um den Hals.

Und so kam es, dass wir heute unser eigenes kleines Café führen – und es ist genau so, wie ich es mir gewünscht hatte: Tagsüber und hin und wieder nachts backe ich meine selbst kreierten Biokuchen, damit ihr Duft jeden Morgen das Lokal erfüllt. Mittags servieren wir vegetarische und regionale Köstlichkeiten und bereiten liebevolle Caterings und Cake Pops vor.

Und den ganzen Tag über liebe ich meinen neuen Job, besonders dann, wenn die Gesichter unserer Kunden nach dem ersten Bissen von ihrem Cheesecake oder dem ersten Löffel von ihrem Milchschaum zu strahlen beginnen. In solchen Momente geht mir das Herz auf.

Und auch all jene, die keine Zeit finden, bei uns im PARKS Platz zu nehmen, bekommen ein freundliches Lächeln zu ihrem Coffee to go.

20

Stück für Stück
zerfällt mein Leben

Katrin (27), Controllerin, Hamburg,
über
die Vorfälle, die sie vom Workaholic zur Anlaufstelle
für Shopaholics werden ließen

Martin und ich waren schon seit vielen Jahren ein Paar. Und ein gut aussehendes noch dazu. Beide von Natur aus blond. Martin eher wie Stroh, ich eher wie das Gold des ersten Sonnenstrahls. Beide waren wir groß gewachsen und feingliedrig gebaut.

Der Unterschied lag in unseren Augen (und nicht in denen des Betrachters). Martins waren blau und standen etwas zu nah beieinander, während meine von einem hellen Grün waren.

Nach dem Abitur hetzte Martin einer Karriere als Profigolfer hinterher und ich siedelte nach Hannover über, um dort Wirtschaft zu studieren. Meine eigentliche Leidenschaft galt zwar der Mode, aber laut meiner Eltern ließ sich damit eben kein Geld verdienen.

Fortan sah ich Martin nur noch am Wochenende oder via Skype. Dennoch heirateten wir drei Jahre später und gewöhnten uns an dieses Wechselspiel aus Distanz und (digitaler) Nähe. Besuchte ich Martin in Hamburg, begleitete ich ihn jeden Sonntag –

so hübsch gestylt wie möglich – in den Golfclub. So auch an jenem Tag.

Gelangweilt und in der Hoffnung, die nächsten vier Stunden mögen schneller vergehen als dieser unglaublich langweilige Film über das Sinken der Titanic, setzte ich mich an einen kleinen Tisch auf der Terrasse des Clubhauses und blätterte abwechselnd in meinem *Finance Magazine* und der *Vogue*.

»Hier sitzt sie ja! Schatz?«, ließ mich Martins Stimme einen Caffè Latte später hochschrecken. Ich hob den Kopf und starrte direkt in die schokoladenbraunen Augen eines Mittfünfzigers, der neben Martin stand. Sein Haar war an den Schläfen ergraut, ebenso wie sein Dreitagebart, und er trug einen geschmackvollen grauen Anzug – selbstverständlich von Armani. An seiner Seite befand sich eine Frau, deren Frisur stark an Cruella de Vil erinnerte. Nur in Platinblond. Ihre Lippen schimmerten in einem geschmacklosen Pink, goldene Clips klammerten sich an ihre Ohrläppchen und zogen diese unnötig in die Länge. Die Frau war von Kopf bis Fuß in Rosa gehüllt. Rosa Schirmkappe, rosa Pulli, rosa Hose – bis zu den Schuhen kam ich nicht, zu sehr schmerzten meine Augen von dem Anblick.

»Hallo, Kindchen«, kreischte die gealterte Version von Paris Hilton und drückte mich an ihre Brüste, kaum dass ich aufgestanden war, um Martins neue Bekanntschaften zu begrüßen. Zu dem Schmerz in meinen Augen gesellten sich Tränen – anscheinend hatte Paris in Chanel N° 5 gebadet. Über ihre Schulter hinweg warf ich Martin einen fragenden Blick zu.

»Schatz, das sind Frau und Herr Klinger. Sie führen ein Unternehmen hier in Hamburg und bräuchten eine fähige Frau für den Bereich Controlling. Und nachdem dein jahrelanges Pendeln langsam ein Ende finden muss, wäre das ja die optimale Lösung für uns alle.« Freundschaftlich schlug er dem Mann auf die Schulter.

Dieser brummte: »So ist es. Aber vielleicht sollten wir die Details besser allein besprechen.«

An diesem Nachmittag verkaufte ich meine Seele dem Teufel. Immerhin trug er Armani.

Der Haken an der Sache war das drohende Zusammenleben mit Martin, zumal unsere gemeinsamen Wochenenden und die Stimmung zwischen uns immer eigenartiger wurden. Er verbrachte die meiste Zeit mit seinen Kollegen auf dem Golfplatz, und wenn er nicht dort war, schenkte er seinem iPhone und seinem iPad so viel Aufmerksamkeit, dass ich bereits mit dem Gedanken spielte, mir einen Apfel auf die Stirn zu kleben. Und, ganz im Vertrauen gesagt, körperlich kamen wir uns nur noch dann näher, wenn die räumlichen Möglichkeiten kein Ausweichen zuließen. Irritierenderweise erweckte Martin den Anschein, sich über meinen Umzug zu freuen. Ich hingegen veranlasste die Renovierung meiner alten Studentenwohnung, um für den Ernstfall auf eine Rückkehr vorbereitet zu sein.

Mit einem Seufzer auf den Lippen und der letzten Umzugskiste auf dem Arm kehrte ich schließlich Hannover den Rücken, um Hamburg die Stirn zu bieten.

Schon nach der ersten Woche in meinem neuen Job wusste ich, dass sich mein Mut gelohnt hatte. Meine Arbeit forderte mich heraus, in meinem Büro fühlte ich mich wohl und mein Gehalt war unverschämt hoch. Auch mit Klaus Klinger verstand ich mich gut. Alles schien perfekt. Anfangs …

Denn eines Tages stand Klaus vor meinem Schreibtisch und schaute mich traurig an.

»Na Klaus? Wo drückt der Schuh?«, fragte ich beschwingt.

»Elfi spioniert mir hinterher. Zumindest vermute ich das.« Elfi war seine wasserstoffsüchtige Ehefrau.

»Okay … Wie kann ich dir helfen?«

»Ich bin mir sicher, dass sie meine E-Mails liest. Ziemlich sicher. Und ich habe schon einen Plan entwickelt, mit dem ich herausfinden kann, ob es stimmt«, weihte er mich ein. In aufgeregt aneinandergereihten Wortfetzen bat mich mein Chef, eine Nachricht zu verfassen. Ich sollte ihm schreiben, wie sehr ich mich auf ein Meeting in Dubai freute, zu welchem wir gemeinsam geladen waren. In Wirklichkeit existierte weder dieses Meeting noch sonst irgendeines, an dem ich hätte teilnehmen sollen. So gesehen, war sein Plan schon von vornherein zum Scheitern verurteilt. Aber da mir die blonde Elfi unsympathisch war, stimmte ich zu und schrieb später an diesem Abend die besagte Mail. Danach eilte ich nach Hause.

Als ich auf leisen Sohlen das Wohnzimmer betrat, traf ich Martin vor dem Fernseher schlafend an. Sein iPad hielt er fest umschlungen, ein Anblick, der mich keinesfalls überraschte, denn obwohl wir zusammenwohnten, führten wir noch immer eine Fernbeziehung. Wenn auch nur noch im emotionalen Sinn.

Wie jeden Abend kuschelte ich mich allein ins Bett und sank in einen tiefen Schlaf, bis mich ein Piepen aus meinen Träumen riss.

Trotz der Dunkelheit und meiner verquollenen Augen konnte ich die erbarmungslosen Worte, die auf dem Display aufleuchteten, lesen: *Verdammte Schlampe.* Elfi hatte also wirklich spioniert. Von meiner detektivischen Leistung beeindruckt, legte ich das Handy auf das Nachtkästchen zurück und schlief triumphierend ein.

Der Horror begann erst tags darauf im Büro. Ich öffnete das Mail-Programm und rieb mir verwundert die Augen. 21 neue Nachrichten – und jede einzelne von Elfi Klinger. Über die Bezeichnung »Schlampe« hätte ich mich ab diesem Zeitpunkt nur noch gefreut. Mit flatternden Nerven stürmte ich, die ausgedruckten E-Mails in der Hand, in Klaus' Büro.

»Kannst du mir bitte erklären, was DAS hier soll?« Vorwurfsvoll hielt ich ihm die Zettel unter die Nase. »Deine Elfi dreht ja völlig durch!«

»Sei still, sei bitte still. Ich will nichts mehr hören. Sie hat die ganze Nacht geschrien«, jammerte er. Sein Gesicht war leichenblass, seine Hände zitterten.

»Das alles ist etwas außer Kontrolle geraten. Elfi glaubt, wir hätten eine Affäre, und sie lässt sich davon nicht mehr abbringen.«

War das denn nicht der Sinn der Sache gewesen? Ich verstand gar nichts mehr, sah nur die Tränen in seinen Augen und erkannte eine unglaubliche Angst – vor dem lebendig gewordenen Schrecken in Hellrosa.

Klaus' Gejammer wurde von dem Läuten meines Handys unterbrochen. »Wir kriegen das schon wieder hin«, versuchte ich, meinen Chef zu trösten, und stöckelte aufgeregt auf den Balkon, um dort in Ruhe das Gespräch anzunehmen.

»Du und Klaus??? Du und dieser alte, vor Geld stinkende Knacker? Wenn du mich schon betrügen musst, dann hätte ich zumindest ein wenig mehr Stil von dir erwartet.« Martin brüllte. Wie ein Verrückter.

»Martin? Martin, bitte, beruhige dich! Zwischen mir und Klaus läuft gar nichts. NICHTS! Hörst du?« Ich war verzweifelt. Langsam wurde mir das alles wirklich zu viel.

»Und was ist mit eurem Liebesurlaub in Dubai? Elfi hat mir alles erzählt. Es geht mir nicht um uns – wir haben uns längst auseinandergelebt –, aber dieser Mann ist seit 20 Jahren verheiratet. Er hat Kinder! Schreckst du denn vor gar nichts zurück?«

»Martin, ich kann dir das erklären«, redete ich auf ihn ein.

»Nein, Katrin, ich will mir deine Lügen nicht anhören. Alles, was ich will, ist die Scheidung. Ich lass mich doch nicht zum Gespött auf dem Golfplatz machen!« Damit legte er auf und ich fühlte mich wie in einem schlechten Film, als ich zum zweiten Mal an diesem Tag Klaus' Büro betrat.

»Deine tolle Frau hat jetzt auch meinen Mann auf mich gehetzt! Klaus, hör zu, du musst das klären!«

Doch er saß völlig apathisch in seinem Stuhl und schenkte mir einen Blick, der mich an Hannibal Lecter erinnerte. Gänsehaut lief über meinen Rücken.

»Ich denke … Es wäre besser … wenn du die Firma verlässt. Solange du hier bist … wird sie keine Ruhe geben.« Mit einem Mal veränderte sich seine Mimik und er brüllte: »Verschwinde! Raus!«

Mit zittrigem Zeigefinger wies er auf die Tür. Rückwärts, in kleinen Schritten, verließ ich sein Büro.

Jetzt war es an mir, Angst zu haben.

Weinend setzte ich mich an meinen Computer, wollte gerade meinen Anwalt kontaktieren – irgendein Gesetz musste es doch geben, das mich aus dieser verzwickten Lage befreite –, als zwei Typen vom Sicherheitsdienst vor mir standen und mich baten, das Gebäude zu verlassen.

Völlig außer mir stieg ich in den Zug nach Hannover. Ständig hielt ich nach etwas Rosarotem Ausschau, und als mich aus Versehen eine Blondine anrempelte, stieß ich vor Schreck einen spitzen Schrei aus.

Auch wenn ich dachte, es könnte kaum noch schlimmer kommen, erwartete mich bei meiner Ankunft zwar eine toprenovierte, aber völlig überschwemmte Wohnung.

Mein Leben brach wie ein Kartenhaus in sich zusammen.

Noch an der Türschwelle sank ich auf die Knie und heulte meinen ganzen Schmerz hinaus. Doch als ich irgendwann vor Kälte zitterte, schwor ich Rache. Nicht mit mir! Viel zu viel hatte ich mir gefallen lassen und dieses kranke Paar war in Wirklichkeit keine einzige vergossene Träne wert. Ich stand auf, strich mein zerknittertes Kostüm zurecht, rief mir ein Taxi und checkte in dem teuersten Hotel der Stadt ein. Die Rechnung ging natürlich auf die Firma Klinger.

Nach einer heißen Dusche kehrte mein Kampfgeist zurück. Um das zu feiern, orderte ich eine Flasche Champagner und das teuerste Menü der Karte. Auf dem Himmelbett sitzend und eingehüllt in einen wohlig dicken Bademantel, hatte ich eine brillante Idee. Rasch schrieb ich folgende Nachricht: *Mein Liebster, vielen Dank für den schönen Vormittag – du weißt wirklich, wie man eine Frau verwöhnt. Ich freue mich auf das nächste Mal und natürlich auf Dubai!*

Die Vorstellung von Elfis wütendem Gesicht beim Lesen der SMS besänftigte mich vollends und ich prostete mir selbst zu. Jetzt galt es nur noch, einen Zukunftsplan zu entwickeln.

Ob ich das Jonglieren mit Zahlen an den Nagel hängen sollte? Ich könnte diese Chance nutzen und mir eine Arbeit suchen, die mir wirklich Spaß macht. Oder die Schulbank einer Modeschule drücken?

Gemeinsam mit all diesen aufregenden Gedanken – und der Flasche Champagner – schlug ich mir in diesem sündhaft teuren Hotelzimmer die Nacht um die Ohren.

Am nächsten Morgen spazierte ich mit brummendem Schädel durch die Einkaufspassagen und suchte nach einem neuen Outfit. Die überstürzte Flucht aus meiner Wohnung hatte leider keine Sichtung des Restbestands in meinem Kleiderschrank zugelassen.

Es waren vier Buchstaben in der Auslage einer Designer-boutique, die schließlich meine Aufmerksamkeit erregten: SALE. Nur zwei Sekunden später betrat ich den Laden. Tief sog ich den Duft der Stoffe in meine Lungen, spürte die feinen Materialien auf meiner Haut, als ich ein paar Kleidungsstücke anprobierte, und fühlte mich wie im siebten Himmel.

Plötzlich purzelte neben mir eine ältere Dame aus der Umkleide-kabine, den wohlgenährten Körper in ein rotes Etuikleid gepresst. Die braunen Haare standen ihr elektrisiert zu Berge. Verkrampft lächelnd, begutachtete sie sich von allen Seiten. Das konnte sie nicht tragen, sie sah aus wie eine gefüllte Paprika!

»Hören Sie? Entschuldigen Sie bitte?«, sprach ich sie an. »Darf ich Ihnen einen Rat geben? Versuchen Sie's mit Schwarz.« Die Paprika sah mich mit leicht verzweifeltem Blick an. Also begleitete ich sie durch das Geschäft und half ihr dabei, ein passendes Outfit aus-zuwählen. Denn in dem roten Kleid konnte ich sie wirklich nicht unter Leute lassen. Eine Stunde später begleitete ich sie zur Kasse.

»Interessante Wahl. Gewagt und so raffiniert!«, schwärmte die Frau hinter dem Tresen. »Wie sind Sie nur darauf gekommen?«

Als ginge es darum, einen Schuldigen zu finden, verwies die Dame mit ausgestrecktem Zeigefinger auf mich, zahlte und verließ den Laden.

»Das war Ihre Idee?«, fragte mich die Verkäuferin erstaunt. Ich nickte und fühlte mich eigenartig. Mein Gegenüber schüttelte den Kopf. »Wissen Sie, ich spiele schon länger mit dem Gedanken, eine Stilberaterin einzustellen … Aber Sie haben bestimmt schon genug zu tun. Sind Sie vom Fach?«

War das ein Jobangebot? Sollte ich diese Chance ergreifen und alles, wofür ich jahrelang studiert hatte, einfach aufgeben? Andererseits hatte mich Mode schon immer interessiert. Und obwohl ich den erhobenen Zeigefinger meines Vaters vor Augen sah und seine tiefe Stimme in meinem Kopf brummte: Bist du wahnsinnig? Das kannst du doch nicht machen!, hielt ich der Kassiererin meine manikürte Hand entgegen. »Ich mach's!«

So kam es, dass ich keine zehn Minuten später als Stilberaterin und nicht mehr als Controllerin arbeitete. Es fühlte sich herrlich an.

Ich würde nicht behaupten, dass gut war, was sich damals ereignete – wer möchte schon zum Opfer eines Ehekrieges werden? –, aber rückblickend hatte es sich als das Beste erwiesen, was mir passieren konnte.

Immerhin bin ich heute eine glücklich geschiedene Frau, verdiene mit meiner Liebe zur Mode gutes Geld und konnte damit mittlerweile sogar meine Wohnung sanieren.

Von Klaus und Compagnie habe ich zum Glück nie wieder etwas gehört. Nur hin und wieder, wenn der Zufall etwas Faltiges in Rosa zu mir in der Laden schickt, bleibt mir das Herz stehen. Aber auch daran werde ich mich hoffentlich noch gewöhnen.

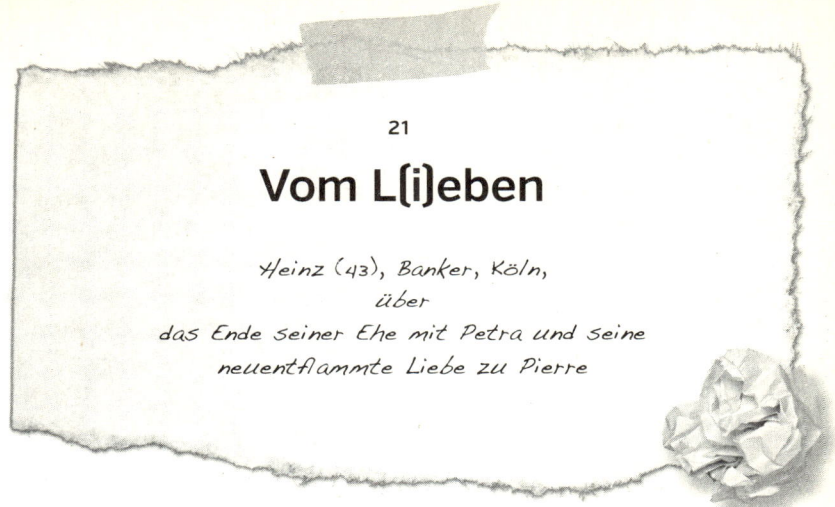

21

Vom L(i)eben

Heinz (43), Banker, Köln,
über
das Ende seiner Ehe mit Petra und seine
neuentflammte Liebe zu Pierre

Heinz, kannst du morgen bitte die Mädchen von der Schule abholen? Das müsstest du locker schaffen, meinst du nicht?« Meine Frau Petra griff nach der fettarmen Butter, schnitt ein Stückchen von ihr ab und strich selbiges in drei flinken Bewegungen über das Brot in ihrer Hand. Vollkornanteil: 90 Prozent, das teuerste und somit nicht nur biologisch wertvollste Brot, das man in unserer Stammbäckerei finden konnte. So etwas war Petra nämlich wichtig. Denn Petra war eine Weltverbesserin.

»Heinz? Geht das bei dir?« Als ich aufblickte, pendelten ihre hennagefärbten Locken noch hin und her. Vermutlich waren sie in Bewegung geraten, als Petra ihren Kopf ruckartig in meine Richtung gedreht hatte.

Ihre Augen hatten sich zu schmalen Schlitzen verengt und waren so dunkel, dass man die Iris und die Pupille für siamesische Zwillinge hätte halten können.

»Träumst du schon wieder?«

Ich starrte sie an. Natürlich träumte ich, aber wovon, konnte ich ihr nicht sagen. Oder doch? Ich könnte jetzt die Katze aus dem Sack lassen, um allen Qualen endlich ein Ende zu bereiten. Aber war jetzt der richtige Moment, um das Leben meiner Frau zu zerstören? Gab es dafür überhaupt jemals den richtigen Moment?

Mein Pulsschlag beschleunigte sich. Mit dem Zeigefinger tippte ich auf die Tischplatte (vollmassiv, Fair Trade), mit dem Birkenstockschlappen auf den Fußboden und wünschte, ich könnte mir selbst einen Tritt in den Allerwertesten verpassen. Ewig konnte dieses Versteckspiel jedenfalls nicht weitergehen.

Die ganze Geschichte begann damit, dass mir meine Eltern verboten, ein Musicalstar zu werden. Dabei war es mein einziges Ziel gewesen, über die Bühnen dieser Welt zu tanzen, und rein optisch wäre ich für diesen Beruf ideal gewesen. Groß, aber nicht riesig. Schlank, aber nicht dünn. Dunkelbraune Locken. Und mein Gesicht war so ebenmäßig, dass es schon fast einem Verbrechen glich, es anderen Menschen vorzuenthalten. Aber das Schicksal, als Sohn eines gesellschaftlich angesehenen Paares geboren worden zu sein, ließ meinen Traum wie eine Seifenblase zerplatzen und so landete ich als Angestellter in einer Bank.

»Heinz, kannst du bitte in der Marketingabteilung, bei Herrn Absenger, die neuen Flyer abholen?«, beauftragte mich eines Tages die Anführerin der Sekretärinnengang – Nase und Tonlage: spitz, Blick: tödlich – und ließ keine Zweifel daran, dass es sich bei dieser Aufforderung um keine Bitte handelte.

»Zu Herrn Absenger, bitte!«, meldete ich mich bei der Empfangsdame im sechsten Stock an. Sie trug eine legere Kombination aus schwarzem Rock und einem T-Shirt, auf dem Micky Maus winkend seinen Arm hob. Zwei Stockwerke weiter unten wäre sie damit nicht nur aus der Firma, sondern auch aus dem Fenster geflogen.

Mit einer stummen Kopfbewegung wies sie mir den Weg zu einem Büro am Ende des Gangs. Ich klopfte dreimal motiviert an die Glastür.

»Jaaa bitte?«

Vorsichtig betrat ich ein vom ultimativen Chaos beherrschtes Zimmer und mittendrin saß ein junger Mann, vielleicht ein paar Jahre älter als ich. Sein Haar war schwarz und ziemlich kurz geschnitten, seine Augenbrauen waren zu einem schmalen Bogen gezupft und sein Teint entlarvte ihn als Besitzer einer Sonnenstudio-Bonuskarte.

»Ich soll bei Ihnen die neuen Flyer abholen, bitte.« Verlegen strich ich durch meine dunklen Locken und trat nervös von einem Fuß auf den anderen.

Er schmunzelte und fragte: »Bist du neu hier?« Erst als er sich aus seinem breiten Lederstuhl erhob und damit begann, in einem seiner Regale herumzukramen, fiel mir auf, wie unglaublich dünn er war. Schließlich fand er, was er suchte, reichte mir einen Stapel Flyer und hielt mir seine Hand entgegen. »Darf ich mich vorstellen? Pierre Absenger. Wollen wir um zwölf gemeinsam zu Mittag essen?«

Und da ich es ohnehin längst leid war, jeden Tag allein in der Kantine zu sitzen, nahm ich Pierres Angebot dankend an.

Ab diesem Tag verbrachten wir viel Zeit zusammen und erkannten ziemlich schnell, dass wir uns sehr ähnlich waren. Wir liebten die gleiche Art von Musik, wir fanden Fußball langweilig und das Wort »Shopping« löste bei uns keine Panikattacken aus.

Irgendwann fragte mich Pierre: »Also, wenn deine Freundin nichts dagegen hat, würde ich dich Samstagabend gern in meinen Lieblingsclub entführen.«

»Ich habe keine Freundin«, flüsterte ich. Es war mir peinlich, das so auszusprechen.

»Was? Ein so hübscher Kerl wie du hat keine Freundin?« Erstaunt riss er die blauen Augen auf.

»Wenn es um Frauen geht, bin ich eher schüchtern, weißt du.« Um von dem Thema abzulenken, begann ich, in meinem Rucksack nach einem Kaugummi zu wühlen.

Also besuchte ich mit Pierre gemeinsam diese Disco. Wir putzten uns heraus, wie es sonst nur Mädchen taten, experimentieren mit Haargel, betätschelten unsere Wangen mit Rasierwasser und ich bildete mir sogar ein, Pierre beim Schwärzen seiner Wimpern beobachtet zu haben. Schon währenddessen tranken wir viel zu viel Bier, um unsere Laune zu heben, und wankten anschließend in den besagten Club. Die Stimmung war bereits am Kochen. Zuckende Leiber bevölkerten die Tanzfläche und auch wir ließen uns vom Beat der Musik treiben. Ich ging voll ab. Vielleicht auch ein kleines bisschen deshalb, um Pierre zu beeindrucken. Anscheinend klappte es auch, denn irgendwann spürte ich eine Hand an meinem Hintern. Zuerst glaubte ich noch an Zufall, aber als sich das Tätscheln wiederholte, drehte ich mich um. Und schwebte kurz zuvor noch Pierres Lächeln vor meinem Gesicht, so spürte ich nun seine Zunge in meinem Mund. Mir stockte der Atem. Mein Herzschlag setzte aus. Im ersten Moment wusste ich nicht, wie mir geschah, doch dann zeigten Hormone und Promille ihre Wirkung und ich erwiderte den Kuss.

Als ich am nächsten Morgen völlig verkatert und nackt in Pierres Armen erwachte, verkrampfte sich mein Magen. Was hatte ich nur getan? Aber während ich seine feinen Gesichtszüge betrachtete und seine Brust dabei beobachtete, wie sie sich beim Atmen langsam hob und senkte, wurde mir warm ums Herz. So wurde aus Pierre und mir ein Liebespaar, auch wenn natürlich niemand etwas davon erfahren durfte. Offiziell gründeten wir eine WG unter Arbeitskollegen. Dass wir neben der Wohnung auch das Bett miteinander teilten, ging schließlich niemanden etwas an, und eine Zeit lang war ich sehr glücklich mit diesem Leben.

Erst als meine Eltern – deren Hauptaufgabe darin bestand, in meinem Leben die Spielverderber zu mimen – zu meinem dreiundzwanzigsten Geburtstag ein kleines Familienfest veranstalteten, begann mir mein Lebensstil sauer aufzustoßen. Denn während all meine Cousinen und Cousins mit Kind und Kegel erschienen, kam ich allein. Beim Aperitif sagte noch keiner etwas, auch nicht, als der Hauptgang serviert wurde, aber je später der Abend und je leerer die Weinflaschen wurden, umso häufiger diente ich als Zielscheibe für spitze Bemerkungen.

»Und Heinz? Wann stellst du uns mal deine Freundin vor?«

»Als ich in deinem Alter war, war ich schon verheiratet.«

»Die Leute werden noch meinen, du wärst schwul!«

Es gelingt mir noch heute, mir den Klang ihres Lachens in Erinnerung zu rufen, so sehr verletzte es mich. Und weil ich schon immer darum bemüht war, den Erwartungen anderer zu entsprechen, wusste ich, dass ich eine Verantwortung zu tragen hatte. Ich konnte meine Eltern nicht dermaßen enttäuschen und ihnen die Freude vorenthalten, ein Enkelkind in den Armen zu wiegen. Nein, das hätte ich nicht gewagt. So schob ich ihr Wohlergehen in den Vordergrund – und nicht mein Herz.

Nach diesem Tag begannen sich die Dinge zwischen Pierre und mir zu ändern. Zwar teilten wir weiterhin die gleiche Wohnung und hatten auch noch regelmäßig Sex, aber ich wusste, dass ich weiterziehen musste, und er schwor, sich mir dabei nicht in den Weg zu stellen.

Keinen Monat später – ich war mit der S-Bahn unterwegs zu einem Geschäftstermin – verwickelte mich eine junge rothaarige Frau, dir mir gegenübersaß, in ein Gespräch. Sie trug ein braunes Kleid mit grünen Ärmeln, das einen guten Kontrast zu ihrer hellen Haut und dem Leuchten ihrer Haare bildete.

»Kommen Sie aus dieser Gegend?« Sie legte den Kopf schief, während sie auf meine Antwort wartete.

»Nein … beruflich.« Wie gesagt, wenn es um die Konversation mit Frauen ging, fand ich meistens nicht die richtigen Worte.

Sie nickte interessiert und lächelte. »Architekt? Oder nein, warten Sie! Arzt! Sie sind Arzt!«

Nun musste auch ich schmunzeln. »Bank. Ich bin Investment-Berater.«

»Ui … Ich heiße übrigens Petra.« Sie reichte mir ihre fein-gliedrige Hand.

Ich trocknete meine schweißnassen Finger an meinen Hosen-beinen, bevor ich die Geste erwiderte. »Heinz. Freut mich, Sie kennenzulernen.«

Unsere Fahrt endete kurz darauf an der gleichen Station. Wir liefen noch ein paar Schritte nebeneinanderher und unterhielten uns. Es fühlte sich eigenartig an. Mir schwirrte der Kopf, denn bisher hatte ich Gespräche dieser Art eigentlich nur mit Pierre ge-führt. War das gut?

»Ich finde dich sympathisch. Vielleicht können wir uns ja mal treffen? An einem Tag, an dem du nicht zu einem Meeting weiter-musst. Was hältst du davon?« Ohne eine Antwort abzuwarten, stellte sie sich auf die Zehenspitzen, schlang ihre Arme um meinen Hals und küsste mich auf die Wange. Das Blut schoss zuerst in mein Gesicht, dann zurück in meine Lendengegend und das war mir Beweis genug, diese Frau wiedersehen zu müssen.

Petra erwies sich als so etwas wie meine Seelenverwandte. Sie war der Mensch, von dem ich wusste, dass ich mit ihm alt werden mochte, und als mich der Sex mit ihr ebenso befriedigte wie mit Pierre, wusste ich, dass sie die Frau war, die ich heiraten würde. Zu Pierre verlor ich den Kontakt.

Die Menge an Tränen, die meine Mutter an meinem Hochzeitstag vergoss, war vergleichbar mit der, die nach dem Ableben von Lady Di geflossen sein mochte. Mein Vater nannte mich stolz »seinen Jungen« und nahm mich während des Hochzeitsfestes beiseite, um mir »etwas über Frauen zu erklären«. Als ich ihm mit einem Augenzwinkern erzählte, ich hätte mich schon im Internet darüber schlaugemacht, fiel die Anspannung deutlich sichtbar von ihm ab.

Wirklich glauben konnte er mir allerdings erst, als ich ihm in den darauffolgenden Jahren zwei Enkelinnen schenkte.

Wir lebten ein gutes Leben. Ich kletterte in enormer Geschwin-digkeit die Karriereleiter nach oben, verdiente viel Geld, kaufte

meiner Familie ein Haus … Kurzum: Ich erfüllte alle gesellschaft-
lichen Verpflichtungen.

Wahrscheinlich wäre alles ganz »normal« so weitergegangen,
wäre mir nicht vor ein paar Monaten in einem Fitnessstudio für
Männer zufällig Pierre über den Weg gelaufen. Sein schwarzes
Haar hatte sich gelichtet und Geheimratsecken Platz gemacht,
ebenso wie seine ehemals schlanke Linie nun mit einem kleinen
Bäuchlein ausgestattet war. Es dauerte einige Augenblicke, bis ich
diesen schwitzenden Mann am Crosstrainer erkannte. In dem
Moment gaben meine Knie nach. Schnell sprang ich von dem
Laufband hinunter, auf dem ich gerade trainiert hatte, wischte mir
die Schweißperlen von der Stirn und stolperte nervös auf ihn zu.
»Pierre?«

Überrascht starrte dieser in meine Richtung, kniff die Augen
zusammen und angelte eine Brille aus seinem Bauchtäschchen.
Erst als er sie aufgesetzt hatte, begann sein Gesicht zu strahlen.
»Heinz!« Er schwang sich vom Crosstrainer, eilte auf mich zu und
fiel mir um den Hals.

Geduscht habe ich an diesem Nachmittag nicht mehr allein
und auch an vielen darauffolgenden nicht. Die Treffen mit Pierre
wurden häufiger, standen nun beinahe an jedem Tag auf meinem
Plan und auch mein schlechtes Gewissen gegenüber Petra und
meinen Töchtern wuchs ins Unermessliche.

Dachte ich damals, mit Anfang 20, dass es sich bei meiner
Homosexualität schlichtweg um eine orientierungslose Phase
handelte, war ich nun, mit Anfang 40, davon überzeugt, dass ich so
tatsächlich leben wollte, und zwar mit Pierre. Für mein Herz und
nicht für irgendjemand anderen. Nur wie ich das schaffen sollte,
das war mir noch nicht klar.

So saß ich nun am Küchentisch, beobachtete meine Frau dabei,
wie sie die Brote für unsere Kinder schmierte, hörte mir an, was sie
mir alles zu unseren bevorstehenden Erledigungen zu sagen hatte,
und wusste, dass dieses Leben so nicht mehr weitergehen konnte.

Das Klopfen meines Birkenstockschlappens wurde lauter.

»Heinz? Ist alles okay? Du bist ja so blass!« Petra sah mich überrascht an.

Und mit einem Mal brachen diese Worte, die meine Seele erdrückten, aus mir heraus: »Petra, es tut mir leid, aber ich bin schwul!«

Ihre Augen weiteten sich, das Messer glitt aus ihrer Hand und schließlich sagte sie: »Ich wusste es.« Sie stand auf, kam langsam auf mich zu und strich mit ihren zittrigen Fingern über meine ergrauten Locken. Sanft beugte sie sich zu mir herab und flüsterte: »Endlich hast du es auch eingesehen.«

Nachdem die Ehrlichkeit in mein Leben eingezogen war, zog ich bei Petra und den Kids aus.

Heute wohne ich gemeinsam mit Pierre in einer schönen Altbauwohnung. Am Wochenende besuchen uns meine Mädchen, manchmal werden sie von Petra und ihrem neuen Partner Friedrich begleitet.

Auch wenn wir kein konventionelles Leben führen, auch wenn unserer Patchworkfamilie immer wieder mit bösen Blicken gestraft wird und sich einige Köpfe verächtlich nach uns umdrehen – so sind wir doch glücklich. Und um das zu erreichen, ist nun wirklich alles erlaubt!

22

Verzweifelte Sinnsucht

Valerie (33), Germanistin, Wien,
über
ihr Ende als Partymaus und
ihre Wiedergeburt als Buddhistin

Ich arbeitete beim berühmten Wiener »Life Ball«, sah selbst jedoch aus wie der Tod höchstpersönlich! Während der silberne Catsuit die weiblichen Rundungen meiner Kolleginnen elegant betonte, stand ich wie ein in Alufolie gehülltes Skelett neben ihnen. Meine schwarze Perücke passte perfekt zu dem Farbton meiner Augenringe. Auch die Bemühungen der jungen Visagistin, die mit einem feuerroten Lippenstift kleine Punkte auf meine Wangen gemalt und sie anschließend mit ihren zarten Fingerspitzen verrieben hatte, halfen nicht, das kränkliche Weiß meiner Haut zu verdecken.

Allerdings hatte ich schon immer eine Vorliebe für Ironie. »Ironie des Schicksals« war eine meiner Lieblingsredewendungen, *Ironic* von Alanis Morissette mein Lieblingslied und die schwarze Swatch Irony an meinem Handgelenk mein liebstes Accessoire. Warum also hätte ich an diesem Abend dem Motto des Balls die Treue halten und gut aussehen sollen?

177

So stand ich also bei dem Event, das jährlich zu Gunsten der AIDS-Hilfe veranstaltet wird, am Eingang des großen Ballsaals und hielt skurril verkleideten Menschen Flyer entgegen.

Ich brauch was, damit ich das durchstehe, spukte es durch meinen Kopf. Da ich aber ahnte, dass Koksen während der Arbeitszeit nicht geduldet werden würde, beschloss ich, stark zu bleiben. 20 Minuten lang. Dann resignierte ich.

»Pssst, Claudschi«, zischte ich meiner Freundin zu, die sich jedoch gerade von einem Türsteher – zwei Drittel Muskeln und ein Drittel warme Luft – schöne Augen machen ließ.

»Claudsch?«

Endlich schenkte sie mir ihre Aufmerksamkeit – und einen bitterbösen Blick. »WAS?«, fauchte sie.

»Ich bin mal auf der Toilette.« Mit meiner Kleopatraperücke drängte ich mich durch die halb nackten Körper und betrat wenig später die nach billigem WC-Reiniger riechenden Waschräume. »Endlich!«, seufzte ich und mein Herzschlag verlangsamte sich. »Jetzt aber schnell.« In Windeseile warf ich einen prüfenden Blick unter alle Kabinentüren, stellte zufrieden fest, dass ich die Einzige in diesen Räumlichkeiten war, und fummelte den Beutel mit dem weißen Pulver aus meinem BH. Wenige geübte Handgriffe später war die innere Unruhe verschwunden und ich fühlte mich großartig.

»Get the party started«, jauchzte ich, schwang meine mageren Ärmchen in die Luft und tänzelte durch die Menge, die vorgab, das Leben zu feiern.

In dieser Nacht schlich ich mich noch drei weitere Male auf die Toilette, um meine Stimmung weiter zu pushen – fast so, als ahnte ich bereits, dass sich die Zeit meiner Höhenflüge langsam dem Ende zuneigte.

Kaum in meiner Wohnung angekommen, öffnete ich das kleine Fenster, um die frische Luft der Morgendämmerung herein- und meine überdrehte Stimmung hinauszulassen. Erschöpft ließ ich mich auf das rote Sofa fallen und stellte fest, dass jeder Sonntag auf dieselbe Weise begann.

Die Glücksgefühle der Nacht machten sich aus dem Staub und alles, was an den Spaß der letzten Stunden erinnerte, waren verschwitzte Haare, verschmierte Schminke und das tiefe Loch, in das ich stolperte. Ein Loch, das all die Fragen, die ich den ganzen Abend über so mühevoll weggeschnupft hatte, wachrüttelte: Was war Sinn von alledem? Warum waren die anderen glücklich – und ich nur auf Koks? Der Aufprall ließ sich nur durch einen Joint dämpfen. Irgendwann schlief ich ein.

Ehe ich mich versah, war wieder Montag und ich saß, zusammen mit hundert anderen Studenten, in der Unibibliothek. Müdigkeit erschwerte das Lernen und meine gerötete Haut diente einer kleinen, hartnäckigen Pickelpopulation als neues Zuhause. Durch das viele Tanzen hatte ich zwei Kilogramm an Knochendichte abgenommen (in Anbetracht meines abgemagerten Körpers schien diese das Einzige, was noch reduzierbar war) und fühlte mich schwach.

Meine Aufmerksamkeit stürzte sich auf alles, was nichts mit Germanistik zu tun hatte, zum Beispiel auf ein buntes Lesezeichen mit einem Bild des Dalai Lamas – und auf den Typen, dessen Finger es umklammert hielten.

Sein mittelbraunes Haar reichte ihm bis zu den Schultern, sein Strickpulli entstammte einer Mode, die vor circa zehn bis zwölf Jahren aktuell gewesen war, und seine dünnen Beine versteckten sich unter einer dunklen Cordhose.

Wow!, dachte ich und meinte damit nicht das komplizierte Strickmuster seines Norwegerpullis, sondern die Aura dieses Kerls. Noch nie hatte ich jemanden gesehen, der, nur indem er in einer Bibliothek saß und in seine Bücher starrte, eine derartige Ruhe und Gelassenheit ausstrahlte.

Dann trafen sich unsere Blicke und die Röte sprang mir förmlich in die Wangen. Der langhaarige Typ nickte mir zu, tippte mit seinem Dalai-Lama-Lesezeichen dreimal auf die Tischplatte und setzte sein Studium fort.

Von diesem Moment an lief er mir immer wieder über den Weg. Beim Lernen, beim Essen, in den Kaffeepausen. Und während er sich ständig in Gesellschaft der coolen Jungs befand, standen Claudia und ich allein unter dem welken Ficus benjamina neben dem Kaffeeautomaten.

Eines Tages saß ich in der Mittagspause allein in der Mensa, da Claudia eine Klausur schrieb, als mich ein freundliches »Hi, ist bei dir noch ein Platz frei?« so sehr zusammenzucken ließ, dass mir die Gabel aus den Fingern fiel.

Ich antwortete schüchtern: »Hi«, während mein Herz Lambada tanzte.

Nachdem der Typ mit dem Dalai-Lama-Lesezeichen mir gegenüber Platz genommen hatte, sah ich ihn mir genauer an. Seine wasserblauen Augen umgaben zahlreiche Fältchen, seine Mimik wirkte ausdrucksstark, und wenn er erzählte, war es unmöglich, nicht zuzuhören. Und er erzählte viel.

Denn Norbert, so hieß er, verzichtete auf Fleisch und ernährte sich hauptsächlich vegan. Er mied Zucker, trank ausschließlich Kräutertee, rauchte keine Zigaretten – und auch sonst nichts. Norbert war Buddhist und ich fand seine Art zu leben sehr inspirierend. Auch wenn sie mir extrem erschien. Aber mit extremen Dingen verhielt es sich bei mir ungefähr so wie mit Ironie – ich mochte sie.

»Möchtest du mich heute Abend zu einer Party begleiten?« Norbert hob fragend seine Augenbrauen. Ich räusperte mich verlegen und sagte leise zu.

»Ich bin um acht bei dir, wir fahren am besten gemeinsam hin«, schlug er noch vor. Dann schlenderte er lässig aus der Mensa und ich klammerte mich an dem billigen Plastiktischchen fest, um vor Aufregung nicht vom Sessel zu fallen.

In der Hoffnung, bis zum Abend zumindest ein paar Kapitel des Lernstoffs geschafft zu haben, radelte ich eilig nach Hause.

Kaum war ich angekommen, legte ich wie immer einen rosa Textmarker, ein Lineal, einen Joint und meine Bücher auf dem Schreibtisch zurecht, ließ mich auf den Stuhl sinken, griff nach dem Feuerzeug und … während die Flamme vor meinem Gesicht flackerte, dachte ich: Es wäre doch gelacht, wenn ich es nicht ohne das Zeug aushalten würde. Kurzerhand ergriff ich den dicken Joint, ging in die Garderobe und verstaute ihn in der Schuhschachtel mit den gelben Clogs, die mir meine Oma zum Geburtstag geschenkt hatte. Keines von beiden, so schwor ich mir, würde jemals wieder die Welt außerhalb dieses Kartons zu Gesicht bekommen.

Es war das Telefon, das mich davon abhielt, die Schachtel auch noch mit Klebeband zu umwickeln.

»Jep?«, rief ich in mein weißes Handy.

»Hiiiiii Valie! Wie geht's dir? Alles klar? Was gibt es Neues?« Muriel überschüttete mich mit einer Lawine aus Fragen.

»Ich habe nicht viel zu erzählen … Ich lerne und esse hin und wieder mit einem Norbert gemeinsam zu Mittag.« Natürlich war das maßlos übertrieben.

»Norbert?« Sie wurde hellhörig. »Norbert, wie noch?«

»Trummer, glaub ich. Sag mal, warum bist du denn so aufgeregt?«

»Der Noootschi? Du gehst mit dem Notschi essen?«

»Mit dem Norbert, ja …« Ich verstand immer noch nicht, worauf sie hinauswollte.

»Du checkst ja rein gar nichts! Das ist der Coolste von allen!« Sollte ich ihr jetzt sagen, dass er Strickpullis trug? Doch so weit kam ich gar nicht, denn sie plapperte schon weiter: »Der Notschi war früher auch voll der Partytiger. Bei dem gibt es auch nichts, was er nicht ausprobiert hätte. Und Leute kennt der … Jeeeeden! Alle Mädels sind auf den geflogen! Hat er dir erzählt, dass er surft? Er ist ein klasse Surfer …« Sie redete und redete, und je mehr sie mir erzählte, desto interessanter wurde Norbert für mich.

Daher war ich auch ziemlich aufgeregt, als er einige Stunden später an meiner Wohnungstür klingelte. Ein schneller Blick in den Spiegel, ein kurzes Ordnen meiner braunen Stirnfransen und schon saß ich in Notschis Auto. Seit ich wusste, dass er surfte, roch er für mich nach Salzwasser und Sonnencreme.

»Wohin fahren wir eigentlich?«, erkundigte ich mich, als wir uns immer weiter von der Stadt entfernten.

»Wir fahren zu einer buddhistischen Party.«

Danach sagte ich nichts mehr und ärgerte mich nur noch, nicht schon früher nachgefragt zu haben.

Wider Erwarten wussten diese Buddhisten jedoch, wie man feierte. Noch nie zuvor hatte ich eine so gelöste Meute erlebt – ohne dass Alkohol oder Drogen die Stimmung auflockerten.

Einige tanzten auf Tischen, andere sangen Karaoke und ein paar Leute saßen in Grüppchen zusammen und unterhielten sich.

»Wie kommt es, dass die so gut drauf sind?«, schrie ich in Notschis braunes Haar.

»Wenn der Geist schön ist, ist auch die Umwelt schön«, erklärte er und ich nickte, obwohl ich zu diesem Zeitpunkt noch gar nichts verstand. Aber ich hatte Spaß und das genügte mir fürs Erste. Besonders, weil es mir ganz ohne Drogen gelang.

Später an diesem Abend begleitete ich Notschi in seine Wohnung. Das Licht war gedämpft, Duftlampen und Räucherstäbchen kämpften mit dem muffigen Teppichboden um den im Raum vorherrschenden Geruch, wobei der Duft von Sandelholz eindeutig gewann. Die Wände waren mit Hunderten von Postkarten und Postern mit buddhistischen Motiven und Bildern des Dalai Lama geschmückt.

»Möchtest du Tee?«, fragte mich Notschi und servierte mir einen ungezuckerten Kräutertee. Wir platzierten uns auf Sitzkissen und Notschi erzählte mir von sich. Und vom Meditieren. Und vom Buddhismus. Seine Lebenseinstellung und seine Weltsicht rissen mich sofort mit und ließen mich nicht mehr los.

So kam es, dass Norbert und ich ein Paar wurden, und unsere Beziehung inspirierte mich dazu, mein Leben zu ändern – und zwar radikal.

Ich lief durch meine Wohnung und trennte mich von meinen Lastern. »Goodbye, meine geliebten Lucky Strikes«, verabschiedete ich mich und zerbröselte meine Zigaretten über der Toilette. »Auf Wiedersehen, du schädlicher Alkohol.« Das sprudelnde Geräusch des Proseccos motivierte mich und so rannte ich weiter in die Garderobe, angelte die Verpackung meiner Clogs mitsamt allen Grasvorräten hervor und stopfte sie in den Mülleimer. »Auf Nimmerwiedersehen, du stimmungsverändernde Bestie«, rief ich und meinte damit nicht die quietschgelben Plastikschuhe.

Erfreut klatschte ich in die Hände und fühlte mich gleich viel besser. Nie wieder wollte ich einer von den Verlierern sein, der Drogen brauchte, um in seinem Leben Spaß zu haben. Wer war ich denn bitte schön?

Doch dies war erst der erste Schritt. Seit Notschi mir das Meditieren beigebracht hatte, praktizierte ich es jeden Tag. Eine Stunde lang. Sobald meine Swatch Irony 4.30 Uhr anzeigte, saß ich im Wohnzimmer und übte mich darin, »im Moment zu sein«. Ich nannte es meine mentale Morgentoilette. Denn diese Übung reinigte meinen Geist und auch meine Selbstzweifel wurden mit den Wochen immer geringer.

Nach dem erledigten Morgenritual setzte ich Wasser für meinen grünen Tee auf und kochte die Hirse für meinen Brei. Ich hatte nämlich nicht nur Nikotin und Koffein und wie sie alle hießen, sondern auch dem Zucker den Laufpass gegeben. Daraufhin hatte mich die Pickelpopulation wutentbrannt verlassen.

Meine Wochenenden verbrachte ich nun mit Norbert auf buddhistischen Veranstaltungen, anstatt in irgendwelchen stinkigen Clubs, und alles, was dort gesagt wurde, ergab so viel Sinn für mich.

Durch den Buddhismus habe ich in diesem komischen Leben meinen Platz gefunden. Meine Sicht der Dinge hat sich völlig verändert und endlich gab es ein Ziel. Einen Sinn, für den es sich lohnte, jeden Tag aufzustehen.

Seit damals sind nun zehn Jahre vergangen. Zehn Jahre, während der zwar die Liebe zwischen Norbert und mir verloren ging, die mich aber zu einer gefestigten Buddhistin reifen ließen.

Alles, was sich seither veränderte, waren äußere Umstände: Ich arbeite in einem tollen Job, teile Haus und Glück mit drei kleinen Kindern und einem liebevollen Mann. Ich habe alles, was ich brauche, um glücklich zu sein.

Aber noch immer bemühe ich mich, positives Karma zu sammeln, regelmäßig zu meditieren und gute Wünsche ins Universum zu schicken.

Viele von ihnen gebühren Notschi. Denn er war mein »Platzanweiser«, der in der Dunkelheit meine Hand fasste und mir zeigte, wohin ich gehöre.

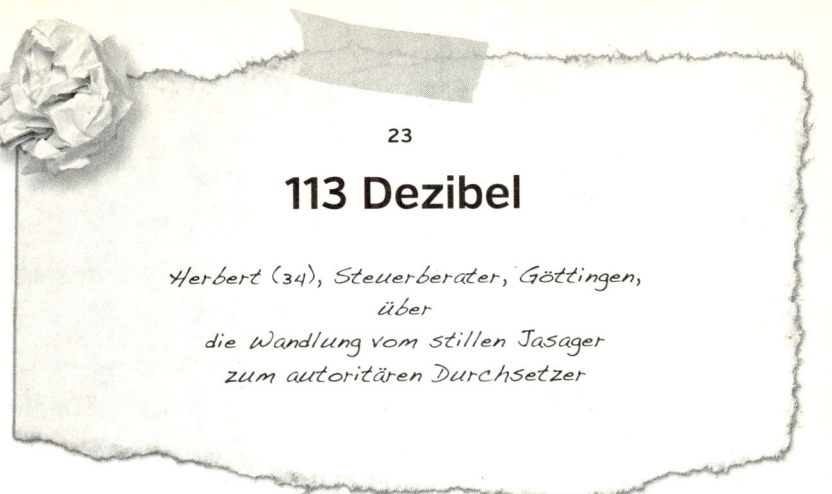

23

113 Dezibel

Herbert (34), Steuerberater, Göttingen,
über
die Wandlung vom stillen Jasager
zum autoritären Durchsetzer

Also, wenn ich an deiner Stelle wäre – ich würde dem Kunden nicht mehr zurückschreiben.«

»Echt nicht?«, fragte ich und schaute meinen Kollegen Roland unsicher an.

»Nö, bestimmt nicht. Es ist bereits zehn nach drei. Um die Uhrzeit verlangt niemand mehr eine Antwort. Herbert, geh nach Hause und grüß mir deine Frau und deine Kinder! Abflug und Auf Wiedersehen!« Ich kratzte nachdenklich meine glänzenden Geheimratsecken, starrte auf die E-Mail von Kundennummer 56923 und blickte schließlich noch einmal fragend zu Roland. Dieser nickte nur, schloss dabei halb seine Augen und meinte: »Vertrau mir. Immerhin bin ich schon etwas länger in dem Business als du.« Und damit hatte er recht. Denn ich gehörte erst seit 95 Tagen in das Team der »Steuerberater mit Herz und Hirn«, wie man uns in der Werbung anpries. Und bereits die ganze Zeit über verfolgte mich das Gefühl, dass irgendetwas nicht stimmte.

»Irgendetwas läuft da falsch«, berichtete ich schon nach dem ersten Arbeitstag meiner Frau Evelyn. Sie saß auf dem gefliesten Küchenboden und bekniete unsere Zwillinge Benjamin und Paul, nur noch drei weitere Bissen – »Für. Die. Mama.« – in ihre kleinen Münder fliegen zu lassen. Hätte sie statt der als Flugzeuge verkleideten Gabeln herkömmliche verwendet, hätten die Jungs vielleicht weniger Scheu vor dem Essen gezeigt. Aber von mir ließ sie sich bei solchen Dingen nichts vorschreiben.

»Brrrum, Brrrum … Wie meinst du das?«, fragte sie dann doch noch, zog mit dem Gabelflugzeug, das so klang, als hätte es einen Motorschaden, über die blonden Köpfe unserer Kinder hinweg, überlistete sie mit einem Looping und setzte zum Sturzflug in Pauls staunenden Mund an.

»Ich habe einfach ein eigenartiges Gefühl bei der Sache. Irgendetwas ist da faul.«

»Ach was, das ist doch immer so, wenn man neu ist. Denk einfach an dein Wahnsinnsgehalt und daran, dass wir uns bald ein Häuschen leisten können. Dann wird sich dein eigenartiges Gefühl bestimmt verabschieden. Benschi, schau zur Mama. Brumm, Brumm.«

Da ich mir das infantile Essensspiel nicht mehr länger mitansehen konnte, verzog ich mich ins Wohnzimmer und übertönte das Gebrumme mit dem Fernseher.

Und obwohl mich mein Bauchgefühl noch nie getäuscht hatte – mal abgesehen von damals, als ich auf der Abireise halb komatös versehentlich zu Silke und nicht zu meiner Freundin Monika ins Bett gestiegen war –, vertraute ich nun also auf den mit geschlossenen Augen nickenden Roland, fischte meine Aktentasche unter dem Schreibtisch hervor und war bereit, das Wochenende zu beginnen.

»Na denn, bis Montag!«, verabschiedete ich mich von meinem Bürokollegen.

»Mach's gut«, erwiderte er. Das Lächeln war aus seinem Gesicht gewichen, sein Blick starr auf den Bildschirm gerichtet.

Kaum war ich am darauffolgenden Montag im Büro angekommen, erschreckte mich das Läuten des Telefons fast zu Tode.

»Herr Donnersbach, der Chef möchte Sie einen Moment sprechen!« Die blonde Sekretärin, Frau Helga, sprach wieder einmal so, als würde sie für eine teure Hotline und nicht für »Steuerberater mit Hirn und Herz« arbeiten.

Eilig strich ich über mein braunes Sakko, begab mich auf den Weg in die heiligen Hallen von Herrn Wilfing, und kaum dass die Hälfte meines schwarzen Lederschuhs sein Territorium betreten hatte, begann er auch schon damit, mich aus Leibeskräften anzuschreien: »Was fällt Ihnen eigentlich ein? Glauben Sie, nur weil Sie hier neu sind, können Sie sich alles erlauben? Sind Sie völlig verrückt, den Kunden …« Hektisch durchwühlte er seine Akten, der Schweiß glitzerte auf seiner Stirn, seine dicken Finger durchblätterten den Stapel Papier. Als er gefunden hatte, wonach er gesucht hatte, rückte er seine Brille zurecht und setzte sein Geschrei fort: »… den Kunden 56923 einfach so, ohne Rückmeldung, ein ganzes Wochenende lang warten zu lassen? Hätte sich der Roland nicht darum bemüht – wer weiß, wie die Geschichte ausgegangen wäre?«

Schlagartig wurde mir bewusst, welches Spielchen hier gespielt wurde. Ich spekulierte sogar damit, mich dem Alter meiner Söhne anpassen und »Aber der Roland hat gesagt« zu antworten, doch da mir solche Dinge wie Loyalität und ein monatliches Einkommen viel bedeuteten, nahm ich die Sache auf meine Kappe, entschuldigte mich höflich und schlich mit hängenden Schultern zurück an meinen Platz.

»Und? Wochenende genossen?«, strahlte mir Roland entgegen.

»Geht so«, nuschelte ich und redete mir ein, dass dies alles bestimmt nur ein Missverständnis gewesen war.

In diesem Moment ahnte ich noch nicht, was in den nächsten Wochen auf mich zukommen würde.

»Endlich fertig!« Erleichtert ließ ich mich in den Sessel zurückfallen und betrachtete stolz meine fertige Präsentation. Drei

Wochen lang hatte ich ununterbrochen daran gearbeitet, die Mittagspausen durch Evelyns Vollkorn-Lunch-Paket ersetzt und meine Tastatur mit den Krümeln des Roggenbrots dekoriert.

»Was ist fertig?« Roland lugte neugierig zu mir herüber.

»Diese steuerrechtliche Zusammenfassung. Die für den Boss. Du weißt schon …«

»Wenn du möchtest, kann ich sie mir mal ansehen. Eine zweite Meinung schadet nie.« Roland lächelte mir zu und ich fand sein Angebot in diesem Moment wirklich nett. Außerdem kannte er sich in diesem Bereich besser aus und ich wollte mir seit dem Vorfall mit Kunde 56923 keine Fehltritte mehr erlauben. Darum schickte ich ihm mein Werk per E-Mail und verabschiedete mich in die Mittagspause. Bei dem Gedanken an echtes Fleisch zog sich mein Magen vor Freude zusammen.

Gestärkt von dem guten Essen, warf ich eine halbe Stunde später mein Sakko auf den Stummen Diener und ließ mich auf dem quietschenden Bürostuhl nieder. Eine Nachricht von meinem Chef blinkte in meinem Posteingang. Nervös klickte ich auf das kleine Briefchen und der folgende Text ließ mich beinahe erblinden:

Lieber Roland, sehr geehrter Herr Donnersbach – ich bin mit Eurer/Ihrer Arbeit sehr zufrieden. Ad. Roland: Du kommst deiner Beförderung immer näher …

Es dauerte ungefähr drei Sekunden, bis ich mir auf diese Nachricht einen Reim machen konnte. Dann räusperte ich mich. Roland blickte stur nach vorn.

Sollte ich ihn an der Lehne seines Sessels packen und gegen die Wand fahren? Am besten mit dem Kopf voraus? Wie naiv war ich nur gewesen?

Vorsichtig erkundigte ich mich: »Roland? Kann es sein, dass du – vermutlich unabsichtlich – dem Herrn Wilfing meine Präsentation weitergeleitet hast?« Meine Stimme zitterte, die Wut brodelte in meinem Bauch und ich konnte den Anblick meines Mitarbeiters kaum mehr ertragen.

»Stimmt genau! Ich hab sie ihm gleich weitergeleitet. Hätte ja keinen Sinn gemacht, wenn ich sie zuerst dir geschickt hätte, nur damit du sie dann dem Willi sendest. Nee, nee, diese Arbeit habe ich dir gleich abgenommen. Mach ich ja gern!« Wieder nickte er mir mit halbgeschlossenen Augen zu und ich besaß zu wenige schizophrene Züge, um diesen Verhaltenswechsel nachvollziehen zu können.

Darum sagte ich nichts mehr.

In den darauffolgenden Wochen wiederholten sich Situationen dieser Art immer häufiger. Roland schickte mich in die Mittagspause, und wenn ich zurückkam, wartete auch schon Herr Wilfing mit drohenden Worten auf mich. Roland bat mich, eine seiner Akten zu bearbeiten, und Herr Wilfing wies mich im Anschluss darauf hin, mich aus den Angelegenheiten meiner Kollegen gefälligst rauszuhalten.

»Wisst ihr was? Sucht euch einen anderen Spielball! Ich bin doch nicht völlig irre, mich noch weiter so ausnutzen zu lassen! Mir reicht's! Ich kündige!«, hätte ich gern geschrien. Aber ich tat es nicht. Ich sagte gar nichts. Kein einziges Mal. Zu groß war meine Angst davor, meinen Chef, meine Frau und den Architekten meines geplanten Traumhauses zu enttäuschen. Doch ich begann, meinen Job immer mehr zu hassen.

»Wenn das so ist, dann kündige doch«, war alles, was Evelyn zu diesem Thema sagte.

Die Kinder lagen bereits in ihren Betten, ich saß auf meinem und Evelyn raschelte seit Minuten hinter dem Marilyn-Monroe-Paravent, der unser Schlafzimmer in ein Labyrinth verwandelte.

»Aber Evi, was wird dann aus unserem Traum vom eigenen Haus?«, fragte ich leise. Ich wollte nicht riskieren, die Kinder aus dem Schlaf zu reißen. Laut Messung der neuen iPhone-App hatten sie am Vorabend mit einer Lautstärke von 120 Dezibel gebrüllt und schon die Erinnerung daran genügte, um das unangenehme Surren in meinen Ohren wieder aufleben zu lassen.

»Ja, aber willst du dafür diesen Idioten Roland weiterhin ertragen? Wir haben eine schöne Wohnung. Was willst du denn mehr?« Irgendwie hatte sie schon recht.

Doch lebenslang zur Miete wohnen? War man nicht erst wirklich ein Mann, wenn man einen Baum gepflanzt, ein Haus gebaut und einem Sohnemann das Leben geschenkt hatte? Durch die Zwillinge könnte ich zumindest auf eines der beiden anderen Dinge verzichten, überlegte ich, als Evelyn nach einem finalen Rascheln vor Marilyns rechtes Auge trat.

Lediglich ein winziges Höschen in Form eines goldenen Schmetterlings zierte ihren rundlichen Körper. Ihre drallen Brüste verbarg sie hinter ihren Handflächen, ihr Gesicht hinter einer roten Harlekinmaske. Wie hatte ich das vergessen können? Heute war Mittwoch. Sextag!

»Liegt es an mir?«, fragte Evelyn wenig später. Ihre Stimme klang gekränkt. Ich hörte es sofort, obwohl sie das Gesicht in ihrem Kissen vergraben hatte.

»Ganz bestimmt nicht …« Entschuldigend streichelte ich ihr über den Rücken und ärgerte mich darüber, dass mich mittlerweile allein der Gedanke an Roland und Compagnie zum Schrumpfen brachte. Und zwar in jeder Beziehung. Nachdenklich starrte ich in die Dunkelheit und schwor mir, zukünftig auf alle Höflichkeiten zu verzichten. Richtige Männer blieben in Erinnerung, weil sie stark waren. Und dominant. Und mutig. Und keine stillen Mäuschen, die Angst davor hatten, ihren Job zu verlieren.

Mit dieser Moralpredigt im Kopf und einer weinenden Ehefrau an der Schulter schlief ich irgendwann ein.

Als ich am nächsten Tag ins Büro marschierte, spürte ich, dass meine Schritte deutlich kraftvoller wirkten. So kraftvoll, dass meine Fußsohlen schon zu schmerzen begannen. Meinen Rücken hielt ich gerade, und statt mein Gesicht morgens nach dem Rasieren mit Sensitive Balsam zu verwöhnen, hatte ich nach dem Aftershave

Le Male – ein Duft für wahre Männer – gegriffen. Auch wenn mir meine Augen tränten, weil es so höllisch brannte.

»Morgen«, nickte ich in Rolands Richtung und war beinahe enttäuscht, dass die Gemeinheiten seinerseits ausblieben.

Wie jeden Tag startete ich meinen Computer, stapelte die zu bearbeitenden Akten vor mir auf dem Tisch und steckte mein iPhone von der Jacken- in meine Hosentasche.

Bis zu diesem Moment schien noch alles wie immer. Erst als ich mein Mail-Programm öffnete, begannen sich die Dinge zu ändern.

Lieber Willi, stand in der Nachricht in meinem Posteingang. *Herr Donnersbach kommt mal wieder viel zu spät ins Büro und ich versinke in Arbeit.*

Mir wurde heiß. Mein Herz begann zu hämmern, als ginge es darum, das trockene Frühstücksbrot zu zerbröseln. Ich wollte den Rest der Mail und den gesamten Verlauf der Konversation nicht lesen, aber ich konnte nicht anders. Zwei Minuten später wurde mir bewiesen, was ich die ganze Zeit über vermutet hatte: Roland war Judas! Egal was ich die letzten Monate getan oder nicht getan hatte, er hatte den Chef umgehend per Mail davon informiert. Wütend starrte ich ihn an und beim Anblick seines geröteten Gesichtes wurde mir übel.

»Kann es sein, dass du deine Mail vorhin an den Falschen geschickt hast?«, fragte ich mit einer unheimlichen Ruhe in der Stimme.

»Nö, ich hab keine geschrieben«, schwindelte er. Am liebsten hätte ich ihm jedes einzelne seiner übrig gebliebenen schwarzen Haare persönlich ausgerissen.

Als ich mich schon wieder zur Beherrschung mahnen wollte, kam mir mein nächtlicher Schwur in Erinnerung. Und so legte ich los:

»Sag mal, willst du mich verarschen? Du warst die ganze Zeit schuld daran, dass ich permanent Ärger bekommen habe, du Lügner! Wir zwei gehen sofort zum Boss!«

Ich hatte wirklich nicht erwartet, dass Roland aufstehen und einfach so mitkommen würde. Vielleicht dachte er, ohnehin unverwundbar zu sein.

Frau Helga stellte sich uns kurz in den Weg, aber ein Blick in mein entschlossenes Gesicht genügte, um sie zurück an ihren Schreibtisch zu verbannen.

»Herr Donnersbach, Roland? Was verschafft mir die Ehre?«

Und um es nicht zu riskieren, mich erneut umgarnen zu lassen, ließ ich meinem Ärger freien Lauf.

»Sie haben die ganze Zeit über gewusst, dass der liebe Herr Roland ein falsches Spiel mit mir treibt! Und wissen Sie was? Ich habe die Nase voll. Mir reicht es! Ich habe die längste Zeit die Klappe gehalten, jetzt habe ich keinen Bock mehr. Ich kündige!«

Mit offenen Mündern starrten mich Roland und Herr Wilfing an, Helga steckte verstört ihren Kopf durch die Tür und sprang gerade noch rechtzeitig zur Seite, als ich aus dem Büro rannte. Mit dem Geruch von Le Male in der Nase, packte ich meine Sachen zusammen und holte das iPhone aus der Tasche, um Evelyn von meiner Heldentat berichten. Auf dem Display stand in großen Lettern: *113 DEZIBEL*. Allem Anschein nach hatte ich da drinnen richtig aufgedreht.

Entgegen all meiner Befürchtungen erwies sich das Leben nach meiner Karriere im Team der »Steuerberater mit Herz und Hirn« als gar nicht schrecklich. Gut, der Architekt war ein wenig enttäuscht, weil sich die Pläne für den Bau unseres Traumhauses ein wenig verzögerten, doch davon abgesehen lief alles wunderbar.

Keinen Monat später erhielt ich einen neuen Job in einer kleinen Firma, in der mein Bauchgefühl nicht seit dem ersten Tag rebellierte. Ich verdiene gut, meine Kollegen sind wirklich hilfsbereit und seit der Sache mit Roland lasse ich mich nicht mehr unterbuttern, sondern stehe meinen Mann. Und zwar immer. Nicht nur mittwochabends. Aber dann ganz besonders.

24

Stadt, Land, Kuss

Sebastian (24), IT-Mitarbeiter, Bonn,
über
den Tausch der elterlichen Landwirtschaft
gegen seine eigene Vorstellung vom Leben

Es war Winter, der erste Schnee kuschelte sich an die gefrorenen Grashalme. Und es war kalt. Bitterkalt. So kalt, dass sich sogar die Sonne hinter einer wärmenden Wolkendecke verstecken musste.

Und ausgerechnet an solch einem kalten Tag wurden meine zwei jüngeren Schwestern und ich – kaum vom Kindergarten nach Hause gekommen – von meinem Vater mit folgenden Worten begrüßt: »Hopp, Hopp! Hinauf mit euch auf den Traktor! Ihr könnt dem Opa und mir im Wald helfen!« Wie auf Kommando trippelten wir drei kleinen Würmchen also auf den Traktor zu. Unsere dicken Jacken raschelten bei jeder Bewegung, die Wollmützen rutschten über unsere Augen und unsere Gummistiefel begrüßten mit quietschenden Lauten das eintretende Wasser.

Einer nach dem anderen wurde auf das moderne Gefährt gehievt, dann tuckerte mein Vater mit uns in den Wald, wo sich bereits wenige Minuten nach unserer Ankunft das Heulen meiner kleinen

Schwestern zu dem des Windes gesellte. »Papa, uns ist so kalt! Wir spüren unsere Füße nicht mehr!«, weinten sie. Doch er ignorierte sie mit starrer Miene und auch ich biss tapfer die Zähne zusammen, griff nach den Ästchen und warf sie auf den Anhänger. Erst als meine Finger vor Kälte erstarrten, rang ich mich dazu durch, meinen Vater zur Heimreise zu überreden.

An diesem Abend, ich lag schon mit Wärmflasche und dicken Socken in meinem Bett, lugte mein Vater in mein Kinderzimmer. »Du warst heut der Bravste. Immerhin warst du der Letzte, der gejammert hat. Aus dir wird später bestimmt ein guter Bauer.«

Bereits in diesem Augenblick ahnte ich, dass mein Vater ein schräger Vogel war. Aber da es mir an Vergleichen fehlte, tröstete ich mich damit, dass sich wahrscheinlich alle Väter so verhielten.

Ein »Guuuten Mooorgen!« weckte mich am nächsten Tag viel zu früh. Die Vorhänge wurden schwungvoll zur Seite gezogen und ich fühlte mich, als wäre ich gerade erst zu Bett gegangen.

»Ich will noch nicht aufstehen, bitte, Papa!«, bettelte ich.

Aber mein Vater stellte sich vor mir auf und schimpfte: »Aus dem Bett mit dir! Während ich unterwegs bin, hilfst du dem Opa, den Zaun zu reparieren, außerdem muss jemand das Holz hinter dem Haus stapeln.« Er griff nach meiner Decke.

»Papa, bitte, es ist Samstag. Lass mich noch schlafen. Andere Kinder dürfen das auch. Ich bin müde.«

Kaum hatte ich den Satz beendet, zog er meine Decke auf den Boden und zischte mich an: »Die anderen Kinder haben auch keine Landwirtschaft!« Als ob es meine gewesen wäre!

Widerwillig schlüpfte ich in meine Arbeitskleidung und beneidete mal wieder unseren Hund Flocki, dem die Flucht bereits geglückt war. Bei jedem Wetter hatte er, an seine Hundehütte gekettet, im Hof gesessen, wurde abwechselnd beregnet oder beschneit. Bis zu dem Tag, an dem er die Schnauze voll hatte, die Kette aus der Verankerung riss und das Weite suchte. Wahrscheinlich lag er nun auf einem gemütlichen Sofa, fühlte sich pudelwohl und vergaß dabei völlig, dass er eigentlich ein Border Collie war.

Als ich meine Mutter in der Küche antraf, glühte ein Fünkchen Hoffnung in mir auf. »Mama, ich mag heute nicht arbeiten. Ich hab von gestern noch Blasen an den Händen.« Ich stellte mich auf Zehenspitzen und streckte ihr meine kleinen Hände mit den blutigen Spuren der gestrigen Arbeit entgegen.

»Mein armer Schatz! Vielleicht kannst du ja heute mir helfen?«

Weiter kam sie nicht, denn schon brüllte mein Vater: »Du gehst jetzt sofort zum Opa. Aber dalli!«

Meine Mutter drehte sich betroffen um und kümmerte sich wieder um den Abwasch.

Während ich über den Hof zu den Stallungen lief, tat mir meine Mutter mehr leid als ich mir selbst. Sie hörte nie ein nettes Wort. Sie putzte für uns, wusch unsere Wäsche und stand bei Wind und Wetter (fast so wie früher Flocki vor seiner Hütte) auf dem Bauernmarkt. Sie jammerte nie und erweckte häufig einen glücklichen Eindruck. Bereits damals schwor ich mir, dieses Leben auf keinen Fall weiterführen zu wollen. Da war ich gerade mal sechs Jahre alt.

Trotzdem nahm meine landwirtschaftliche Karriere einen steilen Verlauf. Achtjährig wurde ich zum Traktorfahrer des Hofes ernannt und zwei Jahre später unterstützte ich meinen Vater und Großvater bei Renovierungsarbeiten des Wirtschaftsgebäudes. Meine Aufgabe war es, mit einem Schlegel die Mauern einzuschlagen. Dabei löste sich bei dem Versuch, viel Schwung zu holen, das schwere Ungetüm aus meiner Umklammerung und landete auf meinem begummistiefelten großen Zeh.

Fortan wurden mein Gipsfuß und ich nur noch für mindere Kehrarbeiten eingesetzt. Und der Groll in mir begann zu wachsen. Immer häufiger dachte ich darüber nach, wie ich am besten aus dieser Misere flüchten konnte. Und während meine Schwestern, ohne ihre Situation jemals zu hinterfragen, lächelnd weiter die Hühner rupften, fühlte ich mich wie ein Außenseiter.

Das sollte sich erst ändern, als ich endlich 17 wurde. Denn kaum hatte ich meinen Führerschein in der Tasche, brauste ich jeden Samstagabend mit meinen Kumpels Lukas und Günther in eine dieser angesagten Discos. Meistens war das Motto der Partynächte »Karibische Träume«. Dann tanzten überall Mädchen mit Blüten im Haar und lediglich in Bikinis gekleidet und alles schwamm in klebrigem Schaum. Was der genau mit Karibik zu tun hatte, verstehe ich bis heute nicht, aber uns gefiel es. Darum bewegten wir unsere Köpfe arrhythmisch zum Beat der Clubmusik, nippten an unseren lauwarmen Getränken und mimten halbstarke Männer.

An einem dieser Abende brachte mich ein Klopfen an meiner Schulter aus dem Konzept. Erschrocken drehte ich mich um und blickte in die verlaufene Schminke eines blonden Mädchens. Sie war vermutlich in meinem Alter, aber um einen ganzen Kopf kleiner. Spitzbübisch sah sie mich an und meinte: »Wenn du mich auf ein Getränk einlädst, sag ich nicht Nein.«

Da mich noch nie zuvor ein Mädchen angesprochen hatte, verschlug es mir erst einmal die Sprache. Aber ihr Mut gefiel mir und ich spendierte ihr einen Drink.

Annika war 16, besuchte ebenfalls ein Gymnasium in der Stadt und hatte – genau wie ich – zwei Schwestern. Und einen Hund. Mit dem Unterschied, dass der noch nicht freiwillig ausgezogen war.

Wir fanden zahlreiche Gesprächsthemen, lachten viel und beschlossen, uns möglichst bald und bei Tageslicht wiederzusehen. Anfangs taten wir das heimlich und nach der Schule, dann, viele Monate später und als wir beide bemerkten, dass sich das zwischen uns zu mehr als einem jugendlichen Samstagabendflirt entwickelte, machten wir unsere Beziehung offiziell. Und mein Vater tobte, weil er fürchtete, dass ich mich nun nur noch für andere Dinge interessieren würde. Er legte mir nahe, mich von Annika zu trennen, strich mir das Taschengeld, überschüttete mich mit Arbeit. Aber ich liebte dieses kleine Mädchen mit dem spitzbübischen Lächeln und darum prallten seine lauten Worte an mir ab. Stattdessen versuchte ich, ihm zu verdeutlichen, dass Annika jetzt in mein Leben gehörte und er das akzeptieren sollte.

»Ich brauche morgen bitte das Auto, ich möchte Annika besuchen«, informierte ich meinen Vater, als wir gemeinsam den Motor des kaputten Traktors reparierten.

»Okay. Wann?«

»Abends, so um acht vielleicht?«

»Mhmm.« Er nickte und ich wunderte mich über sein stilles Entgegenkommen, hatte ich doch wieder einmal mit einer hitzigen Diskussion gerechnet.

Am nächsten Abend war mein Vater samt dem Auto verschwunden. Verzweifelt rannte ich im Haus auf und ab, versuchte, ihn immer wieder auf dem Handy zu erreichen, doch alle Versuche schlugen fehl.

»Wo bleibst du?«, rief meine Freundin um 22.43 Uhr ins Telefon, während ich noch immer – den Ersatzschlüssel in der verschwitzten Hand – startklar in der Garderobe saß und auf meinen alten Herrn wartete.

»Es tut mir so leid!«, wiederholte ich gefühlte tausendmal, aber Annika war stinksauer.

»Weißt du was? Wir sollten das mit der Beziehung einfach lassen. Das ist mit deiner Familie echt nicht möglich!« Damit versetzte sie meinem Herzen einen Tritt und mir wurde klar, dass ich in meinem Leben an einer Weggabelung angekommen war. Wenn ich Annika nicht verlieren wollte, musste ich handeln.

»Annika, ich verspreche dir, ich werde das alles regeln. Und ich nehme mir morgen den ganzen Tag für dich Zeit. Versprochen!« Doch sie hatte längst aufgelegt.

»Du bleibst zu Hause und hilfst uns auf dem Hof!«, brüllte mich mein Vater mit hochrotem Gesicht an, als ich ihm am nächsten Tag beim Mittagessen verkündete, zu Annika und nicht aufs Feld zu fahren.

»Mach ich nicht! Wäre es nach mir gegangen, wäre ich bereits gestern gefahren. Aber du hast dich nicht an unsere Abmachung gehalten. Darum fahr ich jetzt! Annika hat gesagt ...«

»Annika hat gesagt, Annika hat gesagt!«, spottete er. »Wenn du mich fragst, dann redet diese Annika ein bisschen zu viel. Und du benimmst dich wie ihr Papagei.«

Meine Schwestern begannen betroffen, in der Gemüsesuppe zu rühren, Oma schaltete ihr Hörgerät aus und meine Mutter flüchtete aus der Küche.

»Papa, du machst dich lächerlich!« Ich schlug mit der Faust auf den Tisch, so sehr, dass die Teller klapperten und meine Oma zusammenzuckte.

»Du machst dich lächerlich. Wie willst du denn später den Hof bewirtschaften, wenn du dich von der erstbesten Dahergelaufenen ablenken lässt?«

»Gar nicht!«, antworte ich wahrheitsgetreu und mein Herz raste. Ich hatte Angst vor seiner Reaktion und vor der meines Großvaters, der bis jetzt nur still dagesessen und keinen Mucks von sich gegeben hat.

»Was?« Mein Vater sah mich irritiert an. Und als er sich gefangen hatte, schrie er: »Was bedeutet gar nicht?« Für einen kurzen Moment wog ich meine Möglichkeiten ab. Aber ich wusste, ich konnte nur dann frei sein, wenn ich den Illusionen meines Vaters endlich ein Ende gesetzt hatte. Mein verzweifelter Blick wanderte zu meinem Großvater. Ganz sachte, sodass ich es im ersten Moment gar nicht wahrnahm, nickte er mir bestärkend zu.

Also atmete ich tief durch, schaute meinem Vater fest in die Augen und erklärte ihm mit zittriger Stimme: »Ich werde den Hof nicht übernehmen. Ich werde nicht mein Leben lang für eine Sache arbeiten, die mir keinen Spaß macht, und ich werde es auch nicht tun, nur weil du es von mir erwartest.« Mit diesen Worten drehte ich mich um und verließ die Küche. Die Schreie meines Vaters hallten im ganzen Haus wider.

Nach diesem Gespräch änderte sich mein Leben drastisch. Denn um zu der emotionalen Distanz zu meiner Familie nun auch eine räumliche zu wahren, übernachtete ich fortan an Schultagen bei Annika. Das brachte zudem den positiven Nebeneffekt, mir die zweistündige Reise zwischen Schule und Hof zu ersparen.

Bei Annika erfuhr ich erst, was das Zusammenleben in einer Familie überhaupt bedeuten konnte.

»Wie war dein Tag?«, erkundigte sich Annikas Vater am ersten Abend und vor Verlegenheit färbten sich meine Wangen ganz rot.

»Gut, danke«, antwortete ich wortkarg und wartete gespannt darauf, als Nächstes meinen Arbeitsplan präsentiert zu bekommen. Aber es passierte nichts. Hier wollte niemand, dass ich half. Hier fragte man nach meinem Befinden, weil es für sie interessant war. Ich war total überwältigt.

Natürlich ließ mein Vater meine Entscheidung nicht einfach so gelten. Er versuchte, mir immer wieder ein schlechtes Gewissen einzureden, beschimpfte mich als Annikas Hund und schenkte meinen Schwestern als Zeichen seiner Dankbarkeit für ihre Mithilfe auf dem Hof Autos und Wohnungen, während ich leer ausging. Zumindest glaubte er, dass ich leer ausging. Wie hätte mein Vater auch wissen sollen, dass ich nun alles hatte, was ich mir wünschte?

Samstag, 6.30 Uhr. Sechs Jahre später. Das Läuten des Weckers riss mich aus dem Schlaf und das Erste, was ich sah, als ich verschlafen in den neuen Tag blinzelte, waren die Barthaare unseres Katers Pam-Pam. Wie hatte er es nur wieder geschafft, sich ins Schlafzimmer zu schummeln?

Vorsichtig beugte ich mich über meine schlafende Freundin, hauchte ihr einen zarten Kuss auf die sonnengebräunte Wange, zählte die kleinen Sommersprossen um ihre Nase und erinnerte mich an den letzten Sommer, in dem wir jede freie Minute im Freibad verbracht hatten.

Ich streckte mich, schlug die Decke mit dem Kater zurück und begab mich leise auf den Weg in die Küche.

Nachdem wir beide unser Abitur in der Tasche hatten und ich einen Job bei einer renommierten Firma bekam, zogen Annika und ich in eine eigene Wohnung. Wenig später kam auch der Kater hinzu, der soeben sein gierig verschlungenes Frühstück mit würgenden Geräuschen auf den Küchenboden spuckte.

»Pfui!«, zischte ich. Pam-Pam sprang fauchend auf den Fenstersims und beobachtete neugierig, wie ich seine Sauerei beseitigte.

Plötzlich musste ich an meinen Vater denken. Wäre er jetzt an meiner Stelle, hätte er sich zu dem Kater ans Fenster gesellt, vermutlich hysterisch nach meiner Mutter gerufen und ihr Putzanweisungen zugeworfen. Vielleicht sollte ich ihn mal wieder anrufen …

Seit wir diese räumliche Distanz geschaffen haben, ist unser Verhältnis um vieles besser geworden. Mittlerweile schaffen wir es sogar, miteinander zu sprechen, ohne das Wort »Arbeit« in den Mund zu nehmen. Das wäre früher unvorstellbar gewesen.

Hastig leerte ich meine Tasse Tee, denn um rechtzeitig in die Uni zu kommen, musste ich nun wirklich Gas geben.

Vor einiger Zeit hatte ich begonnen, neben der Arbeit zu studieren. Immerhin war ich es seit jeher gewohnt, am Wochenende zu arbeiten, und seit ich für mich selbst ackerte, bereitete mir das sogar Spaß.

Eilig schnappte ich meinen Rucksack und hastete in schnellen Schritten der Vorlesung und meiner Zukunft entgegen.

Einer Zukunft, von der ich mir nur wünsche, dass sie ähnlich verlaufen würde wie die sechs Jahre zuvor. Und wenn sie es tut, kann ich beruhigt sein. Dann würde nämlich alles ganz großartig werden.

25

Paulina und die Atemnot

Paulina (38), PR-Managerin, St. Gallen,
über
ihren seelischen Großflächenbrand und
das besinnliche Leben, das daraus spross

Ich war arbeitssüchtig. Schon immer. In rekordverdächtiger Zeit hatte ich mein Studium, Praktika und Volontariate absolviert und war schließlich in der Chefetage eines angesehenen Unternehmens gelandet. Und in dem Moment, in dem ich kurz den Eindruck gewann, mein Ziel erreicht zu haben, begann der Stress erst so richtig.

Frühmorgens saß ich in Telefonkonferenzen mit Geschäftspartnern aus den Ländern des Ostens, spätabends beriet ich mich mit denen des Westens. Die Stunden dazwischen dienten der Vor- und Nachbereitung. Selbst für regelmäßige Mahlzeiten fehlte mir die Zeit. Wenn ich Hunger bekam, verschlang ich ein Sandwich im Stehen und hielt dabei das Telefon zwischen Ohr und Schulter geklemmt. Meine Wochenenden verbrachte ich erschöpft im Bett und immer mehr Nächte unter der Woche in fremden Städten in fremden Hotelzimmern. Aus diesem Grund wusste ich auch ganz genau, wo man sich auf Flughäfen hinsetzen musste, um ungestört arbeiten zu können. Darum kannte ich alle existierenden Anti-Knitter-Techniken, um meine schicken Kostüme faltenfrei in meinem Trolley zu verpacken, und daher beschränkten sich meine sozialen Kontakte auf Facebook-Stupser und After-Work-Dinner mit Kollegen.

Wenn ich nach einer längeren Reise wieder in meiner eigenen Wohnung übernachtete, geschah es häufig, dass ich meine nassen Handtücher einfach auf den Boden warf und mich abends, wenn ich erschöpft aus dem Büro nach Hause kam, fürchterlich ärgerte. Zuerst über das unfähige Zimmermädchen, dann über mich selbst. Und trockene Ersatzhandtücher besaß ich natürlich keine. Um diese zu kaufen, fehlte mir bereits seit Jahren die Zeit.

Ich hatte keinen Mann, kein Haustier und alles, was mich am Leben hielt, war mein Job. Wochen-, monate- und jahrelang.

Bis sich, ironischerweise an meinem dreiunddreißigsten Geburtstag, mein Leben schlagartig ändern sollte.

Mitgenommen von der Erkenntnis, langsam alt zu werden, riss ich hektisch die Tür zu meinem Büro auf. Und wäre am liebsten wieder umgekehrt, denn auf meinem Schreibtisch thronte eine glänzende Schokoladentorte und um sie herum drängte sich die halbe Belegschaft der Abteilung mitsamt meinem Chef, Herrn Stelzer.

»Morgen!«, stammelte ich verdattert.

»Guten Morgen!«, erwiderten alle im Chor.

Mir wurde ganz mulmig zumute. So mulmig, dass ich vor Verlegenheit zuerst meine roten Locken aus dem Gesicht, dann die Falten meines dunkelblauen Kostüms glatt strich.

»Liebe Frau Lechner, im Namen des gesamten Teams möchte ich Ihnen herzlich zu Ihrem zwanzigsten Geburtstag gratulieren!«, sprach mein Chef. Über seinen eigenen Witz lachend, ließ er seinen Blick über die Runde schweifen und diejenigen, die davon getroffen wurden, mussten laut mitlachen.

»Hahaha …«, brachte auch ich mich ein. Aus dem Fenster springen wäre meine zweite Option gewesen, aber bevor ich dort angekommen wäre, hätten meine Kollegen bestimmt versucht, mich aufzuhalten.

Herr Stelzer fuhr fort: »Wir alle wünschen Ihnen weiterhin viel Erfolg und alles Gute!«

»Alles Gute!«, jubelte nun auch sein Chor. Mir schmerzten die Ohren.

Als ich endlich wieder allein war und nur noch ein paar verlorene Krümel an die Schlacht um das größte Stück Kuchen erinnerten, atmete ich erleichtert auf und blätterte in dem Stapel mit Glückwunschkarten, der neben meinem PC lag. Die werde ich heute Abend im Bett lesen und damit ordentlich mein Ego aufpolieren, nahm ich mir vor, und kaum hatte ich alles in meiner Tasche verstaut, hetzte ich auch schon weiter in das nächste Meeting, erledigte eine Vielzahl von Telefonaten (beruflicher und familiäre Geburtstagsnatur), schrieb Pressemeldungen …

Bis ich irgendwann gegen Mitternacht erschöpft ins Bett fiel. Die Karten ruhten ungelesen neben mir.

Ich erwachte plötzlich und schweißnass und wusste sofort, dass etwas nicht stimmte. Und es stimmte nicht nur ein biss-chen nicht – es stimmte überhaupt nichts. Ich konnte nicht mehr atmen. Verzweifelt versuchte ich, die Luft in meinen Bauch zu saugen. Fehlanzeige! Alles, was ich damit erreichte, war, dass sie sich in meinem Hals zu sammeln schien. Ich ersticke!, war alles, was mir durch den Kopf ging. Nur warum, das verstand ich nicht.

Verzweifelt riss ich meinen Mund auf. Ganz weit. Und röchelte. Aber das Gefühl der Erleichterung blieb aus und mir wurde schwindlig von meiner selbst erfundenen Atemübung. Mit einem Mal hatte ich Angst. Mein Herz pochte heftig und ich war mir ganz sicher, nun zu sterben. Panisch kramte ich in meinem kleinen Nachtkästchen nach den homöopathischen Beruhigungstabletten, die ich für Stresssituationen verschrieben bekommen hatte. Als ich sie hinter den abgelaufenen Kondomen und gebrauchten Taschen-tüchern wiederfand, kippte ich drei Stück aus der Dose in meine

Handfläche. Doch meine Finger zitterten so stark, dass sich die Medikamente auf der Bettdecke verteilten, kalter Schweiß rann über meinen Rücken, und weil ich ohnehin davon überzeugt war, gleich einen Abgang zu machen, leerte ich den gesamten Doseninhalt direkt in meinen Mund. Dann zog ich die Decke über meine Schultern und bereitete mich auf den Tod vor. Fürs Kämpfen fehlte mir die Kraft.

Piep! Piep! Piep! Das penetrante Läuten meines Handyweckers ließ mich erschrocken herumfahren. Ich streckte mich, blinzelte verschlafen unter meiner Bettdecke hervor. Versuchte, mich an die Geschehnisse der vergangenen Nacht zu erinnern, und mein Blick stolperte über den Text des ersten Glückwunschbilletts auf dem Stapel neben meinem Bett:

Es sind nicht die Momente, in denen wir atmen, die das Leben lebenswert machen, sondern die, die uns den Atem rauben.

Da war ich fassungslos. Warum um alles in der Welt besaß ausgerechnet ich die Fähigkeit, eine simple Glückwunschkarte in eine Arschkarte zu verwandeln? Auf diese Erkenntnis folgte ein Stechen in meiner Brust.

Mit zittrigen Fingern rief ich im Büro, meine Mutter und zweimal meine Schwester Lea an. Anschließend dauerte es keine halbe Stunde, bis Lea und ich zwischen 20 anderen Personen – allesamt zwischen 45 und 60 Jahre alt, mit roten Köpfen und geschätzten 20 Kilo zu viel auf den Rippen – in der Notaufnahme des Krankenhauses Platz nahmen.

»Frau Lechner!«, rief eine blonde Krankenschwester, die vermutlich sämtliche Männerherzen in der kardiologischen Abteilung höher schlagen ließ. Ich stand auf, nahm meine Tasche und allen Mut zusammen und folgte ihr in den Behandlungsraum.

Erst unzählige Untersuchungen, ausgefüllte Fragebögen und verständnisvolle (manchmal auch -lose) Blicke später bellte mir ein unsympathischer Arzt meinen Befund entgegen: »Frau Lechner, Sie haben sich da anscheinend ein wenig übernommen. Sie haben ein klassisches Erschöpfungssyndrom.« Ein vorwurfsvoller Ausdruck schlich sich in sein Gesicht, fast so, als hätte ich beim Diagnose-Roulette auf den falschen Befund gesetzt.

»Und was bedeutet das?«

»Das bedeutet, dass Sie sich erst mal schonen werden. Ich schreibe Sie für die nächsten zwei Monate krank. Und Sie versprechen mir, dass Sie sich in dieser Zeit nur – und ausschließlich! – mit Dingen befassen, die Ihnen guttun. Hören Sie? Das kriegen wir schon wieder hin.«

Als ich verdutzt ins Wartezimmer hinaustrat, fiel ich Lea sofort schluchzend um den Hals.

»Was ist? Was sagt der Arzt?« Aus dem Gesicht meiner Schwester war jegliche Farbe gewichen.

»Ich ... muss ... mich ... schooonen!«, heulte ich los und sah aus dem Augenwinkel, wie Leas Lippen ein kleines Lächeln umspielte. Dann brachte sie mich nach Hause.

Dort zappte ich mich wahllos durch Sendungen, von deren Existenz ich bis dahin nicht einmal gewusst hatte. Während meine Augen auf das flimmernde Bild starrten, drifteten meine Gedanken immer wieder ab. Entspanne dich ... Entspanne dich ..., betete ich mir vor. Wie eine Besessene imitierte ich, was ich von Freundinnen übers Entspannen gehört hatte. Ich schmierte mir Masken in mein Gesicht, wusch sie wieder ab. Trank eine Tasse Tee, kochte entschlackende Suppe. Setzte mich in die Wanne, kam nach fünf Minuten mit Kreislaufproblemen wieder heraus. Ich cremte mich ein, suchte eine entspannende CD ... Doch mein Herz begann wieder zu ziepen.

Ich fühlte mich schlechter als je zuvor. Mein Job war alles, wofür ich gelebt hatte. Und nun? Nun saß ich den ganzen Tag über in meiner verdunkelten, halb leeren Wohnung und hasste mich selbst. Genauso wie den Lärm der zwitschernden Vögel, das sommerliche Wetter und das ewige Heulen.

So vergingen mehrere Wochen, bis plötzlich etwas Unglaubliches geschah. Ich lag – wie immer – auf der Couch und weinte, als plötzlich eine unbändige Wut in meinem Bauch zu rebellieren begann. Warum konnte ich mich nur durch Arbeit und Leistung definieren? Warum glaubte ich, dass man mich nur dann liebt, wenn ich hart dafür schuftete? Wie konnte es so weit kommen?

Um den Druck in meinem Inneren loszuwerden, schlüpfte ich in meine Laufschuhe, stürmte hinaus an die frische Luft und rannte wie eine Verrückte zwei Stunden lang durch den Wald. Mein Herz pochte in meinem Hals, die weiche Erde gab unter jedem Schritt nach und mit jeder gelaufenen Minute wurde mir deutlicher bewusst: Ich will aus dieser Spirale ausbrechen. Ich will nicht mehr nur die arbeitende Paulina sein. Was nützt mir all das Geld, wenn mir die Zeit fehlt, es auszugeben? Genau! Ich würde mein Leben umkrempeln. Herumliegen und heulen entsprach doch nun wirklich nicht meinem Naturell!

Wieder zu Hause angekommen, flutete ich meine düstere Wohnung mit Sonnenlicht. Dann betrachtete ich das Übel genauer. Da in meinem Wohnzimmer, abgesehen von einer Couch, dem Fernseher und einem riesigen Riss in der Wand, nichts zu finden war, beschloss ich: Ich brauche Bilder! Im Badezimmer notierte ich »Badetücher« und in der Küche … In der Küche fehlte es eigentlich an allem. All meine Designerschränke waren leer, einzig und allein die Kaffeemaschine fand ab und zu Verwendung.

Mit einer zweiseitigen Liste spazierte ich an einem Mittwoch, während sich meine Kollegen vermutlich gerade mitten in einer Telefonkonferenz mit Japan befanden, voller Optimismus durch ein schwedisches Möbelhaus. Und als ich meine Einkäufe nach Hause geschafft hatte, pustete ich den Staub von meinem alten CD-Player und drehte die Musik viel zu laut auf. Summend platzierte ich die Kerzen auf dem Boden, schlug Nägel in die Wände und hängte bunte Bilder daran. Ich schrubbte Böden, spülte mein neues

Geschirr und erfreute mich an meinen schmerzenden Muskeln. An körperliche Arbeit war ich nicht gewöhnt.

Spätabends sah ich mich stolz und müde in meiner Wohnung um und fühlte mich endlich zu Hause. Nie wieder, so schwor ich mir, würde ich meine Zeit in Hotelzimmern verschwenden. Allein der Gedanke daran raubte mir den Atem. Also verdrängte ich ihn.

Nachdem das Unterfangen »Wohnung« erfolgreich abgeschlossen war, widmete ich mich meinen eingerosteten Hobbys. Ich versank auf sonnigen Parkbänken in historischen Romanen, malte in meinem leerstehenden Gästezimmer farbenfrohe Aquarelle und lernte durch Lea meine Leidenschaft fürs Kochen kennen. Doch immer wieder stach mein Herz, wenn ich an den Stress meines alten Lebens dachte. Ich kehre einfach nicht mehr zurück, beschloss ich. Immerhin habe ich mir ein kleines Vermögen angespart. Wenn ich lieber hier sitzen und lesen möchte, dann muss ich auch nicht von morgens bis abends im Büro hocken. Und das ergab eigentlich Sinn. Plötzlich ergab alles Sinn. Denn im Gegensatz zu Atemnot und Herzschmerz konnte ich mit dieser Entscheidung gut leben.

Die beiden – Herz und Luftversorgung – haben mich seit dem Tag, an dem ich mich gegen meinen alten Job entschied, nur noch einmal im Stich gelassen. Das war, als ich Tim kennenlernte.

Lea stellte ihn mir auf einem ihrer legendären Sommerfeste vor. Er ist Landschaftsgärtner, von der Sonne schimmerte seine Haut bronzefarben und durch die Arbeit hatte er seinem Körper beeindruckende Muskeln antrainiert. Sein braunes Haar war sehr kurz, seine Augen schwarz und mandelförmig und er selbst riesengroß.

Tim und ich verstanden uns auf Anhieb und wir verabredeten uns für den nächsten Tag in einem gemütlichen Café. Mein Herz spielte verrückt, mein Gehirn war leer, ich wusste nicht, was ich anziehen sollte, und kam natürlich prompt 20 Minuten zu spät. Als ich atemlos das kleine Café betrat, fürchtete ich schon, er hätte das Weite gesucht. Aber er wartete auf mich. Und als ich an seinen Tisch trat, blätterte er nicht, wie alle anderen Männer, die ich kannte, in einer Börsenzeitung, sondern las einen vierseitigen Bericht über den natürlichen Lebensraum von Fröschen.

Das zweite Treffen verbrachten wir bei einem Picknick inmitten einer Blumenwiese. Beim dritten erklommen wir gemeinsam einen Berg und heute leben wir auf einem alten, renovierten Bauernhof auf dem Land.

Meinen alten Job habe ich tatsächlich nicht wieder aufgenommen. Stattdessen finanziere ich mir mit meinem Ersparten eine Ausbildung zur Psychotherapeutin. Später möchte ich nämlich Menschen helfen, die auch denken, sie wären nur dann liebenswert, wenn sie von der letzten Sprosse der Karriereleiter hinunterwinken.

Und wenn ich mir all die Anzugträger, die mit starrer Miene und schnellem Schritt ihre Trolleys hinter sich herziehen, so ansehe, wird es mir gewiss niemals an Arbeit fehlen.

26

Weil ich ein Mädchen bin ...

Franziska (22), Visagistin, Innsbruck,
über
ihre Kindheit als biologischer Junge und den steinigen Weg,
bis sie auch äußerlich ein Mädchen wurde

Brav sitzen bleiben«, erklärte ich meiner blonden Puppe Lilli und stopfte sie in den rosa Puppenwagen.

»Vergiss deine Jacke nicht!«, erinnerte mich meine Mutter. Ich schlüpfte also in meinen lila Parka und zog mir meine rosa Zipfelmütze über den schwarzen Bob. Dann trat ich hinaus ins Freie.

Früher, bevor meine Schwestern eingeschult wurden, waren Simone, Barbara, Veronika und ich gemeinsam mit unseren Puppenkindern und im Gänsemarsch durch den Garten marschiert.

Mit den Jahren hatten sich daher tiefe Rillen in die Erde gegraben und ausgerechnet in einer solchen Einbuchtung verfing sich nun ein Reifen meines Puppenwagens. Lilli starrte mich mit ängstlichen Augen an, der Wagen drohte zu kippen und forderte meine gesamte Konzentration, sodass ich Markus Parkovsky, den am Maschendrahtzaun hängenden Nachbarsjungen, zu spät bemerkte, um noch rechtzeitig zu flüchten.

»Du Schwuchtel!«, beschimpfte er mich. Vor Angst rührte ich mich nicht. Immerhin war ich damals gerade mal vier Jahre alt und hatte keine Ahnung, was der Junge damit meinte. Ich wusste nur, dass es nicht freundlich klang. Und dass Markus furchteinflößend aussah, wie er so rothaarig, rotzfrech und rüpelhaft am Zaun hing und mir immer wieder das hässliche Wort »Schwuuuchtel! Schwuuuchtel!« zurief.

Mir rutschte das Herz in die Strumpfhosen, und da mir nichts Schlaueres einfiel, schimpfte ich in dem bösesten Tonfall, den ein Kleinkind aufbringen kann: »Selber Swuchtel!«

Markus lachte. »Ich trage aber keine Kleider und glaube auch nicht, ein Mädchen zu sein.«

Wie gemein war das denn? »Aber … Aber … Ich bin ein Mädchen«, stotterte ich. Bis zu diesem Tag hatte ich es nie in Erwägung gezogen, dass ich anders sein könnte als meine Schwestern. Wir spielten gemeinsam mit den Barbiepuppen, tanzten im rosa Tüllröckchen durch die Zimmer und fanden *Arielle* super.

»Solange du einen Schniedel hast, bist du ein Mann. Da hilft auch dein schönes Kleid nichts. Schwuchtel!«

»Markus? Hast du deine Hausaufgaben schon fertig?«, kreischte eine helle Stimme aus dem Nachbarhaus und Markus hechtete davon. Schockiert blieb ich zurück und griff zögerlich in meine Strumpfhose.

Ich denke, an diesem Vormittag bemerkte ich zum ersten Mal, dass ich anders war. Anders als meine Schwestern. Anders als der Schreihals Markus drüben bei seinen Hausübungen. Anders als meine Puppe Lilli, die unter der Strumpfhose keine Boxershorts mit Rennwagenaufdruck trug. Ich war enttäuscht und wollte diesen blöden Schniedel nicht haben!

Ohne groß darüber nachzudenken, stürmte ich zurück ins Haus. Rannte an der Küche und meiner Suppe kochenden Mutter vorbei.

»Franzi?«, rief sie noch mir hinter her, aber ich ignorierte sie.

»Solange du einen Schniedel hast ...«, hallte Markus' krächzende Stimme in meinen Ohren und trieb meinen Herzschlag zu Höchstleistungen an.

Erst im Badezimmer verlangsamte sich mein Puls. Der weiße Plastikhocker verursachte ein krächzendes Geräusch auf dem Boden, als ich ihn näher ans Waschbecken schob. Vorsichtig kletterte ich hinauf und öffnete die verspiegelten Türen des Aliberts. Meine Rettung lag vor meiner Nase: die große Schere. Ihre silbernen Klingen blitzten im Licht.

»Du darfst die große Schere nie allein aus dem Schrank nehmen«, predigte meine Mama immer. Aber in solchen Notsituationen? Da durfte ich wohl eine Ausnahme machen. Darum ergriff ich sie, kletterte wieder von dem Hocker hinunter und legte sie auf dem Rand der Badewanne ab. »Bald ist es vorbei! Dann kann mich der blöde Markus nicht mehr hänseln«, tröstete ich mich. Aufgeregt schob ich meine Rennwagenboxershorts bis zu den Knien hinunter und wagte einen letzten Blick auf das verhasste Ding zwischen meinen Beinen. »Waahh! Ich mag dich nicht!«, sagte ich angewidert, öffnete die Schere, kniff meine Augen fest zusammen und lauschte dem quietschenden Geräusch der sich schließenden Klingen.

»Was machst du da?«

Erschrocken riss ich die Augen auf und blickte in das Gesicht meiner Mutter. Ihr Gesicht hatte die Farbe der Kacheln angenommen: grau mit weißer Umrandung. Hektisch riss sie mir die Schere aus der Hand. »Gib sie mir zurück! Bitte! Ich brauche sie!«, schrie ich hysterisch und streckte die Hand nach der Schere aus. »Ich brauche sie! Ich will keinen Schniedel haben. Ich will ein echtes Mädchen sein! Bitte! Biiitte!« Mein verzweifeltes Weinen ließ meinen kleinen Körper erbeben. Warum musste sie gerade jetzt kommen und alles zerstören?, war mein erster Gedanke. Ob sie böse auf mich ist?, der zweite.

Aber meine Mutter war nicht böse. Ganz im Gegenteil. Tröstend strich sie über mein schwarzes Haar, küsste mich zärtlich auf die

Stirn und erklärte mit ruhiger Stimme: »Wenn du das wirklich möchtest, dann gibt es vernünftigere Lösungen als die große Schere. Hörst du, Franzi? Wir kriegen das schon hin.« Natürlich begriff ich damals noch nicht, wovon genau sie da sprach. Aber dass es einen Weg aus diesem »Schniedelkörper« gab, beruhigte mich ungemein.

Die Zeiger der rosaroten Uhren drehten sich immer schneller und die Jahre rasten an mir vorbei. Als ich in die Grundschule kam, legte sich meine Mutter unheimlich ins Zeug, meine Andersartigkeit unter »neutraler« Kleidung zu verstecken. Was auch gelang. Und so begann ich erst, meine persönliche Hölle zu durchqueren, als ich auf das Gymnasium wechselte.

»Oh, da kommt unsere Transen-Franzi«, hörte ich jemanden hinter mir und beschleunigte meine Schritte in Richtung Schuleingang.

»Ignorieren! Einfach ignorieren!«, redete ich mir zu und sah bereits die rettende Schiebetür der Aula.

»Transi-Franzi! Bleib schon stehen! Schwuchtel!« Die Schritte hinter mir auf dem Asphalt hallten lauter, eine Hand ergriff viel zu grob meine Schulter. Mit einem Ruck kam ich zum Stehen.

»Lasst mich los!«, schrie ich, versuchte, mich aus dem Griff zu befreien.

»Nicht so schnell … Zeig uns mal, was für ein süßes T-Shirt du heute wieder trägst.« Entgegen den Ratschlägen meiner Mutter verzichtete ich neuerdings auf die »neutrale« Kleidung und lieh mir die Klamotten meiner älteren Schwestern aus. Enge Tops und Hosen. Tücher. Hin und wieder verwendete ich auch Lidschatten und Mascara, um meine dunklen Augen besser zur Geltung zu bringen. Make-up hatte ich schon immer geliebt.

»Zeig schon! Sei nicht so schüchtern!«, hänselte mich Björn, ein großer rotgesichtiger Junge mit Bürstenhaarschnitt und 20 Kilo Übergewicht. Er war der Anführer einer Horde unterbelichteter Jungs, welche durch gewalttätige Übergriffe von ihren zwergwuchsähnlichen Körpergrößen ablenken wollten.

Ich spürte seinen warmen Atem in meinem Gesicht. Er roch nach Thunfisch und Schweiß, eine Verbindung von Duftstoffen, die ich niemandem am frühen Morgen wünschen würde.

»Hat unsere Transe etwa Angst?«, fragte er und rückte näher an mich heran.

Und obwohl sich meine Knie beim Klang seiner Stimme in Gummi verwandelten, streckte ich meine Stupsnase nach oben und antwortete: »Vor dir bestimmt nicht!«

Peng! Schon landete seine Faust in meinem Gesicht. Die Wucht des Schlages beförderte mich zu Boden, seine Jungs sammelten sich im Kreis um mich herum und brüllten: »Das hast du davon, du schwule Sau!« Gemeinsam traten sie auf mich ein und ich schmeckte Blut in meinem Mund. Still fragte ich mich: Warum kann ich nicht einfach so wie alle anderen sein?

Ein spitzer Schrei von Frau Professor Riebensehl ließ Björn und seine Kumpels in alle Richtungen davonrennen. Nur ich blieb blutend und mit schmerzenden Gliedmaßen auf dem Boden sitzen. Mit wunden Fingern wischte ich mir das Gemisch aus Rotz und Tränen aus dem Gesicht. Frau Professor Riebensehl trat näher an mich heran. Kämpfte erst mit sich, dann mit ihrem viel zu engen Bleistiftrock und begab sich schließlich zu mir auf den Boden. Mit einem mitleidigen Blick reichte sie mir ein Taschentuch und meinte: »Weißt du, Franz, wenn du dich einfach anpassen und nicht aus der Reihe tanzen würdest, dann hättest du es leichter. Du bist eben ein Junge, also kleide dich auch so.« Dieser Satz schmerzte mehr als all die Tritte der intelligenzlosen Zwergenkinder.

Dennoch weigerte ich mich auch weiterhin, meine Identität zu verraten und einen auf männlich zu machen, und so wurden die Attacken meiner Mitschüler immer schlimmer. Ich wurde kopfüber in die Toilette getaucht, während mir fremde Jungs die Hosen auszogen, um nachzusehen, ob ich nun Männlein oder Weiblein war. Beim Sportunterricht wies mich der Lehrer in die Knabenumkleide, wo die anderen Jungs sich einen Spaß daraus machten, auf meine Kleidung zu urinieren. Ich war nur noch unglücklich, denn alles, was ich wollte, war, von den anderen Kindern gemocht und nicht ständig gehänselt zu werden.

Wirklich unerträglich wurde meine Situation, als ich – mit ungefähr elf Jahren – bei den älteren Jungs Pickel und Bartstoppeln entdeckte. Da bekam ich richtig Panik. Ich wollte keinen Bart, ich wollte keine tiefe Stimme und erst recht wollte ich keinen großen Penis. Was hätte ich damit auch anfangen sollen?

Da ich die Worte, die mir meine Mutter nach meinem Kastrationsversuch zugeflüstert hatte, nie vergessen hatte, führte mich meine Angst als Erstes zu ihr. Meine Knie waren weich, mein Herz schlug hart gegen meine Brust und wäre trotzdem beinahe von dem schweren Stein, der darauf lastete, erdrückt worden. Ich wartete, bis alle im Haus schliefen, um unerwünschte Zuhörer zu vermeiden, dann schlich ich mich zum Schlafzimmer meiner Eltern.

»Ähmm, Mama?«, flüsterte ich.

»Ist etwas passiert, Franzi? Bist du krank?« Raschelnd setzte sie sich in ihrem Bett auf.

»Nicht direkt, nein. Kannst du dich daran erinnern, dass du mir damals erzählt hast, es gäbe Möglichkeiten, ein Mädchen zu werden?«

Das Rascheln im Bett meiner Mutter wurde intensiver, die Daunendecke landete auf meinem schnarchenden Vater und der Holzboden knarrte unter der Last ihrer Schritte. »Lass uns in dein Zimmer gehen«, sagte sie in einem liebevollen Tonfall. Nachdem sie neben mir auf dem Bett Platz genommen hatte, sah sie mich ernst an und fragte: »Franzi, bist du dir ganz sicher, dass du das möchtest? Ist dir bewusst, dass du diesen Weg nicht mehr zurückgehen kannst?«

Ich nickte eifrig. »Ich möchte wie die anderen Mädchen sein. Ich möchte Kleider tragen und mich schminken und endlich auch so aussehen, wie ich mich fühle. Bitte hilf mir!« Fest erwiderte ich ihren Blick. Sie wirkte nachdenklich. Knisternde Spannung lag in der Luft.

Und als sie endlich meinte: »Natürlich helfe ich dir!«, konnte ich mein Schluchzen nicht mehr unterdrücken.

In dieser Nacht fiel also der Startschuss in mein neues Leben. Ihm folgten unzählige Arztbesuche, lästige psychologische Fragebögen, Gutachten und schließlich die Bewilligung einer Hormontherapie, die die männliche Pubertät stoppen und die weibliche starten sollte. Was sie auch tat.

»Ich will aber zu Susis Party gehen!«, schrie ich meinen Vater an.

Er stand mit verschränkten Armen vor mir im Wohnzimmer. Seine Augen blitzten wütend und er erklärte mir bestimmt: »Franzi, du bist gerade mal 15 Jahre alt. Du gehst nicht auf diese Party!«

Ich konnte es nicht fassen, dass mein Vater so gemein war und mich nicht ausgehen lassen wollte. Seit ich diese neue Schule besuchte, hatte ich endlich Freundinnen gefunden. Niemand verfolgte mich auf die Toilette, keiner riet mir, mir durch Anpassung ein schöneres Leben zu erwirken, und ich hörte jetzt auf einen neuen Namen: Franziska.

Schwungvoll warf ich mein langes Haar über die Schulter nach hinten und schrie meinen Vater böse an: »Als Simone und Babsi in meinem Alter waren, durften sie auch.«

»Durften sie nicht und jetzt beruhige dich mal wieder.« Ein Schmunzeln huschte über sein Gesicht.

»Durften sie sehr wohl. Arrghhhh! Du bist so fies! Ich hasse dich.« Wütend stampfte ich mit meinen High Heels auf den Boden, dann rannte ich in mein Zimmer und knallte so fest ich konnte die Tür hinter mir zu. Hätte mich jemand davor gewarnt, wie anstrengend so eine weibliche Pubertät sein konnte, vielleicht hätte ich mich doch auch vor ihr gefürchtet.

Mit meinen Eltern stritt ich in dieser Zeit eigentlich ständig, meine Launen spielten mir Streiche, außerdem war ich zum ersten Mal unglücklich in einen Jungen namens Michael verliebt. Und als ich feststellte, dass meine Brüste anfingen zu wachsen, bekam ich einen nicht mehr enden wollenden Schreikrampf. Wahrscheinlich heulte ich sogar vor Glück. Um die ganze Welt an diesem Erfolg teilhaben zu lassen, trug ich eine ganze Weile lang nur halbtransparente T-Shirts, unter denen sich die Konturen meiner Büstenhalter deutlich abzeichneten. Aber das Schönste an allem war: Ich sah endlich so aus, wie ich mich schon immer gefühlt hatte.

Meine Veränderungen erlangten ihren Höhepunkt, als kurz nach meinem siebzehnten Geburtstag die geschlechtsangleichende Operation durchgeführt wurde. Ein sehr schwerer und kräftezehrender Eingriff. Als ich aus der Narkose erwachte, fühlte ich mich wie gerädert. Müde blinzelte ich und sah Dutzende Luftballons luftig und bunt über meinem Bett schweben. Auf ihnen stand in großen Lettern: *Girls just wanna have fun!*

Da erst tastete ich vorsichtig zwischen meine Beine und konnte mein Glück kaum fassen. Ein Lachen breitete sich auf meinem Gesicht aus und ein großer Stein fiel von meinem Herzen direkt auf den sterilen Krankenhausboden.

Mein sehnlichster Wunsch war nun endlich in Erfüllung gegangen. Ich war ein Mädchen! Ein richtig echtes Mädchen. Mit langem Haar, kleinen Brüsten und einer echten Vagina.

27

Sommer, Sonne, Stelldichein

Bernd (32), Immobilienmakler, Wiesbaden,
über
sein Leben als Tauchlehrer und das Auftauchen
in die Wirklichkeit

W ir schrieben das Jahr 2001, als meine Freundin Clara und ich in einem dieser maledivischen Fünf-Sterne-deluxe-all-inclusive-Superschuppen Jobs als Tauchlehrer annahmen.

Zuvor hatte ich allerdings meine Lehre zum Immobilienmakler abgeschlossen. Und ehe ich in Clara meine Herzdame fand, verbrachte ich jedes Wochenende mit der Suche nach der perfekten Frau. Was gar nicht so einfach ist, wenn sich das Haupthaar bereits mit Anfang 20 verabschiedet und der Bauch selbst schneller wächst als die Muskeln, die er versteckt. Zu der Zeit wurde ich von den Frauen belächelt. Aber als ich auf dieser Insel arbeitete und das »Staff«-Armband des Clubs an meinem rechten Handgelenk nach Aufmerksamkeit schrie, fühlte ich mich wie ein Gott. Wenn auch nur wie ein Gott in blauen Badehosen. Und mit einer festen Freundin an der Seite.

Clara war ein Jahr jünger als ich und gehörte zu der Sorte Frau, die durch Lidschatten und Lippenstift eher unsympathisch, weil kitschig, wirkte. Sie hatte schulterlanges, dunkelbraunes Haar, ein rundes Gesicht und unglaublich große, türkisblaue Augen. Ich lernte sie während der Tauchlehrerausbildung in Ägypten kennen, und als wir uns auch außerhalb des Wassers immer näher kamen, konnte ich mein Glück kaum fassen.

Bei unserer Ankunft in jenem Schickimicki-Club waren Clara und ich begeistert. Wir staunten über unsere Personalkabine und empfanden die acht Quadratmeter – bestehend aus einem schmalen Bett, zwei Spinden und einem Bad für Kindergartenkinder – als unglaublich kuschelig. Die kleinen Geckos und Skorpione an der Wand und unter dem Bett wurden fotografiert und für »so typisch maledivisch« befunden und die sich im Wochentakt wiederholenden Speisen am Buffet bildeten unseren Fels in der Brandung. Damit blieb zumindest eine Sache beständig.

Stopp! So ganz stimmt das nun auch wieder nicht! Es gab noch etwas, das sich nicht änderte, und das war die Freude an unserer Arbeit. Ich liebte das Tauchen. Fast so sehr, wie ich Clara liebte. Das Gefühl der Schwerelosigkeit. Diese unbeschreibliche Ruhe, die lediglich durch unsere Darth-Vader-Atemgeräusche unterbrochen wurde. Und natürlich die vielen bunten Fische.

Nur einen einzigen Abend pro Monat hatten Clara und ich für uns allein. Den verbrachten wir gemütlich auf dem Steg und beobachteten die abreisenden Gäste.

In einer dieser ruhigen Stunden lehnte Clara sanft ihren Kopf an meine Schulter und flüsterte: »Wir sind bestimmt die glücklichsten Menschen dieser Welt. Schau sie dir an … Für sie heißt es nun wieder, ein ganzes Jahr lang schuften. Und dann? Dann kommen sie zurück, liegen völlig ausgepowert am Strand und sind mit ihren Gedanken immer noch bei ihrem stressigen Job. Und wir beide LEBEN hier!« Sie stieß einen freudigen Jauchzer aus und ich drückte sie etwas fester an mich. »Überleg dir mal, wie kalt es bei denen zu Hause jetzt ist.«

»Und wie fürchterlich das Gefühl sein muss, statt des Sandes Schuhe unter den Füßen zu spüren«, meinte ich. Wir stachelten uns immer weiter auf. »Oder das Gedränge in den engen Gängen eines Einkaufszentrums …«, prustete ich los.

Plötzlich rückte meine Freundin von mir ab. »Autsch! Das war jetzt gemein!«

Erst in diesem Moment funktionierte die Schaltung zwischen meinen Synapsen wieder und ich begriff, dass ich gerade einen wunden Punkt getroffen hatte, nämlich Claras Faible für Schuhe – und außer Sand und Flip-Flops mit dem Logo der Tauchschule gab es hier rein gar nichts. »'tschuldige!«, nuschelte ich reumütig. Clara verzog keine Miene, wurde in orangefarbenes Sonnenlicht getaucht und wirkte dabei so unglaublich anziehend, dass ich sie einfach küssen musste. Beleidigt hin oder her.

Im Laufe der Zeit wurde Claras Schadenfreude gegenüber den abreisenden Urlaubern aber immer krankhafter und nahm an jenem Tag überhand, an dem ein reicher englischer Geschäftsmann zu mir in die Tauchschule kam, um seine Kurse zu bezahlen.

»Well, I hope you had a great time«, setzte ich gerade zur Verabschiedung an, als Clara lauthals aus ihrem Büro direkt hinter dem Verkaufsraum rief: »Berndi? Muss da schon wieder so ein armes Schwein nach Hause fahren?« Jeder konnte sie hören. Verstehen vielleicht nicht, aber hören konnte sie jeder. Mir fiel der Kugelschreiber aus der Hand und das Herz rutschte mir in die Badehose. Der Engländer schaute mich verdutzt an und geistesgegenwärtig erklärte ich ihm: »She just asked me to give you these T-Shirts. Thank you for having been our guest!« Ich reichte ihm zwei grüne T-Shirts mit dem Logo der Tauchschule, verabschiedete mich und eilte nach hinten zu Clara. »Sag mal, hast du sie noch alle?«

»Das war doch nur Spaß! Man darf doch wohl noch scherzen!«, erklärte sie. Aber Clara scherzte nicht, sie war besessen von dem Gedanken, die glücklichste Person auf der ganzen Welt zu sein. Und langsam begann sie, mich damit zu nerven.

Trotzdem unternahm ich vorsichtshalber erst mal nichts. Immerhin war mein Leben doch schön und es fehlte mir an nichts. Na ja, an fast nichts – abgesehen von einer Kranken- oder Rentenversicherung, irgendeiner Form von Sicherheit und einer Perspektive. Denn so viel war klar: Ewig konnte niemand als Tauchlehrer auf den Malediven arbeiten.

Und als ich mir bei einem Abendspaziergang am Strand den Kopf über diese Dinge zerbrach, sah ich ein Paar mit zwei kleinen Kindern den Steg entlangmarschieren. Ihre Koffer wurden bereits auf das Boot geladen, weiter draußen auf dem Wasser versetzten die Propeller des Flugzeuges das Meer in Aufruhr. Mir wurde eigenartig schwer ums Herz und plötzlich beneidete ich die Abreisenden dafür, dass sie in ein geregeltes Leben zurückkehrten. Das musste ich mit Clara besprechen. Vielleicht ging es ihr ja genauso? Vielleicht wollte sie ja auch eine eigene Familie gründen, in einem echten Haus leben und Unmengen an richtigen Schuhen (Schuhen mit Absatz und ohne gerippte Plastiksohle) kaufen?

»Sicher nicht!« Ich konnte gerade noch rechtzeitig zur Seite springen, um dem fliegenden Schnorchel auszuweichen. Clara schnaubte vor Wut und rannte in unserem Kämmerchen auf und ab. »Glaubst du, ich will so enden wie meine Eltern? Mit einem Haus am Stadtrand, zwei Kindern und einem Golden Retriever?«, schrie sie mich an. Ihre Stimme überschlug sich mehrmals.

»Was bitte ist denn schlecht an einem Golden Retriever?«

»Er kotzt mich einfach an. Schon allein das Wort. Meine Haustiere sind die Fische im Meer, von mir aus auch meine Schüler. Ich. Will. Hier. Nicht. Weg. Capisce?«

Hatte sie jetzt allen Ernstes »Capisce« gesagt? Ich konnte es nicht fassen, und das Lachen zu verkneifen, fiel mir fast genauso schwer. »Und das ist dein letztes Wort?«, hakte ich nach. Viel fehlte nicht und ich wäre vor ihr auf die Knie gegangen.

»Ja. Aber wenn du gehen willst, dann geh. Ich bin die Letzte, die sich dir in den Weg stellt!« Sie schnappte sich ihr gelbes Badetuch, hetzte zur Tür hinaus und ließ mich in dem kleinen Zimmer allein zurück. Und ich war kurz davor, den wohl größten Schritt meines Lebens zu wagen. Und der jagte mir Angst ein. Darum beschloss ich, die Sache noch einmal zu überdenken.

Weihnachten 2006 schickte mir meine Mutter ein Album mit Bildern aus der verschneiten Heimat. Fotos von Freunden und Bekannten, von ihren Kindern, Autos und was sonst noch in der Realität von Bedeutung war.

Mit jeder umgeblätterten Seite verstärkte sich mein Heimweh. Ich vermisste meine Freunde. Ich vermisste meine Eltern und eigenartigerweise vermisste ich sogar den eiskalten Schnee. Und da passierte es: Mit einem kleinen, zögerlichen Ratsch zerbrach mein Herz. Es ahnte wohl schon, was als Nächstes geschehen würde.

Clara saß auf dem schmalen Bett neben mir. Ein mit Lametta geschmücktes Palmenblatt und Teelichter auf dem Campingtisch sorgten für feierliche Stimmung, und anstatt in die Weihnachtslieder von der CD mit einzustimmen, verkündete ich: »Ich fliege wieder nach Hause!« Allerdings schockierte mich, dass Clara keinen Zirkus veranstaltete. Dafür hing ich um ihren Hals und heulte Rotz und Wasser. Sie liebte ich ja immer noch. Es war nur ihre Vorstellung vom Leben, mit der ich nicht zurechtkam.

Der Abschied von der Insel fiel mir extrem schwer. In der verbleibenden Zeit bis zu meinem Rückflug machte ich bestimmt 20 letzte Tauchgänge, trank viele letzte Cocktails bei meinem Lieblingskellner an der Hotelbar und erlebte explosiven Abschiedssex mit Clara. Mehrmals.

Dann war er da, der Tag X. Und einen letzten Kuss, ein Schnäuzen ins Taschentuch und viele Flugstunden später kam ich zu Hause an. Als ich aus der Ankunftshalle trat, lag der Schnee grau und matschig auf den Straßen. Es war düster und kalt. Und ich zitterte. Hatte man über Jahre hinweg nur im Sommer gelebt, avancierte der Winter zum schlimmsten Feind. Autos sausten an mir vorbei, Menschen hetzten zu Bussen und Taxis und allein der Anblick des ganzen Treibens machte mich nervös.

Von all dem überfordert, stieg ich schließlich in ein Taxi, hoffte, mich fernab des Reisetrubels wohler zu fühlen. Aber als ich während der Fahrt aus dem Fenster blickte, verspürte ich nichts außer Wut auf den geschwätzigen Taxifahrer, der nicht einmal zum Atmen seinen Monolog unterbrach. Was war nur in mich gefahren zu glauben, ein Leben in Deutschland wäre besser? Während ich auf dieser verdammten Rückbank saß, zweifelte ich an meiner Entscheidung. Und das änderte sich auch nicht, als ich vor der Tür meines Elternhauses stand.

»Endlich bist du wieder da!«, fiel mir meine Mutter um den Hals. Mein Vater streckte mir verlegen die Hand entgegen.

Das fortgeschrittene Alter hatte meine Eltern eigenartig werden lassen. Mein Vater trug nun, im Ruhestand, ganztägig seinen alten Adidas-Jogginganzug und meine Mutter schimpfte wie ein Rohrspatz. Immer. Meistens auch ohne Grund.

Nur in meinem alten Kinderzimmer hatte sich nichts verändert. Die Poster von Metallica hingen noch immer an den Wänden, mein PC (ein Enkelkind des Commodore 64) stand staubig auf dem Schreibtisch und mein Einzelbett war auch nicht gewachsen. Doch das Schlimmste für mich war, mit einem anderen Menschen als mit Clara über andere Dinge als das Tauchen zu sprechen. Ich vermisste sie so sehr, und hätte sie auf den Malediven ein Handy gehabt, ich hätte sie im Zehn-Minuten-Takt angerufen.

»Na, mein Sohn, was sagst du zu den aktuellen Wahlergebnissen?«, erkundigte sich mein Vater eines Abends beim Essen.

»Also, ähm, weißt du, ich hab das nicht so mitbekommen«, erklärte ich. Woher hätte ich bitte solche Dinge auch wissen können?

»Und zu dieser Sache mit der Einbruchserie?« Er sah mich erwartungsvoll an. Langsam schüttelte ich den Kopf, verspeiste hastig mein Abendbrot und ging auf mein Zimmer, um weiter über den

Stellenangeboten zu brüten. Denn meine Eltern und mich verband, abgesehen von dem gleichen Namen, nichts mehr.

Trotzdem dachte ich nicht daran, auf diese kleine Insel im Indischen Ozean zurückzukehren. Meine Entscheidung, neu zu beginnen, hatte ich bereits gefällt und ich besaß dafür meine Gründe. Wenn ich mich erst einmal eingelebt hätte, dessen war ich mir sicher, würde auch dieses unberechenbare Fernweh verschwinden.

Es kam mir sehr gelegen, dass mein ehemaliger Chef von meiner Rückkehr erfahren hatte und mir ohne zu zögern meinen alten Job anbot. Die Aussicht auf eine eigene Wohnung, die ich dann finanzieren könnte, beflügelte mich und so sagte ich zu.

»Berndi! Groß bist du geworden!«, begrüßte er mich, als ich an meinem ersten Tag in die Firma spazierte. An die Socken und Stiefel konnte ich mich nur sehr schwer gewöhnen, ständig juckte der Gummizug an meinen Waden und die Schuhe rieben meine Fersen wund. Außerdem kratzte das Hemd auf meiner Haut und von der Kälte bekam ich rote Flecken.

»Hallo, Herr Wendler!«, versuchte ich, höflich zu bleiben, obwohl ich mich über diesen dummen Spruch ärgerte.

»Berndi, in dieser Branche hat sich die letzten Jahre nicht so wahnsinnig viel getan – Häuser haben noch immer Keller und Dach –, aber damit du dich besser eingewöhnen kannst, möchte ich dir gern die Frau Rassl an die Seite stellen.«

Für einen Moment war ich darüber enttäuscht, dass man mir ein Kindermädchen aufhalste, aber als wenige Augenblicke, nachdem Herr Wendler »Sabine, schickt die Kathi rein!« in sein Telefon gerufen hatte, eine schlanke Frau mit roten Lippen und hellgrünen Augen den Raum betrat, ebbte meine Enttäuschung ab. Frau Rassls kurzes Haar war pechschwarz und stand von ihrem Kopf ab, ihre Wangenknochen waren markant und mit ihrem strahlenden Lächeln gewann sie mich sofort. Auf einmal fand ich die Idee mit dem Kindermädchen brillant. Außerdem war ich froh, mit vom ewigen Sommer gebräunter Haut, vom ständigen Schleppen meiner Tauchausrüstung definierteren Muskeln und vom Sonnenlicht gebleichtem Haar glänzen zu können. Ich schenkte meiner Kollegin mein charmantestes Lächeln und dachte mir: So schlecht ist es zu Hause also doch nicht nicht.

Mittlerweile schreiben wir das Jahr 2012 und Kathi und ich sind verheiratet. Wir haben drei Söhne und keinen Golden Retriever. Aber wir haben ein Haus, eine Rentenversicherung und einen sicheren Job.

Von Clara habe ich lange nichts mehr gehört. Einmal schickte sie mir eine Karte von den Seychellen. Ich nehme an, es geht ihr gut. Und wenn sie nicht gestorben ist, dann taucht sie noch heute mit den Fischen im Meer.

28

Cry, cry, baby!

*Ricarda (34), Mediendesignerin, Bochum,
über
ihre monatelange Wochenbettdepression und
ihr neues Leben als »Happy Mummy«*

Wo gefeiert wird, da fehlen auch Späne … Sagt man doch so, oder? Aber mit Sprichwörtern stand ich schon immer auf Kriegsfuß. Nur dieses eine merkte ich mir, weil es exakt auf mich zutraf. Bei mir fehlte nach einer durchzechten Nacht nämlich immer etwas. Angefangen bei den Erinnerungen, dicht gefolgt von meinem Handy und meiner Geldbörse, die erst viel später auf dem Fernseher (?) oder im Bett unter dem verquollenen Gesicht meines Freundes (??) wieder auftauchten. Der heißt übrigens Stephan, also mein Freund, und er und ich, wir waren schon immer ein Paar. Zuerst besuchten wir dieselbe Schule, danach waren wir in der gleichen Clique, und als alle mit dem Herumfummeln anfingen, knutschten wir eben auch. Irgendwie kam es, dass wir aneinander hängen blieben (nein, es waren keine Piercings im Spiel!) und mittlerweile, viele Jahre später, klebten lediglich noch Drei-Wort-Post-Its – *Heute wieder Überstunden* – in Stephans krakeliger High-Speed-Handschrift an der Kühlschranktür.

Während mein Freund als Architekt in einer edlen Firma für unseren Lebensunterhalt sorgte, kümmerte ich mich um mehr Unterhaltung in meinem Studentenleben. Die lästigen Unipflichten verschönerte ich mir durch stundenlange Cafébesuche, meinen Körper durch hartes Training im Fitnessstudio. Die Langeweile vertrieb ich mir mit Daily Soaps wie *Unter uns* und *Reich und Schön*. Ich war eine passionierte Raucherin, liebte das Adrenalin, das durch meine Adern strömte, wenn ich zwischen Massage- und Manikürterminen hin und her hetzte, und verbrachte sehr viel Zeit mit Shopping.

Umso schlimmer war es für mich, als dann eines Tages, an meinem allmonatlichen Putztag, Folgendes passierte.

Mit dem Wischmopp in der Hand kam ich gerade im Badezimmer an und nahm mir den Schrank unter dem Waschbecken vor. Ich stapelte zerknitterte Badetücher, sortierte verklebte Shampoo-Flaschen, ärgerte mich über Stephans schwarze Haare in meiner Glänzendes-Blond-Bürste und sammelte herumkullernde Tampons in der dafür vorgesehenen Box. Plötzlich hielt ich inne. Tampons! In meinem Kopf ratterte es. Anfangs nur leise, dann immer lauter – bis sich zu dem Rattern auch noch hysterisch klingelnde Alarmglocken gesellten. »Ach du heilige Scheiße! Wie lange ist das denn mittlerweile her, dass diese Kameraden zum Einsatz gekommen sind?« Ich sank auf die Knie und eruierte mit zitternden Fingern das Datum meiner letzten Periode. »Zehn Wochen. Ja spinnt die Welt?« Ich war ganze zehn Wochen lang so sehr mit mir selbst beschäftigt gewesen, dass ich nicht einmal das Ausbleiben meiner Monatsblutung bemerkt hatte! Mir wurde heiß. Dann kalt. Und schließlich sogar schlecht. Darum packte ich mich aufs Sofa und glitt, begleitet von dem vertrauten Lispeln der RTL-Moderatorin, in einen tiefen Schlaf.

So traf mich dann auch Stephan nach seinem harten Arbeitstag an. Ich erwachte, als er Richter Hold in die Verdammnis schickte. »Hast du den ganzen Tag hier vor dem Fernseher verbracht?«, bellte er mich an. Ich wackelte ein wenig mit dem Kopf, kräuselte dabei die Lippen und hoffte, er würde diese Geste als »nicht nur« interpretieren. Tat er aber nicht. Stattdessen wurde er böse, pfefferte sein weißes Hemd in die Ecke, zog sich einen blauen Pulli über, der sein schwarzes Haar zu Berge stehen ließ – und auch ich wünschte mich hinter die sieben eben erwähnten. Schneewittchen wurde schließlich auch nicht dumm angemacht, nur weil es anstatt zu kochen seine Augen geschlossen hatte.

Mit hängendem Kopf folgte ich Stephan in die Küche, lehnte mich gegen den Türrahmen und ungebeten hüpften die Worte »Ich glaube … vielleicht … bin ich schwanger« aus meinem Mund.

Huch! Stephan fiel das Ei samt Schale in die Pfanne. Er starrte mich entgeistert an. »Nein!?«, brüllte er. Ich bekam Angst! Aber dann wich der Schock aus seinen Gesichtszügen, er stürmte auf mich zu und wirbelte mich durch die Luft.

Dies war der Startpfiff für den ganzen Schwangerschaftsklimbim, der mich die nächste Zeit verfolgen sollte. Stephan begleitete mich zum Arzt, hielt mir die Hand, als man mir eiskalten Glibber auf den Bauch klatschte, und war zu Tränen gerührt, als Doktor Fabian meinte: »Es wird ein Mädchen!« Von diesem Moment an ließ er sich nicht mehr bremsen.

»Schatz? Sieh mal, was ich hier Hübsches für dich habe!« So begann jeden Tag Stephans 16-Uhr-Ratequiz und ich ertrug es bereits beim dritten Mal nicht mehr. Hello Kitty hatte das zukünftige Kinderzimmer zu einem Gruselkabinett für Katzenhaarallergiker werden lassen. Das Gelb der Wände schmerzte in meinen Augen und Stephan hatte bereits das Babybett aufgebaut.

Von diesen Glückshormonen, die den weiblichen Körper nach Eintritt der Schwangerschaft angeblich fluten sollen, bemerkte ich gar nichts. Vielmehr gewann ich den Eindruck, unter dem Einfluss von Depriphinen anstelle von Endorphinen zu stehen. Ich heulte ständig, wollte Partys und keine Babys und einen muskulösen statt einen Riesenbauch. Und seit ich nicht mehr von Club zu Club ziehen konnte, hatten mir meine Freundinnen nicht mehr viel zu sagen.

Während ich also meine Zigaretten, meinen Espresso und mein Zumba-Training vermisste, tröstete Stephan die kopfschüttelnden Omas in spe: »Ihr werdet schon sehen, wenn die Kleine erst mal da ist, wird Ricarda vor Glück platzen!«

Doch das Einzige, was platzte, war meine Fruchtblase, und zwar zwei Wochen zu früh. Mit einem Mal war sie da, die kleine Ellen. Rosarot und schrumpelig lag sie auf meiner Brust und ich betrachtete sie fassungslos. Neben mir heulte Stephan wie damals, nachdem seine Eishockey-Mannschaft das Finale gewonnen hatte, und ich rief in mich hinein: Hallo? Muttergefühle, wo seid ihr? Aber es war niemand zu Hause.

Nachdem wir ein paar Tage später wieder in unsere Wohnung zurückgekehrt waren, wurde alles viel schlimmer, als ich es erwartete hätte. Mit dem Leben als Mutter konnte ich mich wochenlang nicht anfreunden – und mit meinem Kind auch nicht. Ich fühlte mich überfordert und hatte ständig ein schlechtes Gewissen, weil ich keine vor Freude überschäumende Super-Mom abgab. Das Wickeln fand ich ekelig und das Stillen verursachte mir Schmerzen. Ich wusste nicht, wie ich dieses kleine Wesen beruhigen konnte, und war ständig allein. Und Ellen? Die schrie und schrie so spitz und laut, dass ich befürchtete, die Töne würden kleine Löcher in mein Gehirn bohren. Eines Nachts lief dann das Fass über. Meine Tochter schrie wie am Spieß, ich baute mich heulend vor ihrem Kinderbett auf und brüllte wie eine Furie: »Was willst du Scheißkind eigentlich von mir?« Nun kriegte sich das Baby gar nicht mehr ein.

In diesem Moment empfand es sogar Stephan der Mühe wert, sich nachts aus dem warmen Bett zu stehlen. Er beruhigte unsere Tochter, führte mich an den Schultern aus Ellens Zimmer, setzte mich an den Küchentisch und verabreichte mir heißen Kakao. »Ich denke, es wäre ganz gut, wenn du mal unter Gleichgesinnte kommst«, meinte er. Ich schniefte. »Und damit du es auch wirklich tust, werde ich dich gleich morgen zum Babyschwimmen anmelden. Na? Was sagst du?«

Erschieß mich bitte!, wollte ich sagen. Aber da ich Stephans Mühe anerkennen wollte, biss ich mir auf die Zunge und seufzte: »Von mir aus.«

»Du musst Ricarda sein! Willkommen in unserer Schwimmgruppe!«, schrie mich eine Frau in einem viel zu engen violetten Badeanzug an, unter dem das Fett hervorquoll, ihre Wimperntusche war durch die Hitze zerlaufen und trug sie allen Ernstes eine Dauerwelle?

Ich warf ein irritiertes »Hallo?« in die Runde und spielte mit dem Gedanken, das Schwimmbad für meinen Freitod zu nutzen. Nur Ellen schlief selig in ihrer Tragtasche, und da es gegen die Regeln der Gute-Mütter-Gang verstieß, die Babys für die Schwimmstunde zu wecken, saß ich am Beckenrand und beobachtete die anderen. Wie sie alle lachten. Und wie sie sich freuten, wenn ihr Kind wieder an die Oberfläche kam. Ich warf einen Blick auf meine Tochter und hoffte nur, sie würde noch länger schlafen. Die ganze Zeit über fühlte ich mich bereits unbehaglich, aber die Pause gab mir dann den Rest.

»Also mich stört das nächtliche Aufstehen ja gar nicht!«, posaunte eine der Frauen herum und küsste ihre Tochter auf die Stirn.

»Ich kann mir ein Leben ohne Kind gar nicht mehr vorstellen!«, sagte eine andere. Nun erhielt ich tatsächlich die Bestätigung, dass ich wirklich eine schlechte Mutter war.

»Also mir geht das mächtig auf die Nerven!«, ertönte es hinter mir. Den Supermüttern verschlug es die Sprache, ich drehte mich um und sah eine junge blonde Frau in einem schwarzen Bikini und mit einem Baby auf dem Arm auf uns zukommen. Die Happy-Mamas nahmen schnell ihre Kids und stürzten sich zurück ins Wasser.

»Hi! Ich bin Lara. Lass dich von den Glucken nicht einschüchtern.« Sie lächelte und setzte sich neben mich auf den Beckenrand.

»Nervt es dich wirklich?«, fragte ich schüchtern.

»Was glaubst denn du? Zeig mir eine Frau, die sich darüber freut, nachts fünfmal aufzustehen, zwölfmal am Tag die Windeln zu wechseln und den Alltag nach Schlafenszeiten anderer auszurichten.«

»DIE sind glücklich!« Ich zeigte auf die spielenden Familien im Wasser.

»Glaubst du wirklich?« Lara zog eine Augenbraue hoch. »Und was ist mit dir? Bist du happy?«

BINGO! Damit hatte sie voll ins Schwarze getroffen. Sofort liefen mir die Tränen über die Wangen.

»Ich glaube, man muss nicht eine von denen sein. Du passt gut auf dein Kind auf, alles andere entwickelt sich oder eben nicht. Und immerhin hat die Kleine ja auch noch einen Papa, der aushelfen kann, oder?«

Genau! Ellen hatte auch einen Vater!

Lara streichelte tröstend über meine Schulter. »Wenn du möchtest, können wir uns ja mal ohne die Vorzeigeherde treffen?«, schlug sie vor und zum ersten Mal seit langer Zeit verspürte ich so etwas wie Freude.

Als ich am nächsten Tag erwachte, zweifelte ich kurz an der Idee, mich mit Lara zu treffen. Ich war schlecht gelaunt und wusste genau, dass Ellen wieder durchgehend schreien würde. Und genau das würde ich nicht ertragen. Aber eigentlich … eigentlich ist es doch egal, wo die Kleine schreit, meinte mein schlaues Gehirn. Darin musste ich ihm recht geben und eine unverhoffte Welle der Motivation durchflutete mich. Ich zog Ellen eines ihrer rosa Kleidchen mit der drogensüchtigen Katze (oder warum hat die Mietze so enge Pupillen?) darauf über, kleckste ihr einen Tupfen Fettcreme auf den Kopf, um ihren blonden Haarflaum besser zur Geltung zu bringen, und drückte sie Stephan in die Hand, damit ich auch mich ausgehfertig machen konnte.

»Was? Also, ich muss …«, stotterte er.

»Du musst jetzt mal kurz DEINE Tochter hüten!«, schleuderte ich ihm entgegen, knallte ihm die Badezimmertür vor der Nase zu und stellte mich unter die warme Dusche. Wie lange war es her, dass ich dazu Zeit gefunden hatte? Warum war ich nicht schon früher auf die Idee gekommen, mehr an Stephan abzugeben?

Eine halbe Stunde später hämmerte er gegen die Tür. »Rici, ich finde das nicht lustig! Komm raus! Ich muss zu einem Meeting!« Schnell bepinselte ich meine Wangen mit einem Hauch von Rouge, dann öffnete ich die Tür. »Was hast du denn vor?«, staunte Stephan.

»Ellen und ich machen einen Ausflug!« Ich nahm ihm die Kleine aus der Hand, verstaute sie im Kinderwagen und eilte los.

Lara wurde zu meiner Verbündeten. Von ihr lernte ich, dass man, um eine gute Mutter zu sein, keine Lobeshymnen auf jede volle Windel singen musste und dass es okay war, wenn man das Geschrei des eigenen Kindes einfach nicht mehr ertragen konnte. Mein schlechtes Gewissen schrumpfte und langsam machte mir die Sache mit dem Muttersein sogar Spaß.

Wahrscheinlich auch, weil Ellen und ich mit Lara und ihrer kleinen Caro viel unternahmen. Wir gingen mit den Mädchen zum Yoga und aktivierten unser Wurzelchakra, wir lachten über die beschützenden Muttertiere beim Babyschwimmen. Wir spazierten viele Stunden lang durch den Park und schimpften währenddessen über unsere arbeitsscheuen Männer (wenn es darum ging, sich um das Baby zu kümmern). Im Einkaufszentrum brachten wir die Kleinen ins Kinderland, setzten uns ins Café gegenüber, rauchten heimlich zwei oder gar drei Zigaretten und tranken ein paar Gläschen Prosecco. In diesen Momenten war ich einfach Rici und nicht Mami.

Mittlerweile sind einige Jahre vergangen und Ellen ist bereits als große Schwester im Einsatz. Mit meinem zweiten Kind,

Leo, verlief alles ganz anders. Natürlich warf ich nicht jubelnd die Arme in die Höhe, wenn ich um drei Uhr nachts Windeln wechseln oder unter Ellens Bett nach bösen Monstern suchen musste, aber ich war glücklich, wenn ich in ihr lächelndes Gesicht blickte und sie beruhigen konnte: »Nein Schatz, alle Monster sind weg!« Selbst die in meinem Kopf! Und mit ihnen all diese lästigen Depriphine.

29

Aus Alt mach Neu

Günther (52), Reisebürokaufmann, Graz,
über
das Austauschen seiner Freundin Nadja (28),
Fitnesstrainerin, Bludenz, gegen
seine Exfrau Karin (46), Sekretärin, Graz

Fünfzehn Jahre lang war Karin die Frau an meiner Seite. Karin, mit ihrer zarten Figur, ihrer bescheidenen Körpergröße und einer Ausstrahlung, die einen notgedrungen an eine 100-Watt-Glühbirne erinnerte.

Ihr kastanienbraunes Haar wurde jeden Tag aufs Neue von bunten Bändern aus der Stirn gehalten und auf den ersten Blick sah man von meiner Frau nur eines: ihre Augen. Riesengroße, stechend grüne Augen. Je nach Stimmung konnten sie auch ins Blaue, Violette oder Braune wechseln. Am Anfang verband Karin und mich so unglaublich vieles – später nur noch der abgenutzte Ring am vierten Finger.

Doch bis dahin waren wir glücklich verheiratet. Karin kümmerte sich gut um mich und um die 250 Quadratmeter unseres Einfamilienhauses, sie war eine gute Zuhörerin, eine begnadete Bioköchin und meine beste Freundin. Nur die Sache mit dem Sex, die schlief mit der Zeit ein. Früher, als wir noch jung gewesen waren, verbrachten wir ganze Tage im Bett und das Betreten des Fußbodens war nur dann zulässig, wenn einer von uns a) sehr dringend auf die Toilette musste oder b) ohne einen Schluck Wasser gestorben wäre.

Es war das Leben, das Frau Lust durch Herrn Alltag ersetzte – und ab diesem Moment ging unserer Beziehung langsam die Luft aus. Wie einer Luftmatratze, die zu viel Zeit an der Sonne verbracht hat. Ich war frustriert, wir stritten uns immer häufiger und schließlich folgte das Unvermeidliche: die Scheidung.

Wenige Tage nach der Trennung, als ich gerade dabei war, nun endgültig eine neue Wohnung zu beziehen, erreichte mich ein Anruf meines Chefs. »Günther, ich brauche deine jahrelange Erfahrung!«

Geschmeichelt rückte ich meine Krawatte zurecht, hüstelte und antwortete: »Wo drückt denn der Schuh?«

»Es ist folgendermaßen …« Herr Lanzer erzählte mir von seinem Plan, im fernen Vorarlberg ein neues Reisebüro zu eröffnen. »Und da du einer meiner erfahrensten Mitarbeiter bist, wollte ich dir anbieten, den Job des Filialleiters zu übernehmen. Die Bezahlung wäre natürlich angemessen.«

Ich war sprachlos und musste neben dem Krawattenknoten nun auch noch die obersten Knöpfe meines Hemdes öffnen. Das wäre doch ein Abenteuer! Das wäre DIE Möglichkeit, dem täglichen Trott und meinem schlechten Gewissen gegenüber meiner Exfrau zu entkommen. Also sagte ich begeistert zu.

Als ich meine Koffer in der kleinen Einzimmerwohnung im fremden Bludenz abstellte, fühlte ich mich, als wäre ich durch einen Jungbrunnen geschwommen. Ich war frei und konnte tun und lassen, was ich wollte. Demonstrativ schaltete ich den kleinen Fernseher auf dem alten Holztisch ein und drehte den Ton bis zu einer Lautstärke auf, bei der Karin »Schatz, dreh den Fernseher leiser!« rufen würde. Dann tippte ich noch drei zusätzliche Mal auf die Taste zur Regulierung der Lautstärke und lachte. Das Grinsen in meinem Gesicht hielt bis zum Abend, als ich mir eine dieser ungesunden Fertigpizzen im Mikrowellenherd »kochte«, als ich ohne zu duschen zu Bett ging und meine dreckigen Socken mitten im Zimmer liegen ließ.

Am nächsten Tag spazierte ich zum ersten Mal in die neue Filiale und genoss dabei die frische Luft meiner neuen »Heimat«. Egal wohin ich blickte, ich konnte die Berggipfel sehen, das Grün der Wiesen wirkte viel satter als zu Hause und die Menschen waren – abgesehen von ihrer komischen Sprache – einen Ticken freundlicher als ihresgleichen in Graz.

»Hi, ich bin Nadja!«, erklang es plötzlich neben mir. Ich stand vor der gläsernen Tür meines neuen Arbeitsplatzes und durchwühlte hektisch die Taschen meines Sakkos nach den Schlüsseln. Etwas erschrocken drehte ich mich zu dem netten »Hi« um, das noch in meinen Ohren klang. Ihr Haar schimmerte in einem hellen Rot, ihre Augen waren von Rosa- und Grautönen umrandet und ließen das Blau ihrer Iris kräftig leuchten. Ihre vollen Lippen glitzerten und eine Kaugummiblase trat zwischen ihren Lippen hervor – vermutlich, um ebenfalls Hallo zu sagen. Mein Herz stand für eine Sekunde still, dann nahm es in fünffacher Geschwindigkeit seine Arbeit wieder auf.

»Guten … Tag!«, stammelte ich. »Ich bin der Günther … der neue Filialleiter … hier … im Reisebüro.« Ich weiß noch ganz genau, wie sich ihr gespielt cooler Blick in einen respektvollen verwandelte.

»Wahnsinn! Ein echter Filialleiter! Abgefahren! Ich bin Fitnesstrainerin.« Sie deutete auf das Gebäude vor uns. »Wir sind jetzt also Arbeitsnachbarn. Schönen Tag!«, winkte sie mir freundlich zu, warf ihre Sporttasche über die Schulter und hechtete mit großen Schritten davon. Ein Blick auf die Uhr verriet mir, dass es 7.50 Uhr war. Fortan, so nahm ich mir vor, würde ich täglich um diese Uhrzeit vor dieser Tür stehen. Und so wurde aus dem morgendlichen »Hi« am Montag ein »Wie geht's?« am Mittwoch und am Freitag meinte Nadja: »Was halten Sie davon, wenn wir nach Dienstschluss auf Ihre erste überstandene Woche anstoßen? Ich bin gegen fünf mit dem Aerobic-Kurs fertig.« Sie sah mich mit ihren großen Augen an, strich sich den Pony aus der Stirn und schmunzelte.

Ohne Vorwarnung spürte ich ein längst in Vergessenheit geratenes Ziehen in meinem Unterleib und hörte mich selbst begeistert »Fünf Uhr ist perfekt!« ausrufen.

Was folgte, liegt eigentlich klar auf der Hand. Aus dem Drink mit der durchtrainierten Nadja im Café gegenüber wurde ein »Auf eine schnelle Tasse Kaffee« in meiner Junggesellenbude, dann knallten die Korken der Champagnerflaschen und schon bald darauf blieb ich abends nur noch selten allein. Glückshormone erfüllten meinen Körper und ich schwebte, ausgestattet mit der rosarotesten Brille (ein Modell von Ray Ban), auf Wolke sieben.

Bis es zwei Jahre später meinem Stalker, dem treuen Herrn Alltag, gelang, mich in Vorarlberg ausfindig zu machen. Von nun an sollte Nadja verdammt anstrengend werden. Sobald ich von der Arbeit nach Hause kam, lagen wir uns in den Haaren, beziehungsweise sie mir in den Ohren: »Ist es tatsächlich so kompliziert, deine saubere Wäsche aus dem Keller mitzunehmen und selbst in den Kleiderschrank zu legen? Ist das denn wirklich DIE Herausforderung?« Nadja baute sich vor dem Fernseher auf, verschränkte die Arme vor der Brust und pustete ihren roten Pony aus der Stirn. Tack, tack, tack, ertönte das ungeduldige Tippen ihres Hausschuhs auf dem Nussbaumparkettboden. Und weil mich das nervte, griff ich nach der Fernbedienung, lehnte mich leicht nach rechts und streckte den Arm nach vorn. Innerlich wünschte ich mir, durch das Drücken der Knöpfe nicht nur die *Sportschau* lauter, sondern auch die schimpfende Frau leiser – alternativ ganz weg – schalten zu können. Aber nichts geschah. Außer, dass Nadjas Predigt ihren Fokus nun von dem Wäscheberg im Keller auf die Geschirrberge in der Küche gelegt hatte. Plötzlich hielt sie inne, betrachtete mich, stampfte mit den Fuß auf den Boden und brüllte: »Wolltest du jetzt tatsächlich hinter meinem Rücken das Programm wechseln? Günther! Gü, du Nichtsnutz! Sieh mich an! Sieh mich an! Und jetzt sag was!«

Aber ich schwieg. Denn egal, was ich sagte, es war falsch. In unseren Problemen spiegelte sich lediglich die hässliche Fratze unseres Altersunterschiedes wider: Sie wollte ausgehen, ich wollte gemütlich auf der Couch sitzen und lesen. Sie fand Tattoos spitze, ich fand sie scheußlich. Nadja sehnte sich nach Kindern, ich mich nach dem Ruhestand. Auch deshalb, weil mich Herr Lanzer damit beauftragt hatte, persönlich eine neue Destination in den USA für die Urlauber freizugeben und ich mich für Abenteuer dieser Art zu alt fühlte. Aber mein Chef kannte keine Gnade und so bestieg ich im Juni 2008 eine Maschine nach Amerika. Ich verbrachte zwei atemberaubend schöne Wochen voller Ruhe und Sonne und fand es wahnsinnig befreiend, zur Abwechslung nicht für alles, was auf dieser Welt falsch lief, zur Verantwortung gezogen zu werden.

Dementsprechend schlecht gelaunt war ich auch, als ich nach dieser Zeit die Sicherheitsgurte um meinen Bauch schlang und die Schnallen ineinandergleiten ließ. Das verkrampfte Lächeln der Stewardessen erinnerte mich an Stephen Kings *Es* und ich wollte nichts lieber, als von all dem nichts mehr mitzubekommen. Darum fischte ich das kleine Kissen aus meinem Handgepäck, lehnte mich damit gegen das Fenster (made in Lilliput) und schloss die Augen.

»Entschuldigen Sie, könnten Sie bitte Ihre Jacke wegnehmen? Das ist mein Platz!«

Ich schreckte hoch. Und als ich die Augen öffnete, traute ich ihnen nicht. Bewusst kniff ich sie dreimal hintereinander ganz fest zusammen, riss sie im Anschluss wieder weit auf – und: Sie stand immer noch da. Karin. Ihre Augen leuchteten im sanftesten Grün, ihr Haar war an den Schläfen ergraut, ihr Gesicht hatte an Umfang und Falten zugenommen und sie sah dennoch wunderschön aus. So sehr ich es auch wollte, ich brachte keinen Ton heraus.

»Günther? Günther! Ja ist denn das die Möglichkeit!« Eilig quetschte sie sich durch die engen Sitzreihen zu mir durch, schlang ihre Arme um mich und gab mir einen Kuss auf die Wange.

Bereits in diesen Sekunden war mir klar, dass dieses Treffen ein schicksalhaftes sein würde. Karin wand sich aus meinen Armen, setzte sich auf den Platz neben mir und blickte mich verlegen an. Aber vielleicht war es ihr auch einfach nur unangenehm, ihren hormongesteuerten Exmann so überschwänglich begrüßt zu haben.

»Was führt dich denn hierher?«, fragte ich, als ich endlich meine Sprache wiedergefunden hatte.

»Der kleine Bus … vom Gate …« Karin fühlte sich sichtlich unwohl in ihrer gealterten Haut. Sie stotterte und ihre Ohren färbten sich rot. Um der Situation die Spannung zu nehmen, streichelte ich ihr zart über die Wange.

»Ein Glas Rotwein?«, fragte ich sie. Damit war es mir schon immer gelungen, ihre Nerven zu beruhigen. Sie seufzte, schenkte mir ein Lächeln und ich winkte die gruselige Stewardess herbei.

So kam es also, dass meine Exfrau und ich ganze neun Stunden nebeneinander und in kleine Sitze gepfercht verbrachten. Bis zu diesem Tag, an dem ich nach langer Zeit wieder mit ihr sprach, war mir nie bewusst gewesen, wie sehr ich sie vermisst hatte. Sie hatte keine Tattoo-Motive zu besprechen, hatte mich auch niemals mit ihrem Kinderwunsch bedrängt. Für sie war ich immer der Günther und nicht als Gü oder Nichtsnutz bekannt. In ihrer Gegenwart wurde mir warm ums Herz, ich war glücklich und ich verstand wieder, warum ich mich damals in sie verliebt hatte.

Als meine Exfrau während Flugstunde Nummer fünf einschlief und sie ihren Kopf an meine Schulter lehnte, streichelte ich sachte über ihr Haar und sog den vertrauten Duft ihres Apfelshampoos ein – und registrierte, dass hier keine Reise endete, sondern eine neue ihren Anfang fand.

Nachdem wir auf dem Flughafen in Wien gelandet waren und das Kofferkarussell beobachteten, nahm ich meine Exfrau zur

Seite. Mit zittrigen Knien und verkrampftem Magen stand ich vor ihr und wusste nicht, wie und womit ich beginnen sollte.

»Was ist denn, Günther?« Ihre Stimme klang warm und besorgt.

Mit dem Ärmel meines Hemdes wischte ich mir den Schweiß von der Stirn, hüstelte – so, wie ich es immer tat, wenn ich aufgeregt war – und fragte: »Karin … darf ich wieder mit nach Hause kommen?«

Verdutzt fielen ihr sowohl Kinnlade als auch Handtasche hinunter. Sie sagte nichts, starrte mich nur mit großen Augen an. Und als ich schon glaubte, sie würde zum Schlag ausholen, begann sie zögerlich und ganz langsam zu nicken. Ein Lachen gesellte sich dazu, dann fiel sie mir um den Hals und flüsterte: »Natürlich kommst du mit!«

So verließ ich Bludenz und kehrte nach Graz zurück.

Nadja nahm die Nachricht sehr gefasst auf und meinte, sie hätte ohnehin schon einen Jüngeren in Aussicht. Einen Tätowierer, der ihr sogar Kinder schenken wollte. Aber das störte mich nicht. Dazu hatte ich auch gar keine Zeit, denn viel zu sehr beschäftigte mich der Umstand, dass mir – obwohl ich in den letzten Jahren fünf Kilo zugenommen hatte – mein altes Leben noch immer passte. Unser »altes« Haus fühlte sich noch danach an, meines zu sein. Meine Bettseite war noch genauso durchgelegen, dass die Konturen genau denen meines Körpers entsprachen, und mein kleines Biotop im Garten wurde noch von genauso vielen Fröschen bewohnt wie eh und je.

Was sich allerdings geändert hat – bin ich. Heute glücklicher als je zuvor. Natürlich vermisse ich manchmal die großen Berge und die gute Luft. Hin und wieder geht mir die Freundlichkeit der Vorarlberger ab und an wenigen Tagen wünsche ich mir, den Fernseher so laut aufdrehen zu können, wie ich will.

Dennoch bin ich dort angekommen, wo ich schon die ganze Zeit hingehört hätte. Ich habe meine Arbeit, die mir ohne die Verantwortung eines Filialleiters viel mehr Spaß macht. Ich habe genug Zeit, um meine Zeitung zu lesen, und eine Frau, die immer zu mir steht. In guten und in schlechten Zeiten, auch wenn letztere in der Vergangenheit zugegebenermaßen überhandgenommen hatten. Aber das Wichtigste ist doch, dass wir uns lieben. Ganz egal, ob die Menschen da draußen unsere Geschichte verstehen – oder eben nicht.

30

Bordsteinschwalben radeln schneller

Elina (30), Fitnesstrainerin, Wien,
über
ihren beruflichen Wechsel vom
horizontalen ins sportliche Gewerbe

D as finale »Jaaaaa! Oooh ja!« des zuckenden Kerls zwischen meinen Schenkeln holte mich in das überheizte Zimmer der Villa Casanova zurück. Der Typ auf mir stöhnte noch einmal, dann ließ er sich neben mich aufs Bett rollen und schenkte mir über den Rand seiner beschlagenen Brille hinweg einen verliebten Blick. Das graue Haar klebte verschwitzt auf seiner faltigen Stirn und seine behaarte Brust (eindeutig Körbchengröße C!) war mit roten Flecken übersät. Unvermittelt griff er nach meiner Hand, streichelte meine Finger und versuchte wohl auf diese Weise, die fehlende Romantik heraufzubeschwören. Angewidert ballte ich die Finger zur Faust, sprang aus dem Bett und verlangte: »80 Euro, bitte!«

Als mir der Alte mit traurigem Blick ein Bündel Zehn-Euro-Scheine entgegenstreckte, kam mir nur noch eines in den Sinn: Feierabend!

Darum stopfte ich mein langes schwarzes Haar unter eine Baskenmütze, verbarg mein Gesicht hinter einer großen verspiegelten Sonnenbrille und trippelte, so gut es in meinen High Heels möglich war, zum nächsten Taxistand.

»Leopoldstraße 105«, wies ich den Fahrer an, und kaum hatte ich ihm das Ziel genannt, gab er Gas. Ich wurde in den Rücksitz gedrückt und das am Rückspiegel befestigte Namensschild – Nasaki – baumelte wild hin und her.

Während ich mich auf den vorbeiziehenden Morgen konzentrierte, atmete ich erleichtert aus. Wieder eine Nacht überstanden. Ich hatte keinen Spaß an meinem Job. Das Einzige, was ich hatte, war jede Menge Kohle. Und so viel stand fest: Ohne meine Arbeit wäre es mir niemals gelungen, Besitzerin sauteurer Designerkleider und eines Penthouses im Zentrum von Wien zu werden.

Mit quietschenden Reifen hielt das Taxi vor ebendiesem an. »Macht dreizehn Euro dreißig«, sagte der Fahrer mit starkem Akzent.

Ich hielt ihm einen 20-Euro-Schein entgegen. »Der Rest ist für Sie.« Zum Abschied hob ich müde die Hand und dann verließ ich die beiden alten Japaner Nasaki und Suzuki.

Schon als die schwere Wohnungstür hinter mir ins Schloss fiel, fühlte ich mich allein. Ich hasste es. Auch die schönsten Kleider im Schrank und das ganze Geld auf dem Konto halfen da nicht viel.

Ich streifte meine High Heels ab und huschte, wie jeden Morgen, auf Zehenspitzen ins Badezimmer. Ich konnte nicht anders. Erst wenn das heiße Wasser die Reste der Nacht von mir abgespült hatte, fühlte ich mich rein. Und dafür hatte ich ein Ritual entwickelt: Dreimal seifte ich meinen geschundenen Körper mit desinfizierendem Duschgel ein. Zweimal wusch ich mein schwarzes Haar mit Shampoo und einmal mit Vanillespülung. Danach putzte ich meine Zähne und verwendete antibakterielles Mundwasser.

Es gab Tage, an denen schmerzte meine Haut vom Schrubben, wurde rot und spannte. Und auch mein Zahnfleisch blutete regelmäßig.

An diesem Morgen gestaltete sich der Versuch einzuschlafen besonders schwierig. Die Bilder der vergangenen Nacht wollten mir keine Ruhe lassen. Ich dachte an den alten Mann, der nach dem Sex sein Gesicht in meiner Schulter vergraben und den Tod seiner Ehefrau beweint hatte. Und an den jungen Studenten mit geleckter Gelfrisur, der sich, während er auf mir zappelte, mit seinem iPhone gefilmt und »Ich brauche dich nicht! Ich kann auch eine Nutte vögeln!« in die Kamera geflucht hatte.

Immer wieder fragte ich mich: Warum nur lasse ich so etwas über mich ergehen? Dann fiel es mir wieder ein: Ich hatte ja sonst nichts im Leben.

Fünf Stunden später begann der Tag wie alle anderen auch: Ich erwachte mit leichten Kopfschmerzen und trockenem Mund, genehmigte mir ein schnelles Frühstück, versuchte, meine Augenringe wegzuschminken, und sprintete ins Fitnessstudio. Denn erst, wenn ich bei meiner Bodystyling-Einheit zur Musik durch den Saal wirbelte, fühlte ich mich frei. Und wenn der Schweiß während des Spinnings aus allen Poren meines Körpers drang, vergaß ich, was mich wenige Stunden später wieder erwarten würde.

»Hut ab, du bist super in Form!«, lobte mich Carlos, der Eigentümer des Ladens.

»Danke ... ich ... trainiere ... auch ... täglich ... dafür ...«, keuchte ich und trat fest in die Pedale des Spinning-Rads. Carlos war früher einer meiner Stammfreier gewesen. Erst seit er mit der kleinen blonden Tussi vom Empfang liiert war, blieben seine Besuche aus.

»Bei deiner Kondition könntest du glatt eigene Kurse anbieten. Wir sind ohnehin unterbesetzt.« Es klang, als ob er es ernst meinte. Aber ich war mir nicht sicher, also lachte ich. »Überlege es dir. Mein Angebot steht.« Mit diesen Worten verzog er sich wieder zu der blondierten Denise und ihre eifersüchtigen Blicke schmerzten nicht mehr auf meiner empfindlichen Haut. Außerdem musste auch ich weiter. Die ersten Freier würden bald an meine Türe klopfen.

Als ich mich auf dem Bett in der Villa Casanova wie auf einem Präsentierteller rekelte, sagte plötzlich jemand: »Hi.«

Wie immer, wenn ein Kunde mein Reich betrat, drehte ich mich mit einem lasziven Blick in Richtung Eingang. Und als ich den Typ an der Tür stehen sah, wäre ich um ein Haar aus dem Bett und auf den Boden gefallen. Dieser Kerl glich keinem meiner typischen Dienstagabendfreier. Er war der Knaller! Ein wahrer Augenschmaus! Ungefähr in meinem Alter, war er mit einem muskulösen, aber für einen Mann nicht übertrieben großen Körper ausgestattet. Sein Haar stand schwarz und struppig von seinem Kopf ab, ein Grübchen markierte sein Kinn und seine Augen leuchteten.

»Äh, hi«, stotterte ich, nachdem ich mich einigermaßen an seinen Anblick gewöhnt hatte.

Er schloss langsam die Tür, begann noch auf dem Weg zu meinem Bett, sein schwarzes T-Shirt abzustreifen, und dann … dann hatten wir natürlich Sex. Deshalb kam man zu mir.

»Das war echt gut«, flüsterte ich ihm durch die Haare hindurch ins Ohr. Sofort biss ich mir auf die Lippen. Was machte ich denn da? Fehlte nur noch, dass ich nach seiner Hand tastete, um der Szenerie ein wenig Romantik zu verleihen. Ich löste mich aus seiner Umarmung, erhob mich und sagte so professionell wie möglich: »50 Euro, bitte.« Anblicken konnte ich ihn dabei nicht. Auch nicht, als er mir 70 in die Hand drückte und das Zimmer verließ.

Von diesem Tag an besuchte mich »mein Fremder« jeden Dienstag gegen 21 Uhr und wir hatten wilden, harten Sex. Bezahlen ließ ich ihn dafür nicht mehr. Trotzdem fand ich jedes Mal einen Geldschein unter dem Kissen.

An einem warmen Abend im August sollte sich dann alles ändern. Pünktlich um 21 Uhr betrat er den Raum. Aber anstatt mir die Kleider vom Leib zu reißen, setzte er sich im Yogi-Sitz auf den Boden. Ich konnte diese Geste nicht deuten.

»Willst du lieber auf dem Boden ficken?«, fragte ich freundlich, fischte ein Kondom und Gleitgel vom Nachttisch.

»Nein! Halt!« Sein bestimmter Tonfall ließ mich innehalten.

»Stimmt etwas nicht?«, fragte ich nervös.

»Alles bestens. Ich will nur nicht mit dir schlafen.«

Er wollte nicht mit mir schlafen? Hatte ich richtig gehört? »Soll ich dir stattdessen einen runterholen?«

Er schüttelte energisch den Kopf.

»Oral? Wenn ja, aber nur mit Gummi! Anders mach ich's nicht!«

Er lächelte, schüttelte wieder den Kopf. »Nichts dergleichen. Beruhige dich! Ich will nur mit dir reden.«

Da musste ich mich auch auf den Boden setzen. Er wollte mit mir reden! Er war hergekommen, nur um sich mit mir zu unterhalten? Kann doch nicht sein, dachte ich. Aber genau so war es.

Eine Stunde später erhob sich Christian und verabschiedete sich von mir mit einem Kuss auf meine Wange. »Ich würde dich gern privat treffen. Einfach so, um mit dir etwas zu unternehmen. Was meinst du?«, fragte er.

Ich war wie versteinert, spürte, wie sich meine Wangen blitzschnell rot färbten, und statt ihm eine Antwort zu geben, erhielt er meine Visitenkarte.

»Hallo?«, brüllte ich am nächsten Tag viel zu laut ins Telefon. Anders wäre es mir nicht gelungen, das Rasen meines Herzens zu übertönen.

»Elina? Hier spricht Christian.« Mehr weiß ich nicht mehr – seine restlichen Worte wurden von dem Lärm der um meinen Kopf fliegenden Herzchen verschluckt. Aber ich nehme an, dass wir uns verabredeten.

Zusammen mit Christian war ich zum ersten Mal im Prater. Wir standen Händchen haltend in einer wackeligen Gondel des Riesenrads und genossen den Ausblick über Wien. Am darauffolgenden Tag hängte ich ihn bei einer Fahrradtour über die Donauinsel ab und am nächsten redeten wir stundenlang über alte Filme und Essen. Dann verliebte ich mich in ihn. Und von diesem Moment an war es für mich nicht mehr möglich, Christian und die ausgehungerten, sexgierigen Besucher der Villa Casanova unter einen Hut zu bringen. Es wurde Zeit für eine Entscheidung. Und die traf ich auch. Für mich allein. Ohne sie an die große Glocke zu hängen.

Mein erstes Ziel war die Villa Casanova und Nasukis turbulente Fahrweise lockerte meine angespannten Muskeln.

»Hi Elina!«, krähte Theres, als ich das Haus betrat. Ihr Zimmer war das erste, gleich links neben der Eingangstür. Ihre Tür stand offen und sie im schwarzen Negligé vor ihrem Bett. In ihrem Mundwinkel hing eine Zigarette.

»Hallo! Wenig los heute?«

Sie nickte nur und machte sich daran, ihre Laken aufzuschütteln.

Als ich die hölzernen Treppen zu meinem Zimmer hinaufstieg, wurde ich wehmütig. Nur ein bisschen. Und nur ganz kurz. Denn schon als ich die Tür, hinter der ich mich die letzten zehn Jahre nach allen Regeln der Kunst hatte vernaschen lassen, erreichte, wurde mir nur allzu bewusst, was ich zu tun hatte. Nie wieder würde ich mich für Geld beschimpfen und anschreien lassen. Nie wieder würde ich nach der Arbeit stundenlang unter der Dusche stehen. Ich atmete zweimal tief durch. Dann erst drückte ich die Klinke nach unten, betrat das Zimmer und packte meine Habseligkeiten in eine braune Schachtel.

Erleichtert lief ich die Stiegen zum Ausgang hinunter und brachte damit das alte Holz zum Knarren.

»Ciao Theres, mach's gut und lass dich nicht unterkriegen!«, rief ich meiner ehemaligen Kollegin zum Abschied zu und winkte.

»Nein, nein, ich bin ohnehin meistens oben.«

Mit einem Schulterzucken verließ ich ein für alle Mal dieses Haus. Immerhin wartete noch eine zweite Station auf mich: das Fitnessstudio.

Mühevoll schleppte ich meinen Karton zur nächsten Straßenbahnhaltestelle. Ohne mein Wahnsinnsgehalt würde ich zukünftig auf die Dienste der alten Japaner verzichten müssen. Ob ich wollte oder nicht.

»Ist Carlos in seinem Büro?«, begrüßte ich Denise. Sie nickte. »Dann wird er wohl kurz für mich Zeit haben«, meinte ich, stellte meine Box auf dem Tresen ab und spazierte an ihr vorbei.

»Ich denke nicht …«, rief sie mir noch hinterher. Aber es war schon zu spät.

Als ich eine halbe Stunde später aus Carlos' muffigem Büro nach draußen trat, hatte ich einen Dienstvertrag in der Tasche und Denise von Tränen verwischte Schminke im Gesicht. Fünfmal die Woche, so hatte mir Carlos zugesichert, würde ich zukünftig Spinning-Kurse abhalten, und wenn ich erst mal die entsprechende Ausbildung absolviert hätte, dürfte ich noch weitere Trainingsstunden übernehmen.

An diesem Tag bekam mein Leben eine neue Perspektive.

Zugegeben, in den ersten Wochen nach meinem Neubeginn stolperte ich immer wieder über Hindernisse. Natürliches Licht, zum Beispiel. Nach jahrelanger Nachtarbeit brannte das ungewohnte Sonnenlicht schmerzhaft in meinen Augen. Meine Haut, die nur an kontrollierte UV-Strahlung aus dem Solarium gewöhnt war, errötete schnell und ohne entsprechende Sonnenbrille sah ich bald aus wie ein Albino.

Außerdem fiel es mir schwer, Christian zu glauben, dass er mich wirklich liebte. So wie ich war. Mit meiner schmutzigen Vergangenheit. Da half es auch nichts, dass er mir jeden Tag seine Liebe gestand. Dass er mich beim Verkauf meines Penthouses unterstützte und die Hälfte seiner Klamotten zu seiner Mutter verfrachtete, nur damit auch meine teuren Designerkleider mit in seine Wohnung einziehen konnten. Täglich hoffte ich, die Zeit möge meine gedemütigte Seele heilen.

Meine größte Schwierigkeit war jedoch das Schlafen. Ich hatte es verlernt. Ich konnte es nicht mehr. Und wenn doch, dann erst ab sechs Uhr morgens. Stundenlang lag ich angespannt neben Christian in meinem Himmelbett, lauschte seinen tiefen Atemzügen und wurde grün vor Neid. Seine Atemgeräusche entwickelten sich für mich zu dem schlimmsten Laut auf diesem Planeten. Irgendwann hielt ich es nicht mehr aus und begann, in der Einsamkeit der Nacht für meine Fitnesstrainer-Prüfung zu pauken. Und es sollte sich lohnen.

»Schneller! Schneller!«, rief ich in das kleine Mikrofon, das vor meinen Lippen befestigt war. Die Musik hämmerte aus den Boxen und der Schweiß floss in Strömen.

»Ich kann nicht mehr!«, war ein Keuchen aus der ersten Reihe zu hören.

»Weiter! Pam! Pam! Pam! Schneller! Ihr seid eine lahme Truppe!«, versuchte ich, meine Schüler zu motivieren, und trat selbst noch einen Ticken kräftiger in die Pedale.

»Wenn ich noch eine Minute weiterstrample, sterbe ich! Du dumme Kuh!« Ein älterer Herr mit riesigem Bauch rutschte ungelenk von seinem Spinning-Rad. Sein verschwitztes Haar klebte auf seiner Stirn, seine Augen funkelten mich böse an. Und ich fühlte mich wie gelähmt. Diesen Blick kannte ich doch …

»Schluss für heute!«, verkündete ich und erntete dankbares Lächeln. Nur der alte »Schwitzer« nahm griesgrämig sein durchnässtes Handtuch und tippte sich mit dem Finger an die Stirn.

Als ich an diesem Nachmittag unter der Dusche stand und mit dem Einseifen beginnen wollte, presste ich prophylaktisch meine Augenlider zusammen – aber das Brennen auf meiner Haut blieb aus. Die fand nämlich mein Leben nicht mehr spannend. Triefendnass stellte ich mich vor den Spiegel, betrachtete meinen Körper und stellte fest, dass die Rötungen verschwunden waren und dass nun ein paar zusätzliche Kilos – eindeutig Muskelmasse! – meinen ehemals ausgehungerten Körper beschützten. Ich starrte auf das Spiegelbild meines nackten Körpers und zu meiner Freude stellte ich fest, dass ich auch äußerlich zu einem völlig neuen Menschen geworden war.

Nur eine Sache, die sollte sich nie ändern: das Geschrei von verschwitzten alten Männern. Aber zum Glück sind sie nun angezogen.

31

»Ausgefacebooked!«

Daniel (35), Mechaniker, Stuttgart,
über
seine Veränderung vom alleinverdienenden Ehemann
zum alleinerziehenden Single Dad

Natürlich liebte ich Verena. Irgendwann einmal. Vor langer Zeit. Als wir noch miteinander sprachen, hin und wieder über unsere gutgemeinten Witze lachten und nicht nur in derselben Wohnung, sondern sogar noch im selben Bett schliefen. Was war passiert? Das moderne Leben. Aber am besten erzähle ich alles der Reihe nach.

Als ich Verena kennenlernte, weinte sie und hatte dennoch etwas Bezauberndes an sich. Sie saß in meiner Werkstatt, ihre Schultern zuckten rhythmisch zu ihrem Schluchzen und ihr lila Kurzhaarschnitt glänzte im Neonlicht. Obwohl ihre grauen Augen vom Heulen kirschrot waren, gefiel sie mir.

Alles Weitere kam, wie es kommen musste. Ich gab Verena einen unglaublichen Rabatt auf die Reparaturkosten ihres alten Autos und sie gewährte mir im Gegenzug einen Blick unter ihre Motorhaube. Zwei Jahre danach waren wir verheiratet, besaßen eine Doppelhaushälfte auf dem Land und eine kleine Tochter namens

Jasmin. Alles lief wie geschmiert: Ich brachte die Kohle nach Hause, ging montags und mittwochs zum Fußballtraining und jätete zum Entspannen im Garten das Unkraut. Verena versorgte Kind und Eigenheim. Wir hatten niemals Probleme – bis zu jenem Tag, an dem meine Frau das World Wide Web für sich entdeckte. Dies sollte den Schmetterlingen in unseren Bäuchen gehörig die flatternden Flügel stutzen.

»Schatz? Ich bin wieder da!«, rief ich, als ich nach einem harten Arbeitstag nach Hause kam. Keine Reaktion. Irritiert schüttelte ich die Arbeitsschuhe von meinen müden Füßen und stieg die Stufen in den Wohnbereich hinauf.

»Papi! Papi!«, lief mir die kleine Jasmin jubelnd entgegen. In ihren braunen Locken klebten noch die Buchstaben der Mittagssuppe und ihre weiße Strumpfhose hatte am Knie ein Loch. Das Blut darum herum war bereits geronnen.

»Was ist denn deinem Knie passiert?« Ich drehte mich in Richtung Wohnzimmer, um Verena mit einem vorwurfsvollen Blick zu strafen. Aber meine Frau war nicht da.

»Ich bin vom Klettergerüst gefallen. Mami hat mir aber ein Küsschen drauf gemacht.« Mit Jasmin an der Hand begab ich mich auf die Suche nach Verena. In der Küche, im Bügelzimmer, im Bad … Aber von ihr fehlte jede Spur. »Die Mami ist schon wieder im Fesbuk«, kicherte Jasmin.

»Fesbuk?« Im ersten Moment war ich irritiert, dann fiel es mir wie Schuppen von den Augen. Facebook! Natürlich! Vor geraumer Zeit hatte Verena damit begonnen, sich ein virtuell-soziales Netzwerk aufzubauen. Aber bis dato hatte ich davon nicht viel mitbekommen.

Schnurstracks lief ich – mein Kind im Schlepptau – die Stufen in den zweiten Stock hinauf, riss die Bürotür auf und da saß sie: meine Frau. Chattend. Eine Zigarette zwischen den Fingern, eine Tasse Kaffee zu ihrer Linken und ein Schmunzeln im Gesicht, wie ich es seit Jasmins Geburt nicht mehr gesehen hatte.

»Verena?«, fragte ich auch noch blöde. Als ob ich daran zweifeln würde, dass tatsächlich sie es war. Keine Reaktion. Darum hob ich die Stimme: »V-E-R-E-N-A!!!«, und Jasmin begann zu weinen.

»Na toll. Jetzt hast du sie zum Heulen gebracht!«, schimpfte Verena und schlug zornig mit der Hand auf die Tischplatte, was Jasmin zusammenzucken ließ.

Früher hätte sie mich spätestens jetzt mit einem liebevollen »Hallo, wie war dein Tag?« begrüßt.

Ich atmete tief durch, um nicht ein zweites Mal die Beherrschung zu verlieren. »Kommst du mit nach unten? Wir könnten gemeinsam kochen. Jasmin ist sicher hungrig.« Die Kleine nickte heftig und die Buchstaben aus ihrem Haar flogen wild durch die Luft.

»Ja, ja, ich komme sofort«, nuschelte meine Frau. In rasantem Tempo tippte sie weitere Buchstaben in die Tastatur. Hinter uns knallte die Tür ungebremst in ihre Angeln.

»Uppsi!«, sagte ich zu Jasmin. Sie lachte.

An diesem Abend gesellte sich meine Frau nicht mehr zu uns und die Versorgung des jüngsten Familienmitgliedes blieb an mir hängen. Ich, der noch nie mit solchen Dingen konfrontiert worden war, musste plötzlich das Kommando übernehmen. Kurz überlegte ich, wie so ein typischer Abend in meiner Kindheit ausgesehen hatte, dann hatte ich einen Plan. Ich steckte Jasmin in die Badewanne – und hätte sie beinahe in viel zu heißem Wasser gekocht. Ich servierte ihr versalzene Spaghetti und malte mit ihr ein Katzenbild, das selbst mich das Fürchten lehrte. Ich las ihr die Geschichte von diesem langhaarigen Monster namens Rapunzel vor, tröstete sie, weil sie nun wirklich Angst hatte, und fiel kurz nach 21 Uhr völlig gerädert in einen tiefen Schlaf.

Ein Rumpeln ließ mich hochschrecken. Der Blick auf die digitale Leuchtanzeige meines Weckers verriet mir, dass es bereits 2.13 Uhr war. Jetzt war also auch Verena ins Bett gegangen. Ich spürte ein paar verschlafene Aggressionen in mir aufsteigen, aber um mit ihr jetzt noch eine Diskussion über die Definition von »Ich komme sofort«

zu führen, fehlte mir wirklich die Kraft. Morgen, da würde wohl alles wieder beim Alten sein, tröstete ich mich und schlief weiter.

Doch ich sollte mich irren. In den darauffolgenden Wochen verschlimmerte sich alles. Galt Verenas Interesse früher ihrer Familie, so hatte sie nun 200 virtuelle Facebook-Freunde, um die sie sich kümmern musste. Sie chattete, wenn ich morgens das Haus verließ, und sie hing noch immer über ihrem Laptop, wenn ich spätabends wieder zurückkehrte. Jasmins Magen und der Kühlschrank waren an den meisten Abenden leer, die im Müll versinkende Wohnung konnte man nur noch hinter dickem Zigarettenqualm erahnen und die Waschmaschine ruhte unter Bergen von Schmutzwäsche. Es lag also an mir, nach meinem zehnstündigen Arbeitstag als Mechaniker noch eine dreistündige Hausfrau-und-Mutter-Sonderschicht einzulegen.

Ich denke, dies war der Zeitpunkt, an dem ich anfing, Verena zu hassen. Ich hasste ihr unfrisiertes, fettiges Haar. Ich hasste die Art und Weise, wie sie an ihren Nägeln kaute, wie sie im Takt der Tippgeräusche der Tastatur nervös ihren großen Zeh auf und ab bewegte. Wie ihr Trainingsanzug raschelte und wie sie seit Wochen völlig ihre Tochter vergaß.

Als das Fass überzulaufen drohte, stellte ich sie zur Rede. »Verena, so geht das nicht weiter. Ich kann nicht 45 Stunden die Woche arbeiten UND den Haushalt für dich erledigen. Deshalb haben wir uns ja darauf geeinigt, dass du erst mal zu Hause bleibst.« Ich lehnte am Schreibtisch und hoffte, meine Worte würden bis in das schwammige Computerhirn meiner Frau durchdringen.

»Für mich ist dieses Haushaltsding im Moment voll die *challange*!« Challange – ein Wort, das ich aus ihrem Mund noch nie gehört hatte. Anscheinend erfüllte das Internet also doch so etwas wie einen Bildungsauftrag.

»Denkst du, für mich ist das alles keine Herausforderung? Jasmin ernährt sich seit Wochen nur von Spaghetti, weil Nudeln das Einzige sind, was ich kochen kann.«

»Wir wissen beide, dass du mehr *drive* hast als ich. Und Nudeln schaden ihr bestimmt nicht.«

Gut, ich hatte also mehr *drive* als meine Frau ... »Das muss ich auch, weil du gar nichts mehr machst! Verena, ich warne dich, langsam hat es sich *ausgefacebooked*!« Verena reagierte nicht und ich war inzwischen so wütend, dass ich am liebsten Laptop und Gemahlin aus dem Haus geworfen hätte.

»Ich kann mich echt voll schwer konzentrieren, wenn du so einen Lärm machst. Unterhalten wir uns später?«, erklärte mir meine Frau unbeeindruckt und tauchte wieder in die unendlichen Tiefen des World Wide Webs ab. Ich hoffte, sie würde darin ertrinken.

In den nachfolgenden Tagen nahm der Wunsch, meine Frau zu verlassen, Formen an. Und mit ihm schwoll auch die Angst, das Leben mit einer Fünfjährigen allein nicht auf die Reihe zu bekommen, unglaublich an. Meine Verzweiflung musste immens gewesen sein, denn völlig überfordert mit der Situation suchte ich schließlich Unterstützung bei meiner Mutter.

Als diese mich mit der kleinen Jasmin bei sich aufkreuzen sah, vermutete sie natürlich gleich das Schlimmste. »Hat dich deine Frau nun endgültig rausgeworfen? Ich hab dir immer gesagt, du sollst weniger arbeiten.« Bereits in diesen Minuten verwünschte ich den zuvor als so klug befundenen Gedanken hierherzukommen.

»Nein, hat sie nicht.«

Meine Mutter legte ihre Stirn in Falten, schaute mich nachdenklich an und meinte: »Ich glaube, du lügst!«

Mein Puls beschleunigte sich, ich schickte Jasmin zu dem Kater Minko in den Garten und redete Klartext: »Mutter, pass auf. Ich spiele mit dem Gedanken, mich scheiden zu lassen. Verena ist unerträglich und kümmert sich um nichts mehr.«

Überrascht griff sich meine Mutter ans Herz. »Nein, tust du nicht!«, schnaubte sie.

»Doch! Und wenn ich es mache, dann brauche ich deine Unterstützung. Deshalb bin ich hier. Kann ich mit dir rechnen?«

Und um sie auf meine Seite zu ziehen, erzählte ich ihr die ganze Geschichte.

»Gutheißen kann ich das wirklich nicht, Daniel. Was werden denn die Leute sagen? Überleg doch einmal: ein Mann, der seine Frau verlässt, ohne dass eine Neue im Spiel ist.«

Kurz entschlossen setzte ich mich wieder mit Jasmin in den Wagen und ärgerte mich darüber, tatsächlich geglaubt zu haben, hier auf Verständnis zu stoßen.

Auf der Nachhausefahrt nahm ich unzählige Umwege. Bibi Blocksberg hexte in Endlosschleife aus dem Autoradio und die Gedanken in meinem Kopf drehten sich im Kreis. Würde ich es schaffen, Verena zu verlassen? Konnte ich so etwas machen? Würde ich in der Lage sein, für ein Kleinkind zu sorgen? Und viel wichtiger: Würde Verena überhaupt zulassen, dass Jasmin bei mir lebt?

»Es riecht komisch«, stellte Jasmin als Erste fest. Verena war auf der Couch im Wohnzimmer, den Laptop auf dem Schoß, eingeschlafen. Da roch ich es auch. Geistesgegenwärtig riss ich die Türe zur Küche auf, schwarzer Rauch schlug mir entgegen. Im Ofen verkohlte ein Hühnchen. Allem Anschein nach war Verena während des Kochens eingeschlafen.

In dem Moment wusste ich es. Das einzig Unverantwortliche, das ich tun konnte, war, mit meiner Tochter hierzubleiben. Kopfschüttelnd zog ich den Braten aus dem Ofen und öffnete das Küchenfenster.

Und weil kein Richter dieser Welt verantworten könnte, dass Jasmin in einem solchen Umfeld aufwuchs, nahm ich sie an ihrer kleinen Hand und startete mit ihr in ein neues Leben.

Ein halbes Jahr später:

»Hui, noch mal!«, jauchzte Jasmin.

»Aber nicht so stürmisch! Hörst du?«

Zaghaft kletterte die Kleine die Sprossen der giftgrünen Leiter aufs Bett hinauf und ließ sich laut lachend die Rutsche hinuntergleiten. »Das ist so lustig!« Ihre Wangen waren gerötet, ihr Haar stand zerzaust von ihrem Kopf ab.

»So, zweimal kannst du noch hinunterrutschen, dann müssen wir los. Abgemacht?«

Sie nickte eifrig und kletterte weiter.

Ich hatte mir große Mühe gegeben, Jasmins neues Zimmer liebevoll einzurichten. Ich wollte, dass sie sich wohlfühlt und dass ihr das Leben mit mir Freude bereitet. Und wenn ich mir ihr Domizil nun so ansehe, ist es mir auch richtig gut gelungen. Vom Hochbett führt eine bunte Rutsche herab. Eine Tapete mit Sarah-Kay-Motiven schmückt ihre Wände. Ein Puppenhaus steht unter dem Fenster, ein rosa Fahrrad vor der Wohnungstür.

Drei Monate dauerte meine Suche nach der perfekten Dreizimmerwohnung an. Sie sollte in der Nähe der Stadt liegen, um Kindergarten, Werkstatt und sämtliche Supermärkte im Umkreis zu haben, aber ein kleines Stück Garten für eine Schaukel oder ein kleines Schwimmbecken wollte ich auch. Irgendwie hatte ich diese fixe Idee, Jasmin alles ermöglichen zu wollen, wonach sich ein Kinderherz sehnte – immerhin konnte ich ihr ja keine Mutter bieten.

Verena hatte ohne mit der Wimper zu zucken auf das Sorgerecht für ihre Tochter verzichtet. Sie sei ohnehin schon ausgelastet, meinte sie. Und irgendwie verstehe ich sie auch, denn wer, außer ihr, muss schon tausend Fische in verschiedenen Happy-Aquarien versorgen? Muss nicht nur Rasen mähen, sondern eine ganze Farm(-ville) bewirtschaften? Und wer kann einem einzigen Kind noch einen Gefallen tun, wenn er die Aktivitäten einer ganzen sozialen Plattform liken muss?

»Bist du so weit?«

Jasmin rutschte in meine Arme und nickte.

»Gut, dann lass uns aufbrechen.«

Seit einer ganzen Weile besuchten meine Tochter und ich nun das Vater-Kind-Turnen und wir mochten es beide. Jasmin, weil sie mit anderen Kindern spielen konnte, und ich, weil ich auf Väter traf, die ebenfalls aus heiterem Himmel zu Hausfrau und Mutter geworden waren. Schmunzelnd ertappte ich mich unlängst sogar dabei, wie ich mich in eine hitzige Diskussion über die besten Schoko-Muffin-Rezepte einklinkte. Und auch sonst hat sich viel in meinem Leben geändert.

Meine Arbeit in der Werkstatt habe ich, dank meines sehr verständnisvollen Chefs, auf 30 Stunden reduzieren können, um somit nachmittags mehr Zeit für meine Tochter zu haben. Denn Jasmin und ich haben jede Menge zu tun. Unter anderem auch deshalb, weil meine Mutter uns ihre Unterstützung, aus Scham vor der Nachbarschaft, verweigerte. Darum lernten wir gemeinsam, Wäsche zu waschen. Wir studierten Kochsendungen und probierten neue Rezepte aus, spielten Putzfrau und vertrieben den Staub aus unseren Schränken und kümmerten uns liebevoll um Jasmins Puppenkinder. Erst in dieser Zeit wurde mir bewusst, was mir in den vergangenen fünf Jahren des Vaterseins entgangen war. Ich genoss meine neue Rolle sehr und auch Jasmin blühte durch die ungewohnte Fürsorge völlig auf.

Nur an manchen Tagen wunderte sie sich: »Warum wohnt eigentlich die Mami nicht bei uns?«

Beim ersten Mal traten mir die Tränen in die Augen, da ich nicht wusste, was ich ihr antworten sollte. Weil deine Mami ein Internet-Junkie ist, erschien mir dann doch wenig kindgerecht. Also stellte ich meinen gekränkten Stolz in einem entlegenen Winkel meines Herzens ab und erklärte ihr: »Deine Mami wohnt eben lieber in einem Haus. Und wenn du möchtest, können wir sie jederzeit anrufen oder sie besuchen. Sie hat dich nämlich immer noch sehr lieb! Okay?«

Jasmin nickte, kletterte wieder die Leiter hinauf und rutschte laut lachend in meine Arme.

32

Marathon statt Marlboro

Hubert (51), Heeresbediensteter, Gleisdorf,
über
seine Veränderung vom übergewichtigen Kettenraucher
zum durchtrainierten Marathonläufer

»In Gott's Nam, Mahlzeit!«, prostete mir Anton zu und zog gierig an seinem Krügerl Bier. Ich starrte ihn an. Anton war älter als ich. Älter, übergewichtiger und ein stärkerer Raucher. Und zu allem Überdruss hingen ihm nun weiße Schaumfetzen an seinem graubraunen Schnauzbart.

»Jetzt nimm schon den Löffel in die Hand und iss!«, schrie ich Anton hungrig an. Das heißt, ich hätte gern geschrien. Stattdessen zündete ich mir eine Zigarette an, inhalierte den Rauch tief und wurde sofort ruhiger.

An dieser Stelle sollte ich erklären, dass man in den Achtzigerjahren immer und überall rauchte. Im Kino, im Flugzeug, bei der Arbeit und im Restaurant. Damals gab es auch keine Nichtraucher, die sich davon diskriminiert fühlten, denn bedingt durch die sehr niedrigen Zigarettenpreise rauchte fast jeder.

»Kennst einen Satz mit Bodensee?«, riss mich mein Gast aus den Gedanken.

»Nein!«, schüttelte ich genervt den Kopf und dann, kurz bevor ich verhungert vom Sessel stürzte, löste er sein Rätsel auf: »Mir tut mein Herz so weh, wenn ich im Glas den Boden seh!« Er nahm noch einen Schluck von seinem Bier und begann – ENDLICH! –, das lauwarme Gulasch in sich reinzuschaufeln.

»Gott sei Dank!«, presste ich hervor.

»Dank sei Gott, meinst du wohl!«, belehrte mich Anton und er musste es wissen, war er doch von Berufs wegen bereits seit vielen Jahren eng mit dem lieben Gott verbandelt.

Der Abend hätte Potenzial gehabt, ein entspannter zu werden, wäre nicht meine Hose mit jedem verspeisten Bissen und getrunkenen Schluck Bier enger geworden. Da half es auch nichts, die Schnalle meines Gürtels unauffällig zu lockern oder – zu späterer Stunde – sogar den ersten Knopf zu öffnen. Dementsprechend war ich auch nicht böse, als Anton mir gegen Mitternacht auf die Schulter klopfte und sich mit einem »Pass auf dich auf, mein Freund!« verabschiedete. Ich begleitete ihn leicht schwankend die Stiegen hinunter und rief ihm »Bis bald!« hinterher.

Auf meinem Rückweg in den ersten Stock musste ich mich für einen Moment auf die Treppe setzen, um bei einer abschließenden Marlboro meinen Atem wiederzufinden.

Als ich am nächsten Morgen erwachte, hatte sich meine Zunge in ein Fleckchen Fell verwandelt. Am Gaumen fühlte sich das ja noch recht kuschelig an, aber in Rachennähe löste diese flauschige Beschaffenheit unglaublichen Juckreiz aus. Mein Husten klang wie ein donnerndes Bellen.

»Das kommt davon, wenn man abends noch eine ganze Schachtel Marlboro raucht!«, schimpfte meine Frau Sigrid. Ich? Vom Rauchen krank? Das konnte gar nicht sein! Geraucht hatte ich nämlich schon immer.

Bereits im zarten Alter von zehn Jahren sammelte ich auf meinem Heimweg von der Grundschule Zigarettenstummel von der Straße und paffte sie heimlich in der hintersten Ecke unseres Hühnerstalls.

Um besser über Sigrids Vorwurf nachdenken zu können, zündete ich mir erst mal eine Zigarette an. Ein Brennen im Hals trieb mir die Tränen in die Augen. »Der Husten hat mit dem Rauchen nichts zu tun«, erklärte ich meiner Gattin fachmännisch. »Ich vermute, das ist wieder eine Angina. Ich geh gleich zum Arzt.«

»Herr Höfler, Sie müssen Ihren Nikotinkonsum reduzieren. Das ist die vierte Halsentzündung in diesem Jahr. Ihr Immunsystem ist durch das Rauchen extrem geschwächt, außerdem sollten Sie darüber nachdenken abzunehmen. 100 Kilogramm bei einer Größe von 1,80 Meter … Und auch Ihr Blutdruck ist erhöht. Für so eine Diagnose sind Sie mit 29 Jahren eigentlich viel zu jung«, erklärte mir der Doktor Waldmann, als er den Lichtstrahl der Taschenlampe von meinem Rachen mitten in mein Gesicht schwenkte.

»Auf wie viel?«, fragte ich. Doktor Waldmann schaute mich verständnislos an. »Auf wie viel soll ich das Rauchen reduzieren?«, wiederholte ich und ging leicht in die Knie, um die Hosen mit Schwung über meine Hüften zu ziehen.

Anfangs hatte ich Angst vor der Antwort des autoritären Herrn Doktors, aber als er »Zwei bis drei täglich sind medizinisch vertretbar« sagte, fiel mir ein Stein vom Herzen.

»Mehr als zwei bis drei Schachteln rauche ich ohnehin nicht am Tag, Herr Doktor«, erklärte ich stolz und strahlte den Arzt freudig an.

»Ich rede von Zigaretten, nicht von Schachteln!«

Mit einem Mal wurde mir heiß und ich schwor Besserung. Doch um diesen Schock verdauen zu können, brauchte ich – kaum hatte ich die Ordination verlassen – erst mal eine Zigarette.

Natürlich gelang es mir nicht, meine Gewohnheiten umzustellen. Ich aß weiterhin vier Mahlzeiten täglich, ließ meine

Zigarette halbstündlich in die runde Einkerbung einrasten, welche sich bereits zwischen dem Zeige- und dem Mittelfinger meiner rechten Hand gebildet hatte, und fuhr selbst kurze Strecken nur noch mit meinem Opel Astra.

Es war ein Anruf an einem Samstagmorgen, der mir das nikotinangereicherte Blut in den Adern stocken ließ. »Ja?«, bellte ich verschlafen in den knallroten Telefonhörer. Ein Messingbecher auf dem Wohnzimmertisch – bis obenhin mit frischen Marlboros gefüllt – zwinkerte mir verlockend zu.

»Hubsi? Da spricht die Maria.« Maria war Antons Messnerin und eine gute Freundin von uns.

»Was gibt's?«, gähnte ich.

»Hubert, ich habe schlechte Nachrichten. Der Anton ist letzte Nacht verstorben.« Für einen kurzen Moment glaubte ich, verstanden zu haben, Anton hätte das Zeitliche gesegnet, aber das schien mir unmöglich. Ich kratzte in meinen blonden Locken und fummelte nervös eine winkende Zigarette aus dem Messingbecher.

»Der Anton ist tot? Kann nicht sein. Der ist doch grad mal knapp über 50 und war erst unlängst bei uns zum Gulaschessen.« Mein Herz raste in meiner Brust, mein Kopf dröhnte und meine Finger zitterten.

»Es tut mir leid. Aber allem Anschein nach war der Anton schon längere Zeit krank gewesen. Sein exzessiver Lebensstil war daran bestimmt nicht unbeteiligt …«, erklärte mir Maria.

Verstohlen lugte ich zu der Zigarette zwischen meinen Fingern. Und meine Knie wurden weich. Die Worte von Doktor Waldmann wiederholten sich in meinem Kopf: »Zu jung für eine solche Diagnose …« Mein Blick fiel auf meinen Bauch, der weiß und unvorteilhaft über den Gummizug meiner blauen Unterhose hing. »Sigrid! Siiigrid!«, brüllte ich schließlich aus Leibeskräften.

Seit diesem Moment machte das Rauchen keinen Spaß mehr, doch trotzdem tat ich es. Ich aß und trank auch noch ebenso viel wie bisher, aber der Genuss wurde von einem bitteren Beigeschmack überlagert. Ich kannte diese stechende Note. So penetrant konnte nur Angst schmecken. Angst davor, wie mein Kumpel Anton zu enden – den nicht einmal sein guter Draht zum lieben Gott vor den Auswirkungen des Nikotins hatte retten können. Und diese Angst ließ mir nicht nur die Haare zu Berge stehen, sie brachte mich auch auf eine zündende Idee: Ich rauche einfach nicht mehr! Meinen Freunden und meiner Familie hatte ich zwar verkündet, meine Laster erst in dem hohen Alter von 30 Jahren an den Nagel hängen zu wollen, aber ich könnte ja nun – mit 29 – einen Probedurchgang wagen. Lebensveränderung 1.0 sozusagen. Und sollte es nicht klappen, hatte ich noch ein ganzes Jahr lang Zeit, um mir eine bessere Methode zu überlegen. Jawohl!, schloss ich meinen Gedanken ab, nahm mir eine frische Schachtel Marlboro aus dem Küchenkasten, steckte sie in die Brusttasche meines Hemdes und zog mir meine braune Lederjacke über.

»Wo willst du denn noch hin?«, fragte mich Sigrid neugierig.

»Ich geh noch auf ein schnelles Bier …« Und während dieser Satz über meine Lippen hüpfte, wurde mir bewusst, dass die Zeiten des Biertrinkens nun wohl auch vorüber waren. Wehmütig schob ich den Bierdurst beiseite und hob die Hand zum Gruß. Dann marschierte ich aus dem Haus, um zwei Häuser weiter bei Klara wieder einzukehren.

»Ein großes Cola mit Leitungswasser, bitte!«, bestellte ich bei der Frau Klara an der Theke. Ihr Haar stand grau von ihrem Kopf und sie wischte ihre Hände an ihrem blauen Schürzenkleid ab.

»Hubsi – bist du krank?« Mein Freund Ferdl schaute mich eindringlich an. Ich schüttelte den Kopf, fühlte nach meiner Schachtel Zigaretten – fast so wie der kleine Hobbit nach seinem Ring –, widerstand der bösen Macht und fühlte mich unglaublich stark.

»Du auch eine?« Der alte Hans hielt mir eine Lucky Strike vor die Nase und erschreckte mich damit fast zu Tode. Nimm sie …

Nimm sie!, versuchte mich mein innerer Schweinehund zu verführen. Soll ich? Oder nicht? Eigentlich weiß ja niemand, dass ich aufhören wollte. Auslachen würde man mich also nicht.

Halt! Stopp!, schrie ich stumm das gierige Schwein in mir an. Wir versuchen das jetzt! Hörst du? Du bist jetzt still! Dann drehte ich mich zu Hans um und erzählte ihm und der lasziv lockenden Zigarette, ich hätte mal wieder tierische Halsschmerzen.

Tags darauf saß ich mit zittrigen Händen am Frühstückstisch und nippte an meinem Kaffee. Nie zuvor waren mir meine Töchter so laut erschienen, nie zuvor hatte meine Frau so viele Dinge von mir wissen wollen. Es war der reinste Horror. Meine Nerven lagen blank. Um die einsame Einkerbung zwischen Zeige- und Mittelfinger versöhnlich zu stimmen, legte ich Salzstangen hinein. Das half. Meine Nerven beruhigten sich ein wenig.

Motiviert von meinem Zigarettenverzicht legte ich noch einen drauf und strich auch meine Vormittags-Leberkässemmel vom Speiseplan.

»So eine fettige Semmel, die kann schon was!«, jubelten meine Kollegen mit vollem Mund. Goldene Brösel flogen dabei durch die Luft und ich hätte sie gern vom Boden aufgesammelt, um wenigstens eine winzige Portion Kohlenhydrate abzukriegen. Tat ich aber nicht. Stattdessen stellte ich mir vor, bei dem angebissenen Apfel in meiner Hand würde es sich um einen Faschingskrapfen handeln – und war dann umso enttäuschter, als die süße Marmelade ausblieb. Bleib stark!, ermunterte ich mich immer wieder. Denn hätte ich erst genug Gewicht verloren, könnte ich unglaublich viele Leberkässemmeln vertilgen. Die Frage war nur, wie ich schnell genug fit werden würde, um diese Genussorgie überhaupt noch zu erleben.

Das Wort »Sport« drängte sich in mein Gehirn. Keine Ahnung, woher es kam, denn bis dato hatte dieser Begriff nur in Verbindung mit -nachrichten und »… ist Mord« in meinem Sprachgebrauch Verwendung gefunden. Aber da es nun schon mal da war, stellte ich resignierend fest: »Das wird wohl die einzige Lösung sein …«

Und so holte ich nach einem harten Arbeitstag, anstatt fernzusehen, meine alten Sportschuhe aus dem Keller, zerrte meinen raschelnden Jogginganzug über meine sperrigen Hüften und joggte wenig später mühevoll die Einfahrt unseres Hauses entlang.

Trapp, trapp, trapp, hallten meine Schritte auf dem Asphalt. Meine gestressten Lungen schmerzten und mein Herz schlug unregelmäßige Purzelbäume.

Ein fieses Stechen in meiner Seite ließ mich anhalten. Der Schweiß rann in einem dünnen Rinnsal über meine Stirn, vor meine Augen schoben sich schwarze Wolken und meine Bronchien brannten.

»Herrgott noch einmal! Ich bin 29 und nicht 92 … Das darf doch wohl nicht wahr sein!« Aber das war es. Darum wankte ich völlig zerstört und mit winzig kleinen Schritten die bereits gelaufenen 200 Meter zurück zu unserem Haus. Tags darauf spürte ich jeden Muskel an meinem Körper, der Schweinehund riet mir zum Abbruch unseres Unterfangens und mein Magen erklärte sich mit ihm solidarisch – aber in mir keimte der Ehrgeiz auf und so machte ich weiter.

Ich führte Zigaretten ungeraucht mit mir spazieren, reduzierte meine Mahlzeiten auf zwei am Tag und mühte mich jeden Nachmittag damit ab, die Joggingstrecke des Vortages zu toppen. Und als ich wenige Monate später in meine Laufschuhe schlüpfte, spürte ich ein ganz neues Gefühl in mir. Ein Gefühl, das ich in Verbindung mit stinkenden Sportschuhen niemals für möglich gehalten hätte: Freude.

Ich freute mich auf die Natur, ich freute mich auf die Rehe im Wald und das wunderbare Gefühl, wenn frische Luft meine Lungen durchströmte. In dem Moment wurde mir klar, dass ich es geschafft hatte.

Seither sind mehr als 20 Jahre vergangen. Jahre, in denen ich nie wieder auch nur eine Zigarette anrührte, auch wenn ich diese eine Schachtel Marlboro noch sehr lange mit mir herumtrug. In denen ich mein Gewicht erfolgreich bei 74 Kilogramm halten konnte und mich meine Liebe zum Sport zu einem durchtrainierten Marathonläufer werden ließ. Denn kaum hatte ich meinen inneren Schweinehund zum Schweigen gebracht, wurde aus der Lebensveränderung 1.0 tatsächlich ein neues Leben.

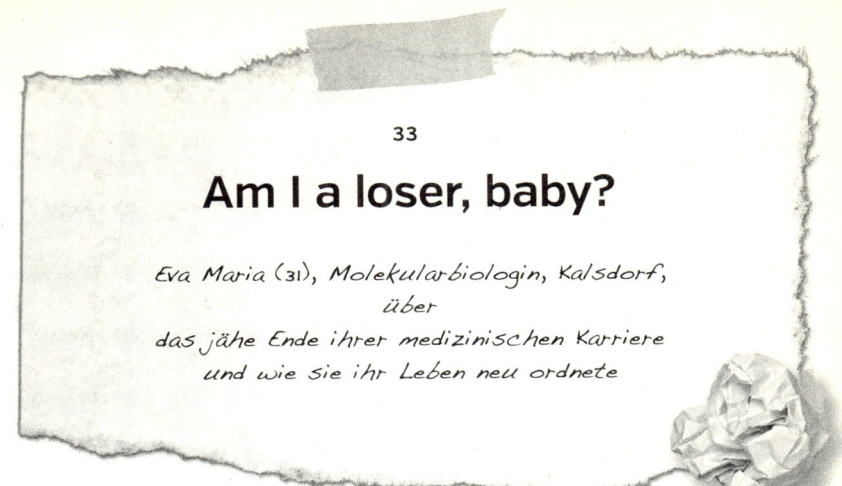

33

Am I a loser, baby?

Eva Maria (31), Molekularbiologin, Kalsdorf,
über
das jähe Ende ihrer medizinischen Karriere
und wie sie ihr Leben neu ordnete

Frau Hoffmann!«, drang eine tiefe Stimme zu mir. Das grelle Neonlicht wurde von den weißen Kacheln reflektiert, das Gemurmel motivierter Medizinstudenten verstummte und über allem lag der stechende Geruch des Formalins. »Frau Hoffmann?« Der dickliche Anatom blickte fragend in die Runde, und hätte mein Name nicht in großen schwarzen Lettern auf meinem weißen Kittel gestanden, ich hätte mich ebenso suchend im Saal umgesehen.

»Er meint dich«, flüsterte der Typ neben mir. Ich seufzte, schritt langsam durch die sich nun teilende Menge – fast so, als wäre ich Jesus und nicht Eva Maria – und dann stand er vor mir: der Wagen des Grauens.

Ein Mann mit dem wahrscheinlich schlimmsten Job der Welt hatte mühevoll Arme und Beine darauf drapiert. Die tote Haut schimmerte in dem hellen Gelb des Lichts. Die Augen meiner Kommilitonen glitzerten freudig erregt und ich dachte mir: Muss das wirklich sein? So hatte ich mir die Sache mit dem Ärztinwerden nämlich nicht vorgestellt.

Schuld an allem waren die Krankenhausserien meiner Jugend. McDreamy ging damals noch aufs College und ist somit aus dem Schneider, aber in der *Schwarzwaldklinik* oder bei *Doogie Howser* gab es – soweit ich mich erinnern kann – keinen Wagen des Schreckens.

Umso schockierter war ich, als nun der alte Professor für Anatomie den Typen mit dem schlimmsten Job der Welt anwies: »Für Frau Hoffmann eine untere Extremität.« Sofort ergriff dieser das nächstbeste Bein am Fußgelenk und zerrte daran wie blöde. Sein Gesicht wurde vor Anstrengung rot, er stemmte sich gegen den Wagen und dann – Flutsch! – hielt er mir auch schon ein Pracht-exemplar unter die Nase.

Hätte ich zu diesem Zeitpunkt gewusst, wie viel Spaß wir beide in den kommenden Wochen noch miteinander haben würden – ich hätte alle drei Beine in die Hände genommen und wäre getürmt. Da ich das nicht einmal ahnen konnte, balancierte ich das schwere Bein – eindeutig männlichen Ursprungs, denn kein Gillette Venus Rasierer dieser Welt arbeitete so schlampig – zu meinem Sezier-platz.

Im Laufe der nächsten Kurswochen wurden Blutgefäße präpa-riert und über Nervenstränge diskutiert. Ich musste lateinische Be-zeichnungen für Körperteile lernen, die ich nicht mal auf Deutsch kannte, und im Zwei-Wochen-Takt wurden unsere Fortschritte – von dem höchsten Anatom persönlich – überprüft. Erschwerend kam natürlich hinzu, dass mir für das Auswendiglernen die Geduld fehlte, und ehe ich mich versah, war ich auch schon zweimal durch die Hüftklausur gerasselt.

Mir blieb noch ein letzter Versuch und dafür hieß es nun zu pauken.

»Wie heißt das Dings bei der Hüfte noch mal?«, fragte ich meinen Freund Alexander.

Alex war etwas älter als ich, er studierte ebenfalls Medizin und war somit bei diesbezüglichen Fragestellungen ein guter Ansprechpartner. Abgesehen von dem Studiengang teilten wir dieselbe Wohnung. Und dort saßen wir nun auf der grünen Couch und unsere Füße lagen gemütlich auf dem Glastischchen. Daneben parkten große Tassen mit Filterkaffee und eine aufgerissene Tafel Schokolade.

Alex schaute mich genervt über seinen Pathologie-Schinken hinweg an. Sein dunkelbraunes Haar saß wie immer ordentlich, sein Bart war frühmorgens im Waschbecken gelandet und sein braunes Hemd harmonierte mit dem Farbton seiner Augen.

»Also? Wie?«, wiederholte ich ungeduldig.

»*Bursa trochanterica musculi glutei maximi*«, erklärte er und vertiefte sich wieder in sein Buch.

»Ich merke mir das nie!«, jammerte ich, warf den Anatomie-Atlas auf den Tisch und versteckte mein Gesicht hinter meinen Händen. Sie rochen nach Formalin.

»Wenn du genauso viel lernen wie dich darüber beklagen würdest, wärst du schon fertig! Vielleicht sogar mit dem ganzen Studium.«

Ich streckte ihm die Zunge raus, dann quengelte ich weiter: »Hilf mir! Ich bekomme das Zeug nicht in meinen Kopf!« Und irgendwie wollte ich das alles auch gar nicht lernen.

»Du bemühst dich auch nicht«, sprach Herr Neunmalklug, und weil er vielleicht recht hatte und mich damit so nervte, griff ich nach dem Kissen. Ich zielte zwar auf seinen Kopf, traf aber das Bücherregal, aus dem sich nun der Radiowecker theatralisch in die Tiefe stürzte. Was folgte, war eine Strafpredigt von Alex über die Wertschätzung seines Eigentums und die Infantilität meines Benehmens.

Nach einer langen Nacht mit viel zu vielen lateinischen Ausdrücken und viel zu wenig Schlaf (auf der Couch, ich hatte mich wegen des Weckers nicht entschuldigt) begann nun die Prüfung am Anatomischen Institut.

»So, Frau Hoffmann, jetzt erzählen Sie uns etwas über den Verlauf der Blutgefäße durch die Hüfte.«

Ich saß an einem kleinen Tisch im Seziersaal und hielt einen kantigen Hüftknochen in meinen zitternden Händen. Im Nacken spürte ich das geballte Wissen meiner Studienkollegen und von der richtigen Antwort fehlte weit und breit jede Spur. Blutversorgung gehörte eigentlich nicht zum Lernstoff ... Hätte ich das Brain der Anatomie darüber aufklären sollen? Aber wer wagte das schon? Ich nicht. Darum stotterte ich: »Wir sehen hier das *Os sacrum* ...«

»Aber hat das etwas mit der Blutversorgung zu tun? Nein!«

Hinter mir ertönte Gelächter. Der Anatom schaute mich böse an und ich wünschte mich weit weg.

Den weiteren schrecklichen Verlauf der Prüfung habe ich im Laufe der Jahre verdrängt. Das Einzige, was mir in Erinnerung geblieben ist, waren die letzten Worte des Professors: »Nicht genügend! Sie müssen den Kurs nächstes Jahr wiederholen. Auf Wiedersehen!«

Daraufhin zog mir irgendetwas den Boden unter den Füßen weg und ich hing in der Luft. Aber bereits als er den Satz beendet hatte, wusste ich, dass mich keine zehn Pferde jemals wieder in diesen Saal bringen würden. Wirklich Spaß hatte das Ganze sowieso nie gemacht. Und trotzdem war ich wütend und enttäuscht.

Als ich Alex entgegenlief, der mich bereits ungeduldig am Uni-Buffet erwartete, schüttelte ich langsam den Kopf. In seinem Gesicht breitete sich Entsetzen aus, und nachdem ich, bei ihm angekommen, schluchzend jedes Details meiner Blamage erzählt hatte, meinte er: »Du hättest härter arbeiten müssen.« Eine tiefe Falte bildete sich auf seiner Stirn und er erinnerte mich an meinen Vater.

»Bitte?«, fragte ich ihn.

»Du hättest mehr lernen müssen. Und wann willst du dich endlich wegen des Weckers entschuldigen?« Eigentlich hätte ich ihm an dieser Stelle seinen Pathologie-Wälzer um die Ohren hauen müssen, doch stattdessen bestellte ich mir bei der netten Frau vom Buffet eine Weißweinschorle. Später dann noch eine zweite, eine dritte …

Es war bereits 10.30 Uhr, als ich am nächsten Morgen verkatert und frustriert aufwachte. »Ach du heilige Scheiße!«, fluchte ich laut und sprang viel zu schnell auf. Die Welt begann, sich vor meinen Augen zu drehen, der Wein des Vorabends trat zurück in meine Mundhöhle, kleine schwarze Punkte versperrten mir die Sicht. »Oh nein, oh nein«, jammerte ich, als ich auf allen vieren ins Badezimmer kroch. Bei der Konfrontation mit mir selbst im Badezimmerspiegel schrie ich vor Schreck auf. »So kann ich doch unmöglich in die Uni!« Die Äderchen in meinen Augen waren vom Weinen und vom Alkohol geplatzt, rote Pickelchen zierten meine Stirn und meine Haare schmiegten sich wie eine verfilzte blonde Pelzhaube an meinen Kopf.

Während ich panisch meine Klamotten zusammensuchte, entsann ich mich plötzlich wieder: Es gab keinen Grund, in die Uni zu gehen. Ich hielt inne. Lachte kurz auf, weil mir der Umstand, kein totes Menschenfleisch mehr anfassen zu müssen, gefiel, aber als mir klar wurde, dass es für mein Leben keinen Plan B gab – da flippte ich völlig aus. Denn auch wenn ich schon lange geahnt hatte, dass mir das Mediziner-Gen fehlte, erschien mir ein schlechter Plan für die Zukunft immer noch sympathischer als gar keiner.

Wie sollte ich das meinen Eltern erklären? Was würde aus mir werden? Was konnte ich gut? Konnte ich überhaupt irgendetwas? Ich bin ein Versager! Oder? Das Gewicht all dieser Fragen trieb mich zurück ins Bett. Schnell zog ich die Decke über meinen Kopf und wünschte mir, die Welt da draußen wäre mir etwas gnädiger gestimmt.

Als problematisch erwies sich, dass ich vergaß, wieder aufzustehen. Ich wollte nicht und ich konnte auch gar nicht. Ich lag im Bett und heulte, überlegte mir, welches Studium, welcher Kurs, welcher Job für mich infrage kam, hatte keine Idee und heulte wieder. Es gab so viele Möglichkeiten, neu zu beginnen, dass sie mich lähmten. Also tat ich zur Sicherheit erst einmal gar nichts und ließ die Wochen verstreichen.

»Kommst du mit? Ein paar Kollegen und ich wollen unsere bestandene Patho-Prüfung feiern«, lud mich Alex ein. Er hatte sich seinen Lernstoff gemerkt und ein »Sehr gut« abgeräumt.

»Seh ich so aus, als ob ich Grund zum Feiern hätte?«, fragte ich zurück und zappte weiter durch die verschiedenen TV-Programme.

»Mich?«, entgegnete er, verrieb Haargel zwischen seinen Fingerspitzen und zupfte einzelne Haarsträhnen in Form.

»Vergiss es!« Seine gute Laune kotzte mich an.

»Also, kommst du jetzt mit oder nicht?« Mit einer Familie von Fragezeichen im Gesicht wartete er an der Tür.

»Ne-ein!«, brüllte ich und drehte den Fernseher lauter.

Die Konsequenz meiner ewig schlechten Laune war dann auch noch das Ende meiner Beziehung zu Alex. Und da stand ich nun – nein, eigentlich lag ich im Bett – und begriff, dass es an der Zeit war, etwas zu ändern. Erstarrt vor dem Fernseher zu sitzen und den anderen dabei zuzusehen, wie sie ihrem Studienabschluss immer näher kamen – das konnte nicht meine Hauptbeschäftigung bleiben. Darum stand ich auf. Auch wenn ich die Hosen gestrichen voll hatte.

Mein erster Schritt zu einem neuen ICH war der Auszug aus Alex' Wohnung. Ich bin ja noch immer der Meinung, dass es ihn erleichterte, mich Häufchen Elend los zu sein.

Als ich mit Sack und Pack bei meinen Eltern vor der Tür stand, musste ich ihnen natürlich endlich die Wahrheit gestehen.

»Nun, was gibt's denn so Wichtiges?«, wollte meine Mutter wissen und mein Magen verkrampfte sich. Es war mucksmäuschenstill. Nur der Hund knurrte unter dem Tisch. Vermutlich konnte er meine Angst riechen. »Bist du schwanger?«

War das ernsthaft ihre größte Sorge? Ich schüttelte den Kopf.

»Brauchst du Geld?«, wurde mein Vater langsam ungeduldig. Um mich zu sammeln, schloss ich für einen kurzen Moment die

Augen und rückte schließlich mit der Sprache raus: »Ich habe mein Studium hingeschmissen.« Puh! Endlich! Ich fühlte mich, als hätte ich ein Korsett ausgezogen. (Nicht, dass ich so etwas jemals getragen hätte). Meine Eltern starrten mich an. Um ihnen das Ausmaß meiner Entscheidung klarzumachen, fügte ich hinzu: »Ich werde also keine Ärztin, weil ich nicht weiterstudieren werde. Ich weiß noch nicht, was aus mir wird.« An dieser Stelle brach ich natürlich in Tränen aus. Mein Vater und seine tiefe Zornesfalte fixierten mich.

Keine Ahnung, ob meine Mutter damals zufällig einen Ratgeber mit dem Titel *Tröste dein Kind und es wird dir danken* gelesen hatte – jedenfalls sagte sie genau das Richtige: »Gib dir ein wenig Zeit. Du wirst deinen Weg schon finden.« Zur Bestätigung ihrer Worte nickte sie und ich bezog seltsam erleichtert mein altes Kinderzimmer, um mich sofort wieder meinem Freund dem Fernseher zu widmen.

Und so geschah es, dass mich an einem normalen Samstagabend einige Wochen später ein Hollywood-Streifen über eine Ebola-Katastrophe in seinen Bann zog. Ich war wie gefesselt. Regungslos saß ich in meinem Einzelbett, biss eilig den Kartoffelbären die Köpfe ab und konnte einfach nicht wegsehen. »Wahnsinn, wozu so ein kleines, unsichtbares Virus doch imstande ist«, staunte ich.

Darüber wollte ich mehr wissen und begann, im Internet über Viruserkrankungen zu recherchieren. Dann über Bakterien, und während mir beim Lesen über diese Winzlinge die Zeit verloren ging, wusste ich plötzlich, was ich die nächsten Jahre machen wollte.

Vor Motivation sprühend, fuhr ich tags darauf in die Universität und schrieb mich für das Studium der Molekularen Mikrobiologie ein. Und obwohl sich auch hier die Realität anders darstellte als in dem Film, war ich glücklich damit. Denn statt in orangefarbenen Vollvisierschutzanzügen tödliche Viren zu züchten, sprang ich ein Schmetterlingsnetz schwingend über kniehohe Wiesen und durfte im Anschluss alle darin gefangenen Käfer bestimmen. Ich färbte Bakterien rot und blau ein, um sie besser unterscheiden zu können, lernte alles – bis ins kleinste Molekül – über die Chemie und fand das Sezieren von Fischen viel angenehmer als das von menschlichen Gliedmaßen.

Ich war endlich angekommen.

Inzwischen liegt meine Studienzeit schon eine ganze Weile zurück. Die letzten Jahre habe ich forschend im Labor verbracht und meine Doktorarbeit getippt. Außerdem habe ich einen neuen Freund gefunden, und in unserer Wohnung darf ich – von Zeit zu Zeit – auch Kissen werfen.

Und als alles den Anschein erweckte, eigentlich nicht besser laufen zu können, schlich sich das Gefühl der Unzufriedenheit wieder ein. Will ich wirklich die nächsten 40 Jahre mit Bakterien verbringen?, zweifelte ich.

So geschah es, dass ich nach all der Zeit wieder an dieser mir bekannten Gabelung stand. Allerdings mit dem Unterschied, dass sie mir heute keine Angst mehr einjagen kann – denn wie mir all die gesammelten Geschichten meiner »Schlussstrichzieher« zeigten: Wer wagt, der wird hin und wieder auch gewinnen!

Viiiiielen Dank ...

✳ Wolfgang, dem Mann, der mich einen Neubeginn in beziehungstechnischer Hinsicht nie in Erwägung ziehen lässt. Dass du mein ehrgeiziges Vorhaben, dieses Buch zu schreiben, unterstützt hast. Dass du zugehört hast, wenn ich dir meine Geschichten wieder und wieder vorgelesen habe und du (nach nur wenigen Ermahnungen) an den richtigen Stellen gejubelt hast. Dass du da bist – immer, nicht nur in den lustigen Zeiten. Dass ich mit dir Pferde stehlen kann (keine Sorgen, die Katze reicht mir) und du mir gezeigt hast, dass man sich der Liebe wegen nicht verbiegen muss. Ich bin so glücklich, dich gefunden zu haben.

✳ meinen Eltern, dass ihr immer hinter mir steht. Egal, ob ich als angehende Medizinerin im weißen Mantel Beine sezierte, als Biologin DNA isolierte, als Autorin in die Tasten meines MacBook hämmerte oder als Visagistin eure Gesichter bemalte. (Um an dieser Stelle Missverständnisse zu vermeiden: Letzteres betraf natürlich nur meine Mutter.)

✳ meinen Schwestern Bertl und Hohli, für euer offenes Ohr, wenn ich die Wirkung meiner Geschichten testen wollte; für euren Beistand (in guten und in schlechten Zeiten); für die Lachfalten, die ich euretwegen mit mir herumtrage und die mich täglich an euch erinnern; für das Abwägen aller Pros und Cons in Zeiten meiner Neubeginne und die kilometerlangen Spaziergänge ... Ihr seid die besten Schwestern, die man sich wünschen kann.

✳ meiner Tschuli-Tschulsn, für all unsere morgendlichen Telefonkonferenzen; für dein ungebrochenes Interesse an meinen Neubeginnern; für die redewilligen Protagonisten, die du mir vermittelt hast; für deine Begleitung nach Berlin und die lustige Zeit dort; für das Üben meiner Interviews und die Tränen, die wir dabei (vor Lachen) vergossen haben ... Ohne dich hätte das alles nur halb so viel Spaß gemacht. Jeder sollte eine Tschuli wie dich an seiner Seite haben.

✳ meiner Frau W. danke ich natürlich für das Korrekturlesen meiner Texte. Ohne dich wäre ich manchmal ziemlich verloren ... und zwar nicht nur in Bezug auf die Gesetze der deutschen Rechtschreibung.

✳ der lieben Anja, weil du mir immer das Gefühl gegeben hast, nicht die einzige Person auf dieser Welt zu sein, der das alte Leben an allen Stellen zu drücken und piksen beginnt. Du und deine Geschichte, ihr habt mir Mut gemacht.

✳ meinen Labormädels (Martina, Julie, Christine, Ricarda, Verena, Carina, Monika ... und allen, die ich jetzt vergessen habe), dass ihr mich bestärkt habt, die vier Buchstaben des genetischen Codes gegen die 26 des Alphabets zu tauschen.

✳ dem Schwarzkopf & Schwarzkopf Verlag, für die unglaubliche Chance, meine Texte in einem echten Buch wiederzufinden. Vielen Dank für eure Geduld, wenn ich mal wieder nicht weiterwusste; für die Einladung nach Berlin und dass ihr von mir Fotos gezaubert habt, die ich sogar gern anschaue. Ein großes DANKE gebührt weiter meinen Lektorinnen Nadine Landeck und Annika Kühn, die mir immer mit Rat und Tat zur Seite gestanden haben, und natürlich allen anderen, die an der Entstehung dieses Buches beteiligt waren.

✳ last, but not least: meinen 33 Protagonisten! Ohne euch würde es dieses Buch nämlich gar nicht geben. Danke, für eure Offenheit und dafür, dass ihr keine Scheu hattet, mir neugierigem Wesen alle Fragen zu beantworten. (Normalerweise bin ich ja nicht so ... Ja, okay – normalerweise bin ich schon so ...) Danke, dass ihr mich mit euren Geschichten berührt und begeistert habt. Dass ich mit euch lachen und staunen durfte – und danke für die unzähligen Stücke Kuchen, die ihr mir in den letzten Monaten, zusammen mit eurem Leben, serviert habt. Euch gehört mein ganzer Respekt!

DIE AUTORIN

Eva Maria Hoffmann wurde 1981 in Österreich geboren und wollte von klein auf einen weißen Kittel tragen. Weil ihre Karriere als Medizinerin jedoch schon während des Sezierkurses ein jähes Ende nahm, entschied sie sich für das Studium der Molekularen Mikrobiologie. Zur Zeit schreibt sie ihre Doktorarbeit und lebt in einem Vorort von Graz. *Angefangen, abgebrochen, neu erfunden* ist ihr erstes Buch.

Eva Maria Hoffmann
ANGEFANGEN, ABGEBROCHEN, NEU ERFUNDEN
33 wahre Geschichten von Menschen,
die ihr Leben von heute auf morgen geändert haben

ISBN 978-3-86265-245-7
© Schwarzkopf & Schwarzkopf Verlag GmbH, Berlin 2013
| Lektorat: Franziska Fischer | Fotos der Autorin: © Moritz Thau | Coverfotos: 1. Reihe von links nach rechts: © thesunny/photocase.de; © Nadine Platzek/photocase. de; © Mr.Blank/photocase.de; 2. Reihe: © Steve Pepple/shutterstock.com; © Yuri Arcurs/shutterstock.com; © bisgleich/photocase.de; 3. Reihe: © inkje/photocase.de; © Moritz Thau; © IS2/photocase.de

KATALOG
Wir senden Ihnen gern kostenlos unseren Katalog.
Schwarzkopf & Schwarzkopf Verlag GmbH
Kastanienallee 32, 10435 Berlin
Telefon: 030 – 44 33 63 00
Fax: 030 – 44 33 63 044

INTERNET | E-MAIL
www.schwarzkopf-schwarzkopf.de
info@schwarzkopf-schwarzkopf.de